大遗址绿化风貌指导与选种配置

王璐艳 著

中国建筑工业出版社

图书在版编目（CIP）数据

大遗址绿化风貌指导与选种配置 / 王璐艳著. —北京：中国建筑工业出版社，2021.12
ISBN 978-7-112-26930-3

Ⅰ.①大… Ⅱ.①王… Ⅲ.①都城（遗址）—绿化—研究—中国 Ⅳ.① K878.04

中国版本图书馆CIP数据核字（2021）第257268号

责任编辑：张幼平　费海玲
责任校对：党　蕾

大遗址绿化风貌指导与选种配置
王璐艳　著

*

中国建筑工业出版社出版、发行（北京海淀三里河路9号）
各地新华书店、建筑书店经销
北京方舟正佳图文设计有限公司制版
河北鹏润印刷有限公司印刷

*

开本：787毫米×1092毫米　1 / 16　印张：15　字数：280千字
2022年4月第一版　2022年4月第一次印刷
定价：**58.00**元
ISBN 978-7-112-26930-3
（38616）

版权所有　翻印必究
如有印装质量问题，可寄本社图书出版中心退换
（邮政编码100037）

序

每个人的童年经历对他的性情、爱好乃至三观的形成影响最大。我对此十分认同并深有体悟。

我的童年在故乡豫中平原度过，虽然我现在安身立命的地方是关中。我在关中求学、工作和生活的时间长于生养我的家乡，可我还是保留着家乡的胃，时不时给孩子吟唱家乡的童谣，随时可以用乡音与故人叙旧，即使很久不曾回去，每次梦中的场景总是故乡的一处熟悉地。我想这就是我的乡愁。

谈起故乡，不得不多提几句。印象中儿时的故乡以广袤的农田为主、城镇化水平不高，即便是在我生活和学习的县城里，也不乏未开发建设的荒地，近郊还零星分布着一些面积不大的农田，那里便成为县城孩子们的校外自然大课堂。我和伙伴们在那里的一棵棵树上找蝉蜕，在低洼的浅水沟里捞蝌蚪，在莎草丛里拔一根茎秆穿一串蚂蚱，在狗尾草丛里抽一根果序编成小狗模样当玩具，在夜晚的红薯田里捕蝈蝈、在构树丛上摘几颗红果止渴充饥，装一口袋的苍耳子和苘麻果当上学路上的玩具和零食，寻找蒲公英的果序吹个不停……

即使是在不能外出远足的日子，在我生活的单位家属大院里，也有几片的林地和试验田供孩子们玩耍。春天，孩子们在树下争抢收集大人从榆树枝上捋下的榆钱、从洋槐树上折取的槐花、从香椿树上剪割的嫩芽，然后期待着它们变成一碗碗餐桌上的吃食。夏天的雨后，在一小片竹林旁，目睹一大片竹笋从湿润的土壤里冒出尖，然后见证它们一天一天长大变高的神奇，印证语文老师课堂上说的"雨后春笋"般的速度；夏季午后，在种满薄荷和荆芥的围墙下、开满蓝色牵牛花和结满紫色豆荚的篱架旁，各家乘凉的祖母们喜欢用豆叶包裹掺了白矾的凤仙花泥给孙女们染红指甲，这是夏天家属院里必有的活动。秋天，小伙伴们在杨树下弯腰低头认真地挑拣落叶用来斗草，用竹竿敲落树上的皂荚收集回家，期待用它洗衣服和头发。冬天的大院最是安静，在我四季分明的家乡，每年都会有瑞雪降临，最喜欢在一夜大雪后的清晨与伙伴们手拉手踩在雪地里听着咯吱咯吱的声音去上学，最期待放学做完功课后伙伴们聚集在大院试验田空地上堆雪人的时刻，用干树枝做雪人的胳膊、用苦楝子做雪人的眼睛、用竹叶做雪人的头发……

就这样，故乡的几片荒野、几处林地便成为我童年认识昆虫花草、感受四季变化的科普乐园；那里的一草一木和风土人情孵化出我乐观的性格和热爱自然的情怀；童年的这些乡愁记忆，成就了我现在的爱好和事业奋斗的目标。后因求学来陕，频繁接触到广布于关中平原荒野之间的古代遗迹，才会痴迷于周秦汉唐的历史和文化，才有契机选择以大遗址的保护与景观营建作为我的研究方向。因此，我感谢我的故乡，感谢童年。

再谈关中——一片古老而神秘、厚重而灵气的土地。掐指一算，我在此已度过二十二年，这里已然成为我的第二家乡。与处于华北平原的豫中地区的故乡不同，关中平原东西狭长，南北受秦岭山脉和黄土台塬限制，这里没有一眼望不到边际的田野，却有"开门见山"的景致和登上台塬俯瞰城市的视角。自古关中多胜迹，这里是无数典故、历史事件、名人故居所在地，是无数汉赋唐诗中佳句的出处。

来到关中，我便许下拜访名胜古迹的愿望，希望在古迹实景之地去验证和感受书中所读到的历史。回想二十年前，我首次寻访乾陵，景区内苍松翠柏，游客三三两两、屈指可数，在神秘幽静之中仿佛完成了一次穿越；如今的乾陵已然发展成为景区，神道轴线两侧的花坛与景石、铺装与绿化、掩映在绿树丛中的石像生，不禁让我想起了法式园林——很难再有当年的感觉。十五年前我步行穿梭在大明宫遗址保护区，看到的是无序且破旧不堪的平房和小楼，街道旁集中取水处挂满锁子的一排排水龙头，堆满垃圾的太液池遗址，长满构丛与荒草的丹凤门遗址……不禁感叹一座宫城的没落和道北居民脏乱差的生活环境；而今天的大明宫遗址已经成为国家级考古遗址公园，一改道北落后的环境面貌，重现宫殿格局和气势，容纳市民休闲和娱乐，成为道北人津津乐道的谈资。两年前的杜陵遗址保护区还仅仅只是少陵塬上的几座封土和一大片林地，如今的杜陵正在进行考古遗址公园建设，目前已经开放陵邑区的遗址公园作为市民休闲绿地，大面积的可以让游人踩踏的草坪和少陵塬上不时袭来的微风，为市民踏青、放风筝提供了最佳打卡地。一年前，当我怀着敬畏之心忐忑地站在长陵帝陵封土上环望四周，看到与之相对视的后陵封土和不远处的高耸的工业烟囱，还有依稀可见的更多的楼房和封土堆时，涌现出一种类似于汉高祖"安得猛士兮守四方"的担忧。不同的是，刘邦担忧的是江山能否守得住的问题，而我担忧的是五陵原上汉家陵阙的恢宏意境和地形地势之肌理是否在未来的城市化进程中还能守得住的问题。

  二十多年来，我亲历和感受到了许多历史遗迹的环境变迁和景观风貌变化，不禁有很多感慨要说。谨以此书致敬我热爱的关中遗址和厚重人文；借此书表达我对遗址保护的担忧和期望，传达我对遗址环境风貌的理解和未来景观的设想，慰藉我与自然为伴的童年记忆与乡愁。

王璐艳
2022 年 1 月于西安

前　言

大遗址是中国文化遗产的重要组成部分，是古代文明留给世人的宝贵实物见证。保护好、展示好、利用好大遗址既是我们当代人对历史的尊重和应负的责任，也是我们参与文化遗产保护与城市建设协调发展的一次机遇，更是我们应该传予后代的具有借鉴意义、留有想象空间、可以持续更新发展的一种思路、方法和模式。大遗址的保护、展示与利用是涉及考古学、历史学、建筑学、民族学、工程学、物理学等多个学科和文物保护、城市建设、文化旅游、绿地规划等多个领域协作的一项复杂、艰巨的工作。本书所做的研究工作即是这一多学科、多领域协作工作中的一个小环节，在中国大遗址保护与景观营造理论方面具有一定的开创性和前瞻性。

绿化风貌是大遗址环境的整体风貌中最直观且易被解读的，是最具生命力和可塑性的。然而，营造一个好的遗址环境并非植树种草那么简单，遗址绿化是一项有定位、有规则、有节奏、有情怀、有所为有所不为的工作。绿化风貌的控制在大遗址绿化工作中占据首要地位，它对大遗址环境整体风貌起到定性、烘托或肌理、背景的作用。针对关中地区大遗址绿化景观风貌的控制，本书从分析帝陵和城址遗址这两类最能代表关中遗址的绿化风貌出发，在古诗词中探寻"诗情画意"的古迹意象和意境，总结出关中大遗址景观风貌要有"大气象""大格局""小情怀""古风野趣"和"关中味儿"等建议。在大遗址绿化选种方面，本书讨论了绿化或植物在大遗址保护、展示与利用中承担的角色和作用，对遗址绿化进行了功能模块归类，即分为"遗址本体保护性植被""遗址本体标识性植被""遗址历史环境展示型种植""遗址环境风貌营造型种植""遗址公共游憩空间功能型种植"和"遗址边界标识型和过渡型种植"六类，针对这六类不同空间和功能赋予，进行绿化选种方法的讨论，并给出了适合不同类型的代表性植物种类及规格等建议。

本书前四章的理论阐述、绿化原则、风貌控制及选种思路适用于我国大多数大遗址环境整治、景观营建及绿化规划设计的指导；后三章针对关中地区大遗址在绿化风貌控制、选种及辅助绿化技术与干预方法等方面进行的专篇讨论和提出的建议，可为该地区大遗址环境整治、景观营造实践和评估提供依据与方法。

　　本书是对我国大遗址绿化理论与方法的总结，也是对关中地区大遗址绿化设计与实践工作具有指导意义的实用手册或工具书，希望它的面世，能为中国大遗址保护与景观营造提供更多的借鉴和参考！

目 录

序

前 言

引篇：背景与理论阐述 001

第一章 大遗址保护相关重要文献解读 002
   第一节 重要文献相关条目摘录 003
   第二节 文献解读与思考 009
     一、国际相关文献 009
     二、国内相关文献 013
   第三节 大遗址绿化指导性原则 015
     一、"一个最"原则 016
     二、"两个可"原则 016
     三、"三个维度"原则 017
     四、"四个分区"原则 018

第二章 环境审美视域下的遗址环境营建 020
   第一节 遗址与环境审美 022
   第二节 大遗址环境营造与环境审美的关系 026
     一、遗址价值与环境营造 026
     二、参与体验与环境营造 027
     三、意境想象与环境营造 027
     四、环境伦理与环境营造 030
   第三节 环境审美与遗址风貌控制 031

通用篇：内容与方法 033

第三章 大遗址绿化所包含的内容 034
第一节 大遗址现状植被的整治与利用 035
一、大遗址现状植被的调查 036
二、大遗址现状植被的评估 038
三、大遗址现状植被的整治与利用方法 041
第二节 对历史植被的挖掘与展示 044
一、历史植被的挖掘 046
二、历史植被的展示方法 049
第三节 大遗址未来绿化景观的规划与设计 050
一、大遗址未来绿化的功能赋予 051
二、大遗址未来绿化空间格局的可能性探讨 052
三、树种规划 053
四、绿化景观风貌总体控制 056
五、绿化形式 057

第四章 大遗址绿化规划选种方法 062
第一节 选种依据 062
一、以历史植被的研究结论为依据 065
二、以现状植被的评估为依据 066
三、以未来绿化功能的定位为依据 067
第二节 选种思路 068
一、第一步：取交集 068
二、第二步：功能模块归类 069
三、第三步：分区定调、各就其位 070

专篇：关中大遗址 073

第五章 关中地区大遗址绿化景观风貌控制 074
第一节 帝王陵寝类大遗址绿化景观风貌控制 076
一、分布特点与陵园特征 078
二、环境现状概述 079

三、现有的绿化形式与植物种类..................................080
　　四、与绿化整治、景观营造相关的理论与政策依据..................................080
　　五、未来绿化选种注意事项..................................081
　　六、帝王陵寝类大遗址绿化景观风貌控制..................................084
　第二节　城址类大遗址绿化景观风貌控制..................................090
　　一、分布特点与遗址组成..................................091
　　二、环境现状概述..................................092
　　三、现有的绿化形式与植物种类..................................094
　　四、与绿化整治、景观营造相关的经验与理论..................................094
　　五、城址类大遗址绿化景观风貌控制..................................095
　第三节　古诗意象的启示：关中与古迹之风貌..................................099
　　一、历代诗人笔下古迹的样子..................................100
　　二、诗人眼中"关中"之景观风貌..................................101
　　三、关中"陵墓"之景观风貌..................................104
　　四、关中"原"之景观风貌..................................106
　　五、关中"苑"之景观风貌..................................109
　　六、总结..................................112

第六章 关中地区大遗址绿化选种建议..................................114
　第一节　遗址本体保护性植被..................................115
　　一、遗址本体保护性植被的适用对象..................................115
　　二、绿化保护措施与选种条件..................................115
　　三、保护性植被绿化种类建议..................................116
　第二节　遗址本体标识性植被..................................122
　　一、遗址本体标识性植被的适用对象..................................122
　　二、标识性植被种植形式与选种条件..................................122
　　三、标识性植被绿化种类建议..................................123
　第三节　遗址历史环境展示型种植..................................127
　　一、历史环境展示的意义..................................127
　　二、历史环境的展示方法..................................128
　　三、适合不同属性或类型的大遗址历史环境展示型树种..................................129
　第四节　遗址环境风貌营造型种植..................................138
　　一、遗址环境的界定..................................138

二、遗址环境风貌营造的方法 139
　　三、适合遗址环境氛围营造型种植的建议 140
　第五节　遗址公共游憩空间功能型种植 148
　　一、什么是功能型种植？ 148
　　二、功能型种植的类型和选种、配置要点 148
　　三、适合公共游憩空间功能型种植的建议 153
　第六节　遗址边界标识型与过渡型种植 166
　　一、边界标识型与过渡型种植的解释 166
　　二、边界标识型与过渡型种植的设计与选种要点 166
　　三、适合边界标识型与过渡型种植的建议 167

第七章　相关辅助技术与干预方法 175
　第一节　阻根技术 175
　　一、阻根技术概述 175
　　二、若干阻根材料简介 176
　　三、阻根技术在遗址绿化中适用对象 179
　第二节　灭根技术 180
　　一、灭根技术概述 180
　　二、灭根技术在遗址绿化中的适用对象 180
　　三、若干灭根药物简介 183
　第三节　边坡喷播技术 184
　第四节　草花混播与自然演替 186
　第五节　植被诱导与生态恢复 188

附录
　附录一：名词、术语解释 192
　附录二：关中地区大遗址名录 196
　附录三：适合关中地区大遗址绿化植物及其特性查询表 199
　附录四：关中地区城市区及近郊区常见鸟类名录 214

参考文献 223

致　谢 227

引篇：
背景与理论阐述

第一章　大遗址保护相关重要文献解读
——环境整治与景观绿化之视角

世界各国对考古遗址及其所处的环境都很重视，并制定一系列法律、法规及相关政策、条例予以保护。对考古遗址的保护与利用一直是世界各国关注的一项重要工作，在半个多世纪的实践和理论探索中，起草了许多重要的法律、法规和条例等，逐渐达成了一致的保护理念和模式，其中有关景观保护与环境整治的内容也越来越受到重视，并在各类文件中所占的比重不断加大。人们普遍意识到了环境与景观对考古遗址展示与遗址价值的重要性。

近十几年来，我国十分重视大遗址的保护与可持续发展。2005年，财政部和国家文物局联合印发了《大遗址保护专项经费办法》，至今投资约50.13亿元用以保障大遗址保护工程及保护管理工作的顺利实施。从2006年启动的"十一五"期间《大遗址保护项目库》的100处大遗址开始，到2015年初步形成"十二五"期间的"六片、四线、一圈"为核心、以150处大遗址为支撑的大遗址保护新格局，截至2017年已建成36处国家考古遗址公园。2016年颁布的大遗址保护"十三五"专项规划的总体目标中提出"要基本实现大遗址本体和环境安全……继续推进国家考古遗址公园建设，有效提升大遗址保护展示利用水平"，可见国家对大遗址环境生态安全以及遗址公园景观建设的重视。近五年的大遗址保护实践证明我国的大遗址保护体系逐步形成，目前大遗址保护"十四五"专项规划还正在编制中，但从国家"十四五"规划纲要里不难看出在未来五年规划中，"城市文脉""记住乡愁"[①]"考古遗址公园"[②]将成为大遗址保护与可持续发展的政策支持和理念导向。不得不说，没有相关法规、政策的支持和先进的理念、技术的引领，中国的大遗址保护很难走出过去"画

[①] "保护和延续城市文脉，杜绝大拆大建，让城市留下记忆、让居民记住乡愁。"——"十四五"规划纲要第八篇第二十九章第二节。

[②] "加强世界文化遗产、文物保护单位、考古遗址公园、历史文化名城名镇名村保护。"——"十四五"规划纲要第十篇第三十四章第三节。

地为牢"的静态、保守的保护模式，遗址区居民也很难摆脱"贫穷""落后"的帽子。这里，我们将从国际和国内两方面的相关文献中解读一些与考古遗址或大遗址环境整治、景观营建、绿化等相关的法律、政策等，一同理解和见证中国的大遗址保护正在脱胎换骨般迎来考古遗址公园建设热潮之缘由与必然趋势。

第一节　重要文献相关条目摘录

本章从国内外有关文化遗产保护、遗址保护、考古遗址、历史园林、遗址公园等重要文献中摘取涉及"环境整治与景观绿化"相关内容，以表格的形式逐条呈现给读者，方便读者对比阅读不同时期文献的侧重点和关键词，有助于读者理解遗址环境、植被、景观对于中国大遗址保护与可持续发展、考古遗址公园建设、城市建设与遗址保护协调发展的重要作用（表1.1）。

国内外有关文化遗产保护重要文献相关条目摘录
（仅涉及环境整治与景观绿化相关内容）　　表 1.1

编号	涉及环境整治与景观绿化相关内容	关键词总结	文献出处	起草/公布时间
1	保护不应只局限于自然景观与遗址，而应扩展到那些全部或部分由人工形成的景观与遗址	遗址景观，预防性措施，景观风貌，恢复原状，公共教育，国家公园，尊重，鉴赏	《关于保护景观和遗址的风貌与特性的建议》-UNESCO	1962.12.11
2	预防性措施应旨在保护遗址免受可能威胁它们的危险。例如：砍伐森林，包括破坏构成景观风貌的树木，尤其是主干道或林荫道两旁成行的树木。矫正性措施应旨在修缮对景观和遗址所造成的损坏，并尽可能使其恢复至原状			
3	条例适宜时，各成员国应将用于公共教育和娱乐的国家公园，或严格控制的或特定的自然保护区纳入受保护的区域和遗址之中			
4	教育活动应在校内外进行，以激发与培养公众对景观和遗址的尊重，宣传为确保对名胜和古迹的保护所制定的规章。各种国内、国际节日、竞赛和类似活动应专门用于鼓励对自然或人工景观和遗址的鉴赏，从而引导民众注意这样一个事实：保护景观和遗址的风貌与特征对社区而言至关重要			

续表

编号	涉及环境整治与景观绿化相关内容	关键词总结	文献出处	起草/公布时间
5	古迹的保护包含着对一定规模环境的保护。凡传统环境存在的地方必须予以保存，决不允许任何导致改变主体和颜色关系的新建、拆除或改动	古迹，环境，传统环境，周围环境	《关于古迹遗址保护与修复的国际宪章》（威尼斯宪章）	1964.5.31
6	古迹不能与其所见证的历史和其产生的环境分离。除非出于保护古迹之需要，或因国家或国际之极为重要利益而证明有其必要，否则不得全部或局部搬迁古迹			
7	任何添加均不允许，除非它们不致贬低该建筑物的有趣部分、传统环境、布局平衡及其与周围环境的关系			
8	"历史园林是一主要由植物组成的建筑构造，因此它是具有生命力的，即指有死有生。"因此，其面貌反映着季节循环、自然变迁与园林艺术，希望将其保持永恒不变的愿望之间的永久平衡	历史园林，植物品种、面积、配色、高度，定期更换，维护，整体环境，更换计划，生态平衡，安宁之地，园林和风景的保护，园林真实性	《佛罗伦萨宪章》	1982.12.15
9	历史园林的建筑构造包括：平面和地形；植物的品种、面积、配色、间隔以及各自高度；结构和装饰特征；映照天空的水面，死水或活水			
10	历史园林不论是否与某一建筑物相联系，它都是其不可分割的一部分。它不能隔绝于其本身的特定环境，不论是城市的还是农村的，亦不论是自然的还是人工的			
11	在对历史园林或其中任何一部分的维护、保护、修复和重建工作中，必须同时处理其所有的构成特征。把各种处理孤立开来将会损坏其整体性			
12	对历史园林不断进行维护至为重要。既然主要物质是植物，在没有变化的情况下，保存园林既要求根据需要予以及时更换，也要求一个长远的定期更换计划（彻底地砍伐并重播成熟品种）			
13	定期更换的树木、灌木、植物和花草的种类必须根据各个植物和园艺地区所确定和确认的实践经验加以选择，目的在于确定那些已长成雏形的品种并将它们保存下来			
14	历史园林必须保存在适当的环境之中，任何危及生态平衡的自然环境变化必须加以禁止。所有这些适用于基础设施的任何方面（排水系统、灌溉系统、道路、停车场、栅栏、看守设施以及游客舒畅的环境等）			
15	修复必须尊重有关园林发展演变的各个相继阶段。原则上说，对任何时期均不应厚此薄彼，除非在例外情况下，由于损坏或破坏的程度影响到园林的某些部分，以致决定根据尚存的遗迹或根据确凿的文献证据对其进行重建。为了在设计中体现其重要意义，这种重建工作尤其可在园林内最靠近该建筑物的某些部分进行			
16	由于历史园林的性质和目的，历史园林是一个有助于人类的交往、宁静和了解自然的安宁之地			
17	虽然历史园林适合于一些幽静的日常游戏，但也应毗连历史园林，划出适合于生动活泼的游戏和运动的单独地区，以便可以满足民众在这方面的需要，不损害园林和风景的保护			
18	根据季节确定时间的维护和保护工作，以及为了恢复该园林真实性的主要工作应优先于民众利用的需要。对参观历史园林的所有安排必须加以规定，以确保该地区的精神能得以保存			

续表

编号	涉及环境整治与景观绿化相关内容	关键词总结	文献出处	起草/公布时间
19	一切有关文化项目价值以及相关信息来源可信度的判断都可能存在文化差异，即使在相同的文化背景内，也可能出现不同。因此不可能基于固定的标准来进行价值性和真实性评判	文化遗产，多样性，真实性，评判标准	《奈良真实性文件》（奈良宣言）	1994.11.1—6
20	取决于文化遗产的性质、文化语境、时间演进，真实性评判可能会与很多信息来源的价值有关。这些来源可包括很多方面，譬如形式与设计、材料与物质、用途与功能、传统与技术、地点与背景、精神与感情以及其他内在或外在因素。使用这些来源可对文化遗产的特定艺术、历史、社会和科学维度加以详尽考察			
21	可以通过城市规划和艺术设计来扩展历史城市内部及其周边的空间结构，这些空间结构是复兴历史城市的关键因素；城市规划和艺术设计可以彰显城市的独特历史、社会和经济脉络，并传诸后世	城市规划，艺术设计，历史性景观，公共空间，周边环境	《维也纳保护具有历史意义的城市景观备忘录》	2005.5.12—14
22	世界遗产的保护还包括公共空间的设计：应特别关注功能、规模、材料、照明、街道设施、广告和植物等多项内容，不一而足。遗产区域内部的城市规划基础设施必须包括各种相关措施，以尊重历史结构、建筑主体及周边环境，减轻道路交通和车辆停放造成的负面影响			
23	考古遗址的真实性可以从以下方面来进行测量：我们对遗产地的范围和规模的了解程度；我们通过地层学和断代对遗产地年代的了解程度；遗产地已被侵占，或被农业活动、自然侵蚀、部分考古发掘和/或建设所破坏的程度；以及遗产地对研究人员和公众而言的可接近程度	考古遗址，农业活动，区域划分，不同需求，遗产和景观保护区，环境保护区，覆盖展示，可读性	《会安草案—亚洲最佳保护范例》	2005.12.30
24	在某些情况下，有必要将考古遗址重新掩埋，以保护其不受各种因素和/或人为破坏的影响。在重新掩埋之前，应对遗产地进行全面的记录，将遗产地各部分的边界勘测清楚，并在新的地面上予以标明			
25	在遗产地内部，区域划分概念具有重要作用。建立一个由不同等级的保护区构成的层次系统，可以估计遗产地内各种不同结构的不同需求，例如遗产和景观保护区、环境保护区、考古研究区和纪念物管理区等			
26	叙述潜力：大多数考古遗址都埋藏在地下，只有一小部分已被挖掘的记录可以看得到。遗产地管理人员应设计出保存这些遗迹的"可读性"的方法，最大限度地发挥其叙述功能，以便展现给参观者一个将过去与现在联系起来的历史发展脉络			
27	对考古遗址地进行景观美化的主要目的是保护考古遗存的表面不受破坏，成为科学信息系统的主要来源。无论是部分考古遗存不再进行发掘，或者已发掘的部分将会回填，都应对所裸露出的考古地面进行景观规划，以创造视觉景观或新的观察点	考古遗址，景观美化，视觉景观，植被，考古遗址公园	《塞拉莱建议——国际古迹遗址理事会考古遗址公园第一次国际会议建议》	2015.2.23—25
28	景观美化和精心栽种的植被可为游客提供有用信息			
29	考古遗址公园内种植的植被不应破坏考古环境（地上及地下环境）			

续表

编号	涉及环境整治与景观绿化相关内容	关键词总结	文献出处	起草/公布时间
30	利用向公众开放的考古遗址，以互利共赢的方式使公众认识文化多样性的价值和文化间交流的力量	考古遗址公园，可持续发展，生态服务功能，环境景观，背景环境	《公共考古遗址管理的塞拉莱（Salalah）指南》	2017.12
31	保证考古遗址对可持续发展做出贡献。主要通过保存和必要时恢复其生态服务功能，并以不扰动社会的方式为当地居民提供机会和支持来获得经济效益			
32	对包含考古遗址为其一部分的更大范围的环境景观极其重要的，特别是那些与考古遗存在其背景环境中的保存相关的			
33	除了实体和视角方面的含义之外，周边环境还包括与自然环境之间的相互关系；所有过去和现在的人类社会和精神实践、习俗、传统的认知或活动，创造并形成了周边环境空间中的其他形式的非物质文化遗产，以及当前活跃发展的文化、社会、经济氛围	古遗址，周边环境，自然环境，历史，演变	《关于古建筑、古遗址和历史区域周边环境的保护》（西安宣言）	2005.10.21
34	对周边环境进行定义，需要了解遗产资源周边环境的历史、演变和特点			
35	文化传统、宗教仪式、精神实践和理念如风水、历史、地形、自然环境价值，以及其他因素等，共同形成了周边环境中的物质和非物质的价值和内涵			
36	新世纪的城市文化应该反映生态文明的特征。中国传统的天人合一理念，尊重自然、道法自然的思想，是珍贵的世界文化瑰宝，也是对今天的城市发展具有重要价值的基本原则	城市文化，生态文明，尊重自然，生态城市，城市特色，城市景观	《城市文化国际研讨会"城市文化北京宣言"》	2007.6.9—11
37	继承基础上的创新是塑造城市特色的重要途径。要拒绝雷同，彰显个性；也要反对有损于传统、有碍于生活的荒诞媚俗。成功的城市应该具备深厚的文化积淀、浓郁的文化氛围、美好的城市形象，成功的城市不仅是当代的景观，也将成为历史的荣耀、民族的骄傲			
38	景观空间布局：应从总体上把握、提炼符合遗址演变规律的景观特征，以及遗址周边自然资源特色，防止过度人工化，并区别于一般城市公园。应按照遗迹的分布特征规划遗址公园整体空间架构	景观空间，自然资源，过度人工化，城市公园，植被，绿化景观	《国家考古遗址公园规划编制要求（试行）》	2012.12
39	环境条件分析图：标明遗址公园所处区域周边自然资源分布、地貌特征，以及建筑、道路、植被等环境要素			
40	公共环境景观示意图：通过景观示意图表达对重要环境设施（标识设施、雕塑小品、环卫设施、广告等）、夜景照明、绿化景观的控制要求和设计原则			

续表

编号	涉及环境整治与景观绿化相关内容	关键词总结	文献出处	起草/公布时间
41	文物古迹的环境既包括体现文物古迹价值的自然环境，也包括相关的人文环境	文物古迹，环境，自然环境，文化内涵，考古遗址，完整性保护，最低限度干预，分区划定，预防性保护，环境或景观控制区域，环境整治，专项设计，绿化，乡土树种，整体保护，考古遗址公园	《中国文物古迹保护准则及阐释》	2015
42	文物古迹的自然、景观、环境等要素因被赋予了文化内涵所具有的价值			
43	在考古遗址中需要注意对多层叠压、各时代遗存的记录和保护。规划中对考古遗址可能分布区的划定，体现了对文物古迹完整性的保护			
44	最低限度干预：应当把干预限制在保证文物古迹安全的程度上。为减少对文物古迹的干预，应对文物古迹采取预防性保护			
45	建设控制地带可根据不同控制要求划分等级。有特定环境或景观保护要求的，还可以划定环境或景观控制区，其性质等同于建设控制地带			
46	对环境或景观有控制要求的文物古迹，可以划定环境或景观控制区域。环境和景观控制区域具有建设控制地带的性质，应纳入当地城乡规划			
47	专项设计包括文物本体维修、环境整治、安防、消防、避雷、展示陈列、利用、考古调查以及其他相关基础设施的调整和建设、文物古迹价值的推广、教育等内容			
48	保护措施是通过技术手段对文物古迹及环境进行保护、加固和修复，包括保养维护与监测、加固、修缮、保护性设施建设、迁移以及环境整治。所有技术措施在实施之前都应履行立项程序，进行专项设计			
49	绿化应尊重文物古迹及周边环境的历史风貌，如采用乡土树种，避免因绿化而损害文物古迹和景观环境。编制环境整治专项规划，筹措充足的专项资金			
50	规模宏大、价值重大、影响深远的大型考古遗址（大遗址）应整体保护。在确保遗址安全的前提下，可采取多种展示方式进行合理利用。具有一定资源条件、社会条件和可视性的大型考古遗址可建设为考古遗址公园			
51	基本实现大遗址本体和环境安全，完善大遗址保护规划和管理体系，加强基础设施和保护利用设施建设，全面实现大遗址对外开放，继续推进国家考古遗址公园建设，有效提升大遗址保护展示利用水平	大遗址，本体和环境安全，国家考古遗址公园，展示利用，大遗址保护	《大遗址保护"十三五"专项规划》	2016.11.22
52	出台国家考古遗址公园建设和运行管理指导性文件，加强国家考古遗址公园运行评估与监管，新建成10~15处国家考古遗址公园。鼓励各地参照国家考古遗址公园模式，积极开展省级考古遗址公园建设，共同推进大遗址保护利用工作			

续表

编号	涉及环境整治与景观绿化相关内容	关键词总结	文献出处	起草/公布时间
53	大遗址利用对象包括但不限于以下类型：①文物本体，包括能够反映文物格局、历史沿革、价值内涵的各类遗存。②文物环境，包括文物周边景观，与文物价值直接相关的自然和人工环境要素（如地形地势、水系、植被、村落等），文化、社会、经济等背景环境要素（如习俗、非物质文化遗产等），文物所承载的场所精神等。③历史文化信息，包括能够反映文物所处特定历史时期、演变发展脉络和文化背景的碑刻、史籍、文学作品、艺术品、人物典故等	大遗址利用，文物环境，植被，游憩休闲，可逆性，环境提升，场地绿化，公共绿地，种植，种类，绿化标识，公共绿地，城市公园，景观设计，环境整治，公共绿地，生态环境治理，历史氛围，野趣，真实性	《大遗址利用导则（试行）》	2020.8
54	前期评估要点：文物影响评估，①是否符合最小干预、可识别、可逆性等原则，是否采取了审慎、科学、有效的防控措施，保证文物本体安全。②是否尊重文物原状，是否对文物本体及其价值信息造成负面影响。③是否对文物的历史环境、地形地貌、植被种植、河流水系、空间视廊、周边风貌、人文环境、场所精神等方面造成负面影响			
55	绿化标识展示应根据文物环境，选择浅根系耐旱植物，优先考虑当地植物种类或历史植物种类			
56	现状环境展示：①现状环境展示主要展示文物所依附的景观环境，如农田、森林、草原、沙漠等。现状环境展示应减少人为干预，仅增加少量可移动、小体量的服务及环卫设施。②处于城市核心区域或公共绿地、城市公园、历史街区等地段的大遗址，可基于现状条件，通过景观设计改善文物环境，同时兼顾文物展示需要，营造场所氛围。③处于城郊或荒野的大遗址，应注意维护现状环境，加强生态环境治理和污染防控，保持文物历史氛围和野趣，避免城市公园或西式园林化设计倾向			
57	历史环境展示：指根据考古及研究成果，通过植被、道路、景观设计等手段，适度展示文物历史演变过程中的环境。历史环境展示应充分论证必要性和后续维护成本，可设置必要的景观、情景模拟小品等强化重要场所中的环境特征与氛围，不得大规模恢复原初面貌，避免影响文物的真实性			
58	环境整治项目：①主要包括景观整治与绿化、道路调整改建、垃圾清运、基础设施改造、不协调建（构）筑物的拆除或整饬等。②应以现状整饬为主，同时结合展示需求，注意文物所在区域历史地形地貌保护、修复、生态保育等，避免单纯考虑景观效果而弱化展示整体局部、冲淡展示主体。③景观整治与绿化应与生态保护相结合，尽可能保留现有植被，不得大规模人工造景……④施工中应注意保持文物和周边环境的原生性，为后续保护展示创造条件，避免大规模改变文物周边环境、地形地貌			
59	大遗址相容使用方式包括但不限于以下类型：①游憩休闲：将大遗址所处的空间环境开放为街心公园、公共绿地、小型广场、街道活动场地等，设置必要的展示服务设施，为公众提供具有历史氛围的公共活动场所……②环境提升：在大遗址所在区域实施建筑整治、场地绿化和环境塑造等工作，改善和提升区域生态环境、人居环境			

续表

编号	涉及环境整治与景观绿化相关内容	关键词总结	文献出处	起草/公布时间
60	建设国家考古遗址公园、国家文物保护利用示范区。推动文化遗产保护利用技术研发和集成应用,加强文物科技创新和人才培养	国家考古遗址公园	《"十四五"文化和旅游发展规划》	2021.4.29
61	国家考古遗址公园建设:开展江西汉代海昏侯国、河南仰韶村、良渚古城、石峁、陶寺、二里头、三星堆、曲阜鲁国故城等一批国家考古遗址公园建设			

第二节 文献解读与思考

一、国际相关文献

1962年联合国教科文组织在巴黎召开会议通过的《关于保护景观和遗址的风貌与特性的建议》,针对保护景观和遗址风貌与特征议题,给出了明确的概念和规定,并指出"无论是自然的或人工的,具有文化或艺术价值,或构成典型自然环境的自然、乡村甚城市景观和遗址的任何部分",都要保护并保存或在有可能的情况下进行修复。该《建议》认为古迹遗址及其景观保护是一个整体,不仅是针对自然景观和遗址,还包含了人工景观及遗址,这是对由人类各类活动或行为而形成的景观和遗址的肯定和尊重。该建议提出了保护景观和遗址所采取的措施既是预防性的,又是矫正性的;其中重点传达了预防性措施对景观和遗址保护的预见性和积极作用。在景观和遗址被破坏或存在危险之前,就应该采取主动而周密的监督和部署,使其免受各种威胁,而不是等景观和遗址被损坏后进行修缮和恢复。保护不仅仅停留在对景观和遗址的原状静态保护或修缮等活动,在条件允许的情况下,鼓励和提倡将文化遗产与自然保护区、国家公园或公共教育相融合,以期使景观和遗址得到合理的利用。同时也指出,景观与遗址的保护不能仅靠政府、文物考古界、科学界或相关学者的努力,应对民众进行这方面知识的宣传和教育,鼓励和引导民众参与、认知和鉴赏景观和遗址,让全民认识到景观和遗址对于社会的重要性。对构成景观风貌的树木,尤其是主干道或林荫道旁的行道树单独列条禁止砍伐,认识到树木或森林对于景观风貌构成的重要作用。

1964年5月，在威尼斯举办的第二届历史古迹建筑师及技师国际会议通过的《关于古迹遗址保护与修复的国际宪章》（简称《威尼斯宪章》），提出"历史古迹的要领不仅包括单个建筑物，而且包括古迹所处的拥有特定文脉特征的城市或乡村环境"，将"古迹"的概念从建筑古迹延伸到了建筑以外的"城市或乡村环境"，包括城市、园林、历史地段等亦纳入古迹范畴。《威尼斯宪章》强调要尊重古迹遗址的原真性保护，将其视作艺术品，不允许任何贬低或与其不协调的修复、新建或改变等活动；尊重古迹遗址的整体性保护，将古迹遗址保护的外延扩展到了所处的环境，并对其环境也要有一定规模的保护，非不得已或必要，避免和杜绝搬迁古迹，古迹及其所处环境共同构成了文化遗产的价值和内容。《威尼斯宪章》的核心基础是对历史古迹，也就是文物本土和相关环境结合这一概念的定义，引导了其后文化遗产概念的发展[1]。

1982年12月，由国际古迹遗址理事与国际历史园林委员会通过的《佛罗伦萨宪章》是一份有关历史园林的保护的规则宪章。《佛罗伦萨宪章》继承了《威尼斯宪章》的理念，是针对历史园林的保护，用于指导各国园林领域的历史古迹保护。《宪章》指出历史园林属于古迹范畴，而且是"活"的古迹，因其所组成的主要元素是"植物"，是一个有生命的、变化的"遗产"；明确了历史园林的植物作为保护的对象，包含了其品种、面积、配色、间隔以及各自高度。这就给我们一个重要启示：作为历史园林的植物，非必要时不得更换，保护好植物景观的原貌对于历史园林的价值十分重要。如需更换，应该考虑组成植物景观的各个要素，包括容易被忽视的配色和高度方面。《宪章》还强调"对历史园林不断进行维护至为重要"，维护主要是让植物外观始终满足园林风貌与空间结构需要，这一点对于西方规则式历史园林尤为重要。对于中国古典历史园林，维护更讲究的是为植物提供能够延续生命和自热形态的措施，追求植物在历史进程中不断演替变化所展示出的意境美和植物背后的文化与传说，即以植物为载体或背景的"主要历史事件、著名神话"。《宪章》认为尊重历史园林存在的外部环境，将其看作一个整体，"任何危及生态平衡的自然环境变化必须加以禁止。所有这些适用于基础设施的任何方面（排水系统、灌溉系统、道路、停车场、栅栏、看守设施以及游客舒畅的环境等）"。这一点，我国的历史园林保护模式需要深刻的反思。虽然《佛罗伦萨宪章》在涉及历史园林利用问题时，赞同历史园林的公共游憩服务功能，但并不意味为了满足公共游园需要而在历史园林内外环境中修建一些违反宪章精神的设施（停车场）和活动（热闹或粗俗的活动），这是对历史园林价值的摧毁。反思我国历史园林中形形色色的活动，是否与宪章中"历史园林是一个有助于人类的交往、宁静和了解自然的安宁之地"的定位相冲突？

引篇：背景与理论阐述
第一章　大遗址保护相关重要文献解读

1994年11起草的《奈良真实性文件》（简称《奈良宣言》）源于1964年《威尼斯宪章》的精神，并以此为基础加以延伸，以响应当代世界文化遗产关注与利益范围的不断拓展，是为了回应国际遗产保护领域对于文化遗产真实性的认定与监测中出现的管理问题的不同认识。《奈良宣言》倡导和设定了"尊重世界范围内的文化和遗产多样性原则"，并重点阐述和拓展了文化遗产真实性的概念，认为遗产的真实性随遗产所处文脉的不同而不同，"遗产价值"也处在一个持续演变的过程，需要认识到这种遗产演变才能对遗产真实性进行评判[2]。根据《奈良宣言》的精神，世界各国尤其是亚洲国家受益于自身独特文化背景和遗产特点下的"真实性"评判，寻找自身在保护实践中对真实性阐释和解读的适合途径[3]。西方传统砖石结构体系下对于"真实性"的理解不能作为东方木构体系下的"真实性"的判断标准，应充分考虑地方文化的多样性，《奈良宣言》是对《威尼斯宪章》关于"真实性"定义的重大补充。

2005年5月，在维也纳世界遗产与当代建筑国际会议上通过的《维也纳保护具有历史意义的城市景观备忘录》关注当代发展对具有遗产意义的城市整体景观的影响，其中的历史性城市景观的含义超出了各部宪章和保护法律中惯常使用的"历史中心""整体"或"环境"等传统术语的范围，涵盖的区域背景和景观背景更为广泛。《备忘录》指出："历史性城市景观指自然和生态环境内任何建筑群、结构和开放空间的整体组合，其中包括考古遗址和古生物遗址，在经过一段时期之后，这些景观构成了人类城市居住环境的一部分，从考古、建筑、史前学、历史、科学、美学、社会文化或生态角度看，景观与城市环境的结合及其价值均得到认可。"我们的城市应考虑到人类与周边环境之间的联系和地域归属感，一定要保证城市生活的环境质量，以促进城市经济繁荣，提高城市的社会和文化活力。具有历史意义的城市景观可以通过城市规划和艺术设计来扩展历史城市内部及其周边的空间结构；世界遗产的保护还包括公共空间的设计，诸如功能、材料、照明、环境设施、标识和植物等多项内容，对于遗址区内部的基础设施建设，必须在保护遗址不受干扰及尊重历史格局的前提下，协调遗址、建筑、设施及周边环境的关系。《维也纳备忘录》提出的"历史性城市景观"的概念和保护原则及指导方针，对我国城市历史性景观的保护具有积极的借鉴价值和指导意义。历史性城市景观包含了自然和生态环境内的任何建筑群、结构和开放空间，是一个整体的空间环境，其中包含考古遗址，这些景观共同构成了城市生活，以历史景观与城市环境的结合及其价值得到了认可。历史性城市景观的保护理念与方法更适合多变的现代城市环境，在保护与发展的进程中考虑到了城市经济、社会、文化及生态环境的可持续性。在尊重历史城市自然山水格局、生态平衡的前提下，当代建筑设计、城市环境营建不应受限于传统历史建筑或园林的样式与工艺，应赋予新的时代特征以适应新的社会文化语境[4]。

2005年12月，联合国教科文组织通过的《会安草案——亚洲最佳保护范例》将遗产资源分为五大类：文化景观，考古遗址，水下文化遗产，历史城区与遗产群落，纪念物、建筑物和构造物。草案还明确指出了保护这些资源的主要威胁，并拟定了标题为"保存真实性的手段"的指南。《会安草案》从理论和实践层面为有可能直接或间接影响遗产资源真实性的行为的决策者和执行者提供指导。《草案》指出，遗产地被农业活动或自然侵蚀，或部分考古发掘或建设活动所破坏的程度被纳入真实性判断的考虑因素之一，给环境整治工作提供了依据。此外，还将遗产地对研究人员和公众而言的可接近程度作为判断因素，可见对考古遗址的保存环境和环境的可达性、可读性以及景观的可赏性提出了较高的要求。《草案》为用绿化植物作为覆盖展示和遗址标识的方法或材料提供了重要依据。《草案》中建议对遗址区域进行划分和建立不同等级的保护区，例如：遗产和景观保护区、环境保护区、考古研究区和纪念物管理区。这种分区思想给遗址环境整治与景观规划提供了重要借鉴和参考。采取分区的办法，可以使遗址绿化工作更加合理、科学和有针对性地进行。针对亚洲大多考古遗址的特点，即"大多数考古遗址都埋藏在地下，只有一小部分已被挖掘的记录可以看得到"，提倡遗址、遗迹通过"设计"使其历史文化信息"可读"，即最大限度地发挥这些设计手段或方法的叙述功能。绿化手段无疑在遗址历史环境、现状环境、遗址标识等多方面可以达到这一要求。

2015年2月，在塞拉莱举行的国际古迹遗址理事会提出的《塞拉莱建议——国际古迹遗址理事会考古遗址公园第一次国际会议建议》中，明确将"考古遗址公园"这一术语纳入联合国教科文组织和国际古迹遗址理事会的官方通用术语中，尤其是《世界遗产公约操作指南》中。《建议》明确了绿化是考古遗址公园的美化、景观营造不可或缺的手段。对考古遗址公园的绿化提出了限制性要求，即绿化的前提是不能破坏考古遗址的地上和地下环境。两年后公布的《公共考古遗址管理的塞拉莱指南》是基于《塞拉莱建议》、为公众开放的考古遗址在规划方面建立可持续管理办法而提出的指导性建议，《指南》在确立遗址边界和管理区中提出，"遗址应具有足够规模和合适布局，使可持续的资源保护和游客休闲成为可能"，"公众考古遗址的建立对公共福利，如自然和社会环境质量、教育、健康和安全服务的提升方式和程度"等若干条，能够看出考古遗址公园应具有"公园"这一功能——为公众提供休闲、环境质量提升等服务与管理。《塞拉莱建议》和《塞拉莱指南》两份文件，共同构成了国际上关于考古遗址公园建设管理的姐妹篇。

二、国内相关文献

　　由中国古迹遗址保护协会制定、通过，由国家文物局批准向社会公布的 2015 年修订版《中国文物古迹保护准则及阐释》，是中国文化遗产领域的重要准则，是大遗址保护、环境整治及遗址公园规划的重要依据。该《准则》明确了文物古迹的环境范围，"既包括体现文物古迹价值的自然环境，也包括相关的人文环境"，强调了对文物古迹"完整性"的保护，提出了"最低限度干预"原则，指出"有特定环境或景观保护要求的，还可以划定环境或景观控制区，其性质等同于建设控制地带"，且环境和景观控制区域具有建设控制地带的性质，应纳入当地城乡规划。《准则》还详细规定了文物古迹保护规划的专项设计的内容和一些保护措施，其中涉及环境整治，并明确指出绿化应尊重文物古迹及周边环境的历史风貌，如采用乡土树种，避免因绿化而损害文物古迹和景观环境。最后，《准则》还建议对于规模宏大、价值重大、影响深远的大型考古遗址（大遗址）应整体保护，具有一定资源条件、社会条件和可视性的大型考古遗址可建设为考古遗址公园。

　　2005 年 10 月，国际古迹遗址理事会在西安通过的《关于古建筑、古遗址和历史区域周边环境的保护（西安宣言）》，为文化遗产环境的评估、管理、保护提供方法、建议和操作指南。《西安宣言》讨论了古建筑、古遗址和历史街区的"周边环境"的概念，即"紧靠古建筑、古遗址和历史区域的和延伸的、影响其重要性和独特性或是其重要性和独特性组成部分的周围环境"，还特别指出，"除了实体和视角方面的含义之外，周边环境还包括与自然环境之间的相互关系；所有过去和现在的人类社会和精神实践、习俗、传统的认知或活动、创造并形成了周边环境空间中的其他形式的非物质文化遗产，以及当前活跃发展的文化、社会、经济氛围"。这一概念为大遗址周边环境的调查和保护内容提供了重要依据和界限，让我们认识到所谓"周边环境"不仅仅包含紧邻遗址的地形地貌、植被、村落、建筑、城市设施等有形的、外在的环境，还包含精神面貌、生活状态、文化习俗、历史沿袭等内在的、抽象的氛围。

　　2007 年 6 月，由市长、规划师、建筑师、文化学者、历史学家以及其他各界关注城市文化的人士相聚北京，讨论并通过了《城市文化国际研讨会"城市文化北京宣言"》，讨论了"全球化时代的城市文化转型、历史文化保护、当代城市文化建设"等议题。《北京宣言》指出新时代的城市文化应该反映生态文明的特征，21 世纪的城市应该是生态城市。对于北京、西安、洛阳、南京等这样的古都，城市景观建设应在继承传统的基础上努力创新，"要拒绝雷同，彰显个性；也要反对有损于传统、有碍于生活的荒诞媚俗"。

一个历史悠久、文化底蕴深厚的城市在新时代不仅应彰显其深厚的文化积淀、浓郁的文化氛围、美好的城市形象，还应构筑适合的人居环境，营造人与自然和谐共生的生态美景。

2009 年 12 月，由国家文物局制订、印发的《国家考古遗址公园管理办法（试行）》及《国家考古遗址公园评定细则》经过十几年的实践，为国家考古遗址公园的建设、审批提供了重要依据，促进了考古遗址的保护、展示与利用的规范化；为规范国家考古遗址公园规划的内容和深度，2012 年 12 月又紧接着公布了《国家考古遗址公园规划编制要求（试行）》，用于规范和指导需要建设国家考古遗址公园的大遗址的保护规划，是遗址公园建设与管理的技术性文件。其中，《评定细则》对景观空间布局要求提出"应从总体上把握、提炼符合遗址演变规律的景观特征，以及遗址周边自然资源特色，防止过度人工化，并区别于一般城市公园，应按照遗迹的分布特征规划遗址公园整体空间架构"，这为遗址公园景观设计与绿化规划提供了一条重要的限制性原则，即区别于一般的城市公园，防止过度人工化。《评定细则》对环境条件分析图的要求中规定，应"标明遗址公园所处区域周边自然资源分布，地貌特征，以及建筑、道路、植被等环境要素"。该条将遗址周边包含植被要素在内的环境现状与分析，作为国家考古遗址公园规划文本的一项不可或缺的内容，需要以图示的方式清晰、明确地绘制出来。此外，《细则》还规定了"绿化景观的控制要求和设计原则"，即对遗址公园绿化景观要有总体风貌的控制性文字和示意图的表达，以及绿化景观设计原则的明确表达。

为促进大遗址合理利用，提升大遗址保护管理和利用水平，国家文物局组织编制了《大遗址利用导则（试行）》，于 2020 年 8 月向社会公布。针对大遗址景观与绿化的相关内容，《导则》从大遗址利用对象、相容使用方式、前期评估要点、文物本体和环境的保护展示项目、环境整治项若干方面均给出了具体的要求和建议，这些是大遗址及国家考古遗址公园在环境保护、整治与绿化景观营建方面的具有重要参考、借鉴价值的文献，既是对过去大遗址保护、展示与利用的实践经验的总结和凝练，也是为未来大遗址保护、展示与利用提供指导性、纲领性原则与条例。例如，明确将大遗址周边环境中的地形地势、水系、植被纳入文物环境的重要利用对象，明确指出大遗址可以以相容的方式融入城市生活中，开放为街心公园、公共绿地等不同程度和规模的公共绿地空间，且提出通过场地绿化等方式对大遗址环境进行提升，以改善和提升区域生态环境、人居环境。在各类工程项目等措施实施之前必须进行前期评估，明确将"是否符合最小干预、可识别、可逆性等原则，是否对文物的历史环境、地形地貌、植被种植、河流水系、空间视廊等造成负面影响"列入文物影响评估的要素中，这为大遗址绿化历史的研究、现状的评估及未来的规划提供了重要参考依据。

《导则》还肯定了绿化在标识展示中的应用和作用，提出"绿化标识展示应根据文物环境，选择浅根系耐旱植物，优先考虑当地植物种类或历史植物种类"的建议。对于处于自然环境或周边环境风貌较好的大遗址，建议应"减少人为干预，提倡保存遗址所依附的现状环境（农田、森林、草原等）"，对于处于城市核心区或公共绿地等地段的大遗址，建议"通过景观设计改善文物环境，同时兼顾文物展示需要，营造场所氛围"，对于处于城郊或荒野的大遗址，应"加强生态环境治理和污染防控，保持文物历史氛围和野趣，避免城市公园或西式园林化设计倾向"。《导则》也指出，对于历史环境的展示应适度，不得大规模复原，可采取局部节点式的展示或情景模拟展示，这不仅是对过去大遗址历史环境不恰当展示的教训总结，也是对今后具体的展示方式和技术手段提出的挑战和新要求。不仅在展示方面，对环境整治项目也提出了反思性的建议和要求，如"注意文物所在区域历史地形地貌保护、修复、生态保育等，避免单纯考虑景观效果而弱化展示整体局部、冲淡展示主体"，"景观整治与绿化应与生态保护相结合，尽可能保留现有植被，不得大规模人工造景……"

第三节　大遗址绿化指导性原则

①《国家考古遗址公园绿化的原则和方法研究》（2013）、《中国大遗址绿化若干问题研究》（2016）、《中国考古遗址公园绿化规划理论研究》（2018）、《论大遗址环境审美与环境营造的关系》（2018）。

鉴于前述国内外与此相关的重要性文献相关条目的分析和解读，根据中国大遗址保护、展示与利用十几年的实践经验和教训，基于作者前期研究成果①的积累，本书针对中国大遗址的绿化提出几点指导性原则，以供今后大遗址保护、展示与利用等参考，以期成为今后考古遗址公园绿化规划的重要且必要的参考依据。

一、"一个最"原则

"一个最"是指最小干预,也称最少干预或最低限度干预,是文化遗产保护与文物修复以及城市生态景观的保护与修复等领域所坚持的一项基本原则。在文化遗产保护领域,最小干预原则是指在保证文物安全的基本前提下,通过最低程度的介入来最大限度地维系文物的原本面貌,保留文物的历史、文化价值,以实现延续现状、降低保护性破坏的目标[5]。该原则在大遗址保护方面具体体现在尽可能减少对遗址本体的扰动以及遗址现状环境的较大改动或改变。最小干预原则是对保护和展示遗址"真实性与完整性"原则的具体体现。

落实到大遗址的环境整治与景观绿化工作上,最小干预原则主要体现在以下几个方面[6]:

(1)在保证遗址本体及其环境生态与文化安全的前提下,尽可能保留和利用遗址原有植被或现状植被;除非有必要,不建议更新绿化种类或景观风貌。

(2)如需新增绿化,尽可能在重点遗址保护区不用或少用乔木。

(3)遗址保护区内新增绿化应坚持能少不多,能简不繁,能乡土不外来的原则。

(4)绿化风貌尽可能与遗址环境、遗址周边环境、遗址区域环境的风貌协调,尽可能地消隐或成为文物本体或建筑的背景,避免突兀或抢眼。

(5)从绿化选种、种植方式、绿化风格等多方面考虑,做到简化设计、降低维护成本、降低人工痕迹。

(6)杜绝一切为了美观而绿化、为了追求绿地率而绿化、为了迎合某些人或少数人的喜好或审美而绿化的思想和措施。

二、"两个可"原则

"两个可"是指"可逆性""可解读"。所谓可逆性,是最早见于工程学和医学领域的常见术语,诸如工程热力学中提到的"可逆性"过程,是指当系统进行正反两个过程均能完全回复到初始状态,这样的过程称为可逆过程。医学领域里的"可逆性"损伤,是指细胞或细胞间质受损伤后,由于代谢障碍而使细胞内或细胞间质内出现异常物质或正常物质异常蓄积的现象,通常伴有功能低下;去除病因后,细胞水肿、脂肪变等损伤可完全恢复正常。绿化的可逆性是指绿化植物可以在考古勘探需要的情况下移除或移植到他处,将遗址恢复到绿化前的保存状态,且该移除或移植工作对遗址地下文化层不产生任何破坏。绿化的可逆性主要通过选择浅根系植被、铺设草皮、容器栽植、抬高种植覆土面等手段实现,且这些绿化植被可以反复利用。可逆性的绿化措施主要适用于不能实现或不方便实现正常的地栽乔木或灌木的绿化情况,诸如遗址本体、未探明区域或展示标识性绿化。绿化的可逆性原则是大遗址保护坚持"考古先行"理念的具体落实,通过可逆性的绿化种植,将来可以实现无损害移除并恢复到遗址绿化前的面貌,不影响考古发掘工作的进行。

"可解读"或称之为"可读性",是指让遗址隐藏于地下的或非物质的文化信息或晦涩难懂的工艺手法等信息通过设计手段展示或呈现给参观者,使其容易被看到、被理解、被感受。针对亚洲考古遗址的特殊性,《会安草案》中将这种可读性手段描述为"叙述潜力"。草案指出:"大多数考古遗址都埋藏在地下,只有一小部分已被挖掘的记录可以看得到,遗产地管理人员应设计出保存这些遗迹的'可读性'的方法,最大限度地发挥其叙述功能,以便展现给参观者一个将过去与现在联系起来的历史发展脉络。"绿化的可读性主要体现在绿化所展示出来的形态、轮廓、面貌或风格、功能等,能够衬托或烘托遗址的属性或氛围、诠释遗址的历史和文化、展示遗址的格局或遗存、强化或暗示遗址空间的功能,让参观者或游人能够看明白、有所悟、有所感、有所学。绿化可读性原则主要适用于遗址区的标识与展示、非遗址的阐释性或象征性主题景观、遗址与城市过渡区的隔离性或功能性绿地、建设控制地带以及环境协调区的文教或美育型绿地的绿化建设。

所以说,可逆性和可读性都属于一种设计手段,在大遗址的保护、展示与利用,抑或是遗址公园的规划设计中要以此为原则,在绿化工作方面尤应如此。

三、"三个维度"原则

"三个维度"是大遗址绿化在评估、规划设计等工作中必须考虑的、以时间为单位的三个参数,即历史维度、现实维度和未来维度。历史维度即研究大遗址的过去,针对绿化的历史维度而言,是指大遗址历史上的一切与植被、园林、种植有关的数据。大遗址绿化的历史维度相关信息需要通过历史文献的研究和考古科研的发现而获取,历史维度相关信息服务于大遗址文化的展示、格局的展示、环境的评估。现实维度即研究大遗址的现状,针对绿化的现状维度而言,是指大遗址现存的植被种类、分布情况、风格特点、生长状况等数据，主要通过现状调研获取。现状维度相关信息服务于大遗址真实性与完整性的保护与展示、环境整治与景观营造的参照。未来维度即大遗址的将来，针对绿化的将来维度而言，是指大遗址将来可能进行的与绿化有关的工作，包括未来有可能建成遗址公园的景观营建、未来遗址本体与环境的更有效保护与展示措施、遗址地未来生物多样性的保护与生态环境的营造等。

大遗址的绿化不是简单地以美化、绿化环境为手段达到服务游客或参观者的目的，换言之，大遗址的绿化或者景观营造并不是以迎合大众需求为根本目的，而是大遗址保护、展示及利用的一种手段，其根本目的是服务于大遗址及其环境，保护遗址的生态和文化安全，展示遗址的格局与遗存，兼具一定的城市绿地功能。厘清了大遗址绿化的目的，便明确了大遗址绿化不能从传统意义上的城市绿化或绿地景观营建去考虑遗址绿化的选种、风格、配置及种植手段等，也不能用城市绿化的评价指标去评价大遗址的绿化效果，诸如绿地率、绿化覆盖率、人均绿地面积、物种多样性等。同样，大遗址的选种方面也不能简单地从本土适生、观赏价值高、受人们欢迎的树种当中选择，而是要根据历史、现实和未来三个维度综合权衡。

所以，大遗址的绿化工作务必抛开教科书式的绿化原则和方法，避免出现与遗址性质和属性相冲突的景观风貌，杜绝为绿化而绿化、破坏遗址本体及环境安全的绿化活动，务必坚持"三个维度"原则，任何一个环节的工作，都应当向后看，看历史上是否存在；向前看，看未来有没有提升或遭致损坏的可能；还要斟酌当下，是否对遗址有利、是否对环境友好、是否对当地居民有益处。

四、"四个分区"原则

"四个分区"是指遗址绿化规划时，应根据大遗址保护规划分区来合理规划绿化的分区；大遗址保护规划通常包含重点保护区、一般保护区、建设控制地带及景观或环境协调区。相应的，大遗址的绿化也应该根据这四个分区进行不同的功能与风格定位、选种和种植方式选定等。大遗址绿化的分区有别于一般的城市绿化或绿地的分区，诸如，通常情况下，城市公园整体上可分为观景区、游憩区、运动区、生态保育区等，再如，居住区绿地通常分为宅旁绿地、道路绿地、公共游园、宅间绿地等，还有一些专类绿地或小型园林，会利用植物的季相变化或种类、造景形态分为冬季观景区、夏季观景区、秋季观景区和春季观景区，抑或是水生植物区、牡丹园、玫瑰园、观果区、观花区等，每个区域依据功能和定位不同而进行不同的绿化选种及风格、风貌等设计。而大遗址的绿化则与之大相径庭，"四个分区"是其坚守的基本原则，这四个分区是以遗址、遗迹、遗存的规模与价值的重要性、发掘与保存情况、与城市建设用地的关系、与遗址上有可能进行的主要活动等作为划分依据，而游人的需求、市民的需求、城市建设的需求、植物本身的观赏与生态价值等并不作为划分依据和规划设计的主要参考依据。

大遗址重点保护区的绿化需要谨慎，绿化并不是核心保护的必要元素和手段，有可能没有绿化反而是对遗址完整性和真实性的保护，也有可能需要整治现状绿化以防止因绿化对遗址产生物理性破坏，也有可能需要少量或特殊的绿化方式去保护和展示遗址等。大遗址一般保护区的绿化主要作为遗址标识和展示的手段之一，将绿化植物当成一种展示标识材料，满足浅根系、适生能力强、植株整齐、耐修剪、抗性强、可塑性强等特点即可，其观赏价值、花期花色、文化内涵等不作为选择和配置的主要参数。此外，一般保护区还会有一些点景、烘托氛围或遮阴功能的灌丛、地被景观、主景树等。建设控制地带和环境协调区的绿化功能相对于遗址区较为宽松，通常可以赋予绿化景观或绿地空间以休闲、科普、生态、隔离等作用，但是在绿化选种和风貌控制方面依然受遗址保护的限制，要求这些区域的环境氛围不能与遗址区的环境氛围差异性太大，也不能与遗址属性和性质相冲突，更不能因为绿化景观或绿地中的各种活动而降低遗址的价值和美感。建设控制地带的绿化或绿地的功能以营造和烘托遗址保护区的氛围为主，通过绿化手段将遗址的恢宏尺度、历史厚重感及遗址属性（宫殿类、城池类、墓葬类、手工作坊类、史前人类聚落等）突显出来，使进入遗址区的游人或参观者看到此景不由自主地生发出对遗址的敬畏之情，或激发其探索神秘的好奇心，或引发怀古的情思与感叹……建设控制地带的绿化功能类似于音乐作品中的前奏、著作中的序言、饭前的开胃小菜。环境协调区的绿化功能相对于建设控制地带就更加接近城市、靠近居民生活、临近城市建设，因此，环境协调区的绿化是遗址整体环境风貌与城市环境的过渡，协调以遗址保护与展示为主的绿化功能渐变到以遗址利用和市民生活为主的服务功能，以遗址区展示、标识、充当背景、烘托气氛的角色（往往是配角）转换为营造景观、涵养生态、提供休闲空间和活动场地、以及科普教育、防震避灾的角色（主角作用），因此绿化的形式会出现风景林、防护林、草坪、树阵、行道树、花境、花带等多种丰富形式。

第二章　环境审美视域下的遗址环境营建

正题之前，首先要谈谈什么是美？中外哲学家和美学家给出过很多定义和富有哲理的阐释，此处不赘述，也确实很难用一两句话将美的概念凝练和阐释清楚，本书中，只谈鄙人拙见。作为一名风景园林学者，从人们熟悉的生存环境（人工或天然、社会或自然）视角去发现美、理解美、阐释美，我想应该不是一件晦涩难懂的事情。我们无须放眼世界，且看我们国人，是如何在社会变革、沧海桑田、各种诱惑中去诠释人类对环境之美的理解。作者认为，美可能存在于一切客观事物中，事物的美不是绝对的、一成不变的，会因为审美主体的立场不同而异，而这立场的不同可能是由身份、地位、时代、需求、学识、经历、年龄等的差异而产生的。

农民眼中那些危害农作物的昆虫一点也不美，见而灭之杀之；然而在生态学家或自然博物学家看来，它们却是自然界的组成部分，应当被尊重和欣赏，它们多变的颜色、多样的翅膀或甲壳是美丽的；抑或在摄影师的微观镜头里，无论那些破坏庄稼的瓢虫、蝗虫、蚜虫还是惹人烦的蚊子、苍蝇，都会活脱脱地变成一个个纹理清晰、色彩斑斓、结构精密的艺术品，给人以精美绝伦的视觉感受。还有寻常可见的柳树，尤其是春天的柳树，自古以来诗人认为它是极美的，无论是贺知章笔下的"碧玉"，还是徐志摩眼中的"夕阳中的新娘"，抑或是那些折柳表达离别挽留之情的送别诗，都将柳及柳的符号作为审美对象。即使是柳絮漫天飞舞的时候，诗人也会用"如烟""烟柳"来形容柳絮之美感。然而，柳树易生尺蠖，柳絮容易弄脏空气和环境，在城市环卫工人及过敏体质的人眼里，柳树和柳絮都是不美的，惹人讨厌的。再举一例，粪球美不美？有人会嗤之以鼻，对粪球避而远之，何谈其美？可是蜣螂对它却爱之无比，视之如宝。也许会有人质疑，蜣螂不是人，怎么会有审美，只不过是觉得粪球有用罢了，认为蜣螂对粪球谈不上审美，也就是说蜣螂根本算不上审美主体。若如此，只能用庄子与惠子在濠梁之上关于"子非鱼，安知鱼之乐"的辩论来回应，人也不是蜣螂，怎能判定蜣螂没有审美意识呢？人类不能用高于自然万物的姿态去审视自认为比他低下的动植物，如果植物不知道何为美，为何进化出在传粉之际开得色彩娇艳、形态各异的花朵来吸引昆虫呢？如果鸟儿不知道美，为何会在求偶季焕发出一身色彩艳丽、图案丰富的"戎装"来吸引异性呢？在地球上，动植物以不同的方式展示各自的美以达到某种欲望或需求，过着遵循地球自然规律的"生长、发育、繁殖、死亡"的生活，这是一种有秩序的生活，这就是大自然之美。最后，笔者以自身经历为例，说明审美主体与客体的变化关系。笔者儿时见到狗尾草就抽其花穗编成小狗拿来和小伙伴们一起玩耍，既不觉得狗尾草好看，也不觉得拔掉它可惜，因为大人总是说它们是野草，所以在孩提时的笔者眼里，狗尾草不美，该拔掉，而公园里的花一定要爱护，因为老师告诉我们花儿最美丽，我们就是祖国的花儿。长大了越来越不觉得公园里栽种整齐且不能随意采摘的花儿是美的，认为它们缺乏能够打动我或与我互动的灵气，反而愈发觉得田间地头、房前屋后偶尔长出的一丛丛、一片片的狗尾草群落是那么随心所欲和富有生命力，能唤起我的快乐童年记忆。拿着狗尾花做成小狗在院子里追逐打闹的情景历历在目，尤其是夕阳西下之时，狗尾草花絮上的针芒在暖色的余晖映衬下透出光芒，这是一幅多么美好的画面，无疑，此时的我认为狗尾草是极美的。不仅是笔者这么认为，现在越来越多的拥有共同童年记忆的人们去欣赏和追求以狗尾草为代表的野草之美，观赏草在城市景观中的引入和流行，即是最好的证明。

可见，审美客体的美与不美，主要决定因素在于审美主体，且因审美主体的改变而变化。但是，审美客体的变化可能也会影响审美主体对美的判断。一个豆蔻年华的少女，其天然的外貌和旺盛的活力就是世人眼中少女身上最美的东西；当她束发成人，其优雅的举止和持家的能力就是世人眼中妇女身上最美的东西；当她芳华已逝，子女已然成人，其豁达的心态和依旧健康的身体就是世人眼中老妪身上最美的东西；当她驾鹤西去，化作堂上的一张照片或一个牌位时，她生前的贡献和行善的事迹，才是世人眼中体现一个人生命价值最美的东西。对人生的审美是一个动态的过程和不断变化的审美关系，与时间作用于审美客体的变化关系密切，审视和欣赏人类的创造物亦是如此。秦人修建的万里长城，在当时人的眼里只是一项军事防御工程，在修筑长城的劳工的眼里甚至是可憎可恶的。秦代以后，历代访客或诗人游历长城时，便产生一种敬畏、怀古之情，逐渐将长城纳入审美对象的范畴，留下许多诗歌为证。之后又历经千年风雨洗礼甚至人为破坏，长城成为废墟，但却成为我们民族性格的标志之一，对长城的瞻仰络绎不绝，长城上的一砖一瓦与一草一木皆为生动，皆可入画，长城的美已经不是对其原有功能和形态的审美，而是对其时间洗礼的痕迹、废墟背后的故事以及精神象征的审美。

第一节　遗址与环境审美

美是审美客体本身具有的某种形态或气韵，审美则是认识美、发现美的过程或意识。环境审美是环境美学的核心议题，是研究人类在与自然发生关系过程中如何审美的问题，主要探讨的是审美模式、审美体验、审美主客体关系等。环境审美源于西方环境美学，发端于罗纳德·赫伯恩（Ronald Hepburn）的《当代美学及其对自然美的忽视》一文，其主要观点否定了长期以来西方美学界认为的"自然美在艺术美之下"的偏见，为自然审美及环境审美奠定了基础。后来的艾伦·卡尔松（Allen Carlson）和阿诺德·柏林特（Arnold Berleant）等学者继承了罗纳德·赫伯恩的思想，对环境美学及审美模式理论进行深入研究，形成了以卡尔松的"自然环境模式"为代表的科学认知主义途径和柏林特的"参与模式"为代表的体验途径，这是当代西方环境审美模式研究的两种重要取向[7]。然而，容易让人忽略然却对环境审美发展助力甚多的是"大地审美"提出者环境伦理学家 J. 贝尔德·卡利科特（J. Baird Callicott）和倡导"大地伦理"的环境伦理学先驱奥尔多·利奥波德（Aldo Leopold）两位学者的主张和思想。卡利科特从利奥波德的"大地伦理"中发掘出"大地审美"，利奥波德探测到自然内部的生态机理，"从生态学的眼光看待沼泽，他着重强调的是这片深水乱草中各式动物、植物间复杂的互依共生关系，是这种丰富、复杂的生命信息赋予湿地不可替代的自然美感——自然之生机、自然之智慧、自然之诗情"。这一点根本区别于普通人或艺术家以"沼泽为荒地、乱地、危险之地抑或是从中发现一些以造型或色泽取胜的形式之美"[8]。我国学者在译介和研究西方环境美学理论的基础上，结合中国传统的生态思想和环境价值观，对其进行了补充和发展，并逐渐形成了生态审美观。中国环境美学开拓者陈望衡教授在《试论生态文明审美观》中强调："生态文明时代具有一种特殊的美——荒野之美，这种美也是其他任何文明形态所无法比拟的。"[9] 他在《荒野与园林》一文中还谈到："园林景观可以分成两种：一种为园艺，一种为荒野。园艺的美实质是人工美而非自然美；真正的自然美是荒野的美。城市中建园林，要给荒野留有地位。"[10] 生态文明不仅是环境审美的基础，而且是环境审美的灵魂，是人们构建人与自然、人与生态全面和谐的指路明灯[11]。陈国雄也认同生态学对环境审美的重要作用，认为："必要的科学知识（尤其是生态学知识）是进行正确而合适的环境审美必不可少的。"[12]

当代，环境审美在应用层面上关注的是环境评估以及环境规划、景观营建等现实问题，与环境审美理论与模式的研究并不孤立，而是相互借鉴、共同促进的关系。就以当前我国的大遗址保护与利用为例，在环境整治及景观规划设计方面存在很多问题，究其原因，除了对文化遗产保护理念的了解不足、缺乏相关法律条例的约束和控制以外，对大遗址环境审美的认识不足和重视不够也是主要原因之一。

对遗址的环境审美，可以追溯到18世纪以英国为代表的废墟景观的兴起，受一系列描绘废墟场景的绘画作品影响，如《丘园中的罗马废墟》（威廉·钱伯斯爵士，1763）、《怀河如画的风景》（W.吉尔平，1770）、《丁登寺：穿过廊道望向东窗》（J.M.W.特纳，1794）等[13]，废墟开始成为审美对象之一，影响了当时西方的造园和景观。废墟是一个穿越时空的存在，借废墟来怀旧，确实能够达到像访问空间那样访问时间，而人们愿意从这种对过去的幻想中得出有关未来的启示。西方废墟景观重视的不是废墟上所残留的某一类建筑物或具体的遗存，而是在"时间"作用下的那种"历史感"和"伤感"，也就是说废墟景观的美感不是源于废墟的形式，而是源自时间对形式的毁坏，由这种毁坏的形式所带给审美者的一种与历史的对话、与心灵的沟通[14]。

中国废墟的形态与西方截然不同，并没有太多可以观赏和感怀的具体建筑形态，即使有也是一小部分残垣断壁或砖土、瓦砾，很难引发欣赏者的联想和共情，更难将废墟引入传统绘画母题。然而，中国古代却不乏诗歌以咏怀古迹、遗址、故国为主题，如刘禹锡的《石头城》《乌衣巷》，杜甫的《春望》，陈子昂的《登幽州台歌》，李白的《苏台览古》《登金陵凤凰台》，杜甫的《蜀相》，刘禹锡的《台城》，辛弃疾的《南乡子·登京口北固亭有怀》，张养浩的《山坡羊·潼关怀古》及曹雪芹的《马嵬怀古》等，但这些流露着凭吊、怀古、感伤、悲叹之情的诗句中，也很少有直接描述所咏主题（遗址或废墟或废弃建筑）的具体形态，而是用围绕主题所发生的人物、事件或环境中的一草一木，在读者的脑海中间接勾勒和描绘出一幅物境凄美或悲壮、情景伤感或激昂、意境悠远或深邃的场景，这种艺术创作手法有学者称之为"内化的情景表达"[15]。绘画和诗歌与废墟审美和废墟景观关系密切，故对于中国式废墟（本书中讨论的大遗址即是其一种）景观的营造，要基于废墟审美的生态文明视野，从绘画与文学作品中汲取创作灵感，营造遗址环境的诗境、画境远比展示或模拟遗址的物境重要得多。然而，这一点并不是每一位景观决策者或营建者能够洞悉和觉察的，正如李光涵在《考古遗址的保护设计与视觉叙述》一文中所述："在尽可能保障考古信息和历史物质资料保存的前提下，考古遗址的展示和风貌价值在很大程度上取决于主持干预者的审美取向……究竟该如何阐述和展示以因佚失而无形的木构件和仍遗存有形的土遗址所组成的'中国废墟'，并建立一个结合历史观念和当代价值的本土原生废墟审美观念？"[16]

  遗址环境审美，即以大遗址作为审美客体的环境审美，首先要明确遗址环境的组成和特征。狭义上讲，遗址环境是大遗址本身（即遗址本体）以外的环境，将遗址本体排除在遗址环境之外，这是以遗址本体为参照。广义上讲，遗址环境是包含遗址本体在内的遗址自然环境和遗址人文环境的总和，是以大遗址保护区范围以外的环境本底为参照，包含遗址保护区范围内的一切景观，即本书所指的遗址环境。具体说来，遗址本体是指具体的历史遗留物，包括建筑基址、墓葬、城墙、古河道等，是大遗址保护和展示的核心内容，也是最能体现遗址价值的审美对象。遗址自然环境是指遗址本体以外与之紧密相关或依附于遗址本体的一切自然要素，诸如植被、水土、气候以及动物等，是构成遗址生态环境的重要组成，也是遗址环境中最直观的审美对象。遗址人文环境是指参与遗址展示与环境审美的其他非自然环境要素，诸如遗址历史信息、文化符号、地域文脉、生活景观等，是需要审美主体具有一定知识和经验才能获得审美体验的隐形审美对象。

  有位自媒体主播说："这是一个鲜有文盲的世界，但却充斥着大量的'美盲'。"这话虽然没有数据支撑，但的确道出了中国大多民众在审美方面的缺失或不足。美的事物可能到处存在，但缺少发现美的眼睛或感受美的心灵。知识和阅历对审美能力的影响较大，一项有关城市环境审美的调查研究表明，在诸多影响审美主体对环境审美判断的因子中，如学历、职业、年龄、收入、性别等，其中"学历"这一因子占据较高权重[17]。但需要指出的是，并不是掌握知识越多的人抑或是见识越广的人，其审美的能力一定就越强，这一点尤其在环境审美方面表现明显。环境审美主体的差异在很大程度上影响着遗址环境的最终走向，由此，加强对公民的环境教育对当前城市环境营造十分重要，环境教育不只是环境保护的教育，还有环境美学的教育，但是目前整个社会环境保护与环境审美意识薄弱，环境教育任重道远[18]。环境审美教育是提高民众生态意识和审美能力的主要途径，应该开拓更多渠道让民众接触环境审美教育，例如：提高民众参与力度，让民意融入环境建设，从而使环境更加合乎民意，合乎民意的环境才可能会成为大众的审美对象，民众才会自发地进入环境、体验环境、欣赏环境。此外，重视对传统生态思想的宣传，培养公民"家园意识"，即对待自然及其生存的环境像对待自己的家园一样去爱家、护家，因为传统的生态思想比现代生态学理论更容易让民众理解和消化，如"天人合一""万物齐一""民胞物与"等[19]。

  大遗址环境营建的水平与所有参与者的审美层次密切相关。首先，需要有一个"对文化遗产的保护与传承极其重视和负责任的"政府和社会大环境。这一点在当前"生态优先""可持续发展""文化立国""高质量发展"的大格局、大环境下可以满足。早在2018年习近平主席在全国生态环境保护大会上就讲道："在整个发展过程中，我们都要坚持节约优先、保护优先、自然恢复为主的方针，不能只讲索取不讲投入，不能只讲发展不讲保护，不能只讲利用不讲修复，要像保护眼睛一样保护生态环境，像对待生命一样对待生态环境，多谋打基础、利长远的善事，多干保护自然、修复自然的实事，多做治山理水、显山露水的好事，让群众望得见山、看得见水、记得住乡愁，让自然生态美景永驻人间，还自然以宁静、和谐、美丽。"这种生态审美的智慧为大遗址环境营建提供了重要依据，"记住乡愁，让自然生态美永驻人间"的美好愿景恰是大遗址保护与可持续发展所依靠的重要背景环境。

　　其次，要有"对大遗址及其环境的保护、展示与利用有水平、有担当、有良心"的建设者和组织者。当前大遗址保护与利用的实践中不乏为了政绩或发展经济等不择手段地破坏遗址环境风貌、占压遗址、瞒报事实的案例，这些事件不仅有损于文化遗产的价值和政府的形象，更使我们及后代永远失去了一处处珍贵的历史记忆。当然，还有一些地方政府对待遗址的做法缺乏对遗址价值、遗址环境及本土文化的认同感，不惜凌驾于遗址历史属性和价值本身之上，去创造新价值，营建鲜面孔，让一些本应该古朴、自然、野趣的大遗址环境变得景区化、园林化甚至是西式园林化。面对以上列举的负面做法，本书强烈呼吁建设者和组织者要有文化自信的态度、高级审美的趣味、科学发展的观念、文化传承的责任，在看似荒凉、破败、落后的遗址大地之上，拥有一种看得懂历史、品得到文化、觉得出意境之美的能力。

　　再次，要有"对大遗址及其环境有充分了解和较高审美能力的"规划师和设计师。规划师和设计师是将保护理念、功能定位、修复办法、整治措施、展示手段、景观风格等从理论、讨论、决策、建议落实到图纸上的实践者，拥有较高层次的环境审美能力是他们必须具备的素质之一。如若审美力不足，即使他们拥有高超的专业设计能力、采用创新可行的技术、利用环保生态的材料，也不过是换了个场地或对象以展示他们在这一领域的纯熟的技法和功底，这就类似于一个服装设计师或裁缝为一位女性设计或缝制了一套华丽时尚且做工精良的西式晚礼服，美是很美，但忽略了这位女性是一位内敛且年长的东方女性，如若穿上这套礼服，她的神韵之美不仅不能彰显，反而显得不得体。总之，本书要表明的观点是，规划设计者在面对大遗址这样的特殊环境和重要价值的"文物"时，应该先把行业套路和既有模式撂在一边，还要把领导喜好和市民口味放在后面，应该深入遗址实地去采风、去感受，翻阅历史文献和考古资料去探究、去发现，还应该放眼遗址大环境的山形地貌与草木虫鸟，更应该放眼遗址未来发展的机遇和挑战。只有先做到向历史看、向现状看、向未来看的规划设计者，才能领悟和体会到尘封在历史里的精彩、隐逸于土地里的生机、蕴藏在遗产里的城市发展新活力。能认同并做得到这条建议的规划设计者，一定不会缺乏发现美的眼睛和欣赏遗址美的情怀，也一定有能力设计出有品位、有水平的与遗址属性和功能定位相适应的遗址环境，通过遗址环境之美必可培育和提升体验者或使用者的审美意识和能力。

"美"的大遗址环境对大遗址的保护与展示、遗址生态的改善、遗址文化的传播以及遗址旅游的发展有着积极推动作用，还为公众提供了孕育环境审美能力的土壤，因为"美"的遗址环境更能影响游人行为朝着文明、健康的方向发展，为培养和熏陶公民的环境意识和审美能力创造条件。与此同时，民众有了环境审美的意识和需求，又反过来促进营造"美"的遗址环境。所以，大遗址的环境审美与环境营造相互依赖、相互作用，共同指引大遗址朝着生态可持续方向发展。

第二节　大遗址环境营造与环境审美的关系

大遗址环境审美不同于艺术审美，也不等于自然审美，它需要在正确认知遗址内在价值的基础上，通过参与体验、意境想象及环境伦理来全面审视遗址环境之美。本节主要讨论这四个要素与遗址环境营造的关系，概而言之：遗址价值是环境审美的基础，参与体验是环境审美的前提，意境想象是环境审美的过程，环境伦理是环境审美的标尺。

一、遗址价值与环境营造

正确看待遗址价值是引导适合中国大遗址环境审美价值观的基础。西方社会普遍认为，遗址的历史文化价值是遗址的主要审美对象，尤其遗址的真实性（原真性）是遗址的最大价值体现，因此十分重视对遗址的真实性和完整性的保护。我国学者对遗址价值的判断主要从科学研究、历史文化、旅游、社会效益等方面入手，虽然也有学者肯定其审美价值，但总体上对大遗址审美价值的认知程度不高，国人更倾向于实用、理智，喜欢圆满，经常以"重修庙宇，再塑金身"的观念对待文物，并不欣赏残墙断壁，喜欢"整旧如新"[20]，也缺乏欣赏废墟遗址的审美意识[21]，很难从审美角度理解大遗址的"残缺美"和"意境美"，缺少怀古、反思的历史情怀，更缺少对大遗址历史文化背景以及所承载的城市记忆的理解和感悟。中西方对待遗址审美价值的差异性，客观上是由于遗址材质和保存状况的不同造成的。西方遗址以石质建筑为主，容易留存至今供人瞻仰。而我国遗址以砖木结构、土木和土石结合等类型为主，保存状况较差，这就造成了遗址的可观赏性和展示性不强。有鉴于此，未来我国大遗址环境营造与景观设计迫切需要更多不同学科、不同专业背景的人在大遗址的展示过程中采用适当的展示手法将大遗址的文化信息、艺术价值、独特魅力等内在价值展示给公众，增加大遗址的可读性和审美情趣[22]。

二、参与体验与环境营造

参与体验是遗址环境审美的前提。参与体验是直观地认识和了解审美对象，获得第一手感性体验[23]，真正的环境审美是积极的、参与性的、可交流的，而不是被动的、封闭的、难以解读的。因此，参与体验需要大遗址有一个相对开放的环境，不能像过去那样建成博物馆围起来，抑或是画圈立碑禁止任何非考古或研究类活动，这些做法很大程度上阻碍了民众参与体验遗址的积极性。与传统保护模式相比，考古遗址公园模式更加强调公益性和注重保护成果的全民共享[24]，为遗址环境审美的参与体验提供了最大限度的开放空间，为审美主体提供直接感受遗址空间尺度、景观风貌以及遗址地生活景观的机会。不但考古或科研工作者可以参与遗址发掘和文物鉴定，文艺工作者可以体验穿越历史、感受文化及鉴赏文物之旅，而且普通游客也可以感受与城市生活环境完全不同的景观风貌、获取科普知识及视觉享受。总之，参与体验促使环境审美的主客体达到相互交融，有了审美主体参与遗址环境体验的需求，审美客体才有机会和可能将其古老、沧桑、神秘的风貌展示于众，遗址所蕴含的历史文化信息也会随着审美主体的参与体验，得到阐释与传播。

三、意境想象与环境营造

卡尔森很早就看到了知识与审美体验的关联性，提出"审美关联"这一术语[25]，本书所说的"意境想象"参照了"审美关联"所阐述的审美理论，旨在说明环境审美中审美主体内在因素所引发的联想或想象能够作用于对审美客体进行更高层次的审美体验。意境想象是遗址环境审美的重要过程，它需要审美主体具备一定的阅历、文化修养、美学基础以及有关审美对象历史背景的知识储备，假如让一位没有任何历史背景或文化修养的人去参观今天的阿房宫遗址，他看到的不过是一片草木丛生的夯土堆，何谈审美体验？如果让一位热爱历史和深入了解阿房宫的人去参观，他看到的则是一个伟大朝代留下的独一无二的历史物证，感受到的是遗址的沧桑和悲怆之美。

　　意境想象可以通过审视遗址的残缺美以及用荒野审美理论获取灵感。首先是残缺美。残缺，即不完美，有所缺损，是一种艺术造型手法。用残缺的手法营造一种与完美、常态相对立的审美形式，旨在通过想象达到更高层次的审美。无论是经历天然的风化作用和雨水侵蚀，还是经历人为的损坏或破坏，大遗址或多或少都是不完整的，因此残缺美是大遗址环境审美之意境想象的主流形态，尊重和保持大遗址的残缺美是对遗址历史文化遗产的展示和继承。其次是荒野审美理论。荒野本意是指未经人类干扰的自然或纯粹的自然，在现实世界中这种地方几乎无处可寻，所以可以将荒野理解成相对于人类干扰大的环境来说，那些人类活动较少或未被人类驯服的自然领地，其核心价值在于野性。荒野先于人类文明，霍尔姆斯·罗尔斯顿（Holmes Rolston）认为，荒野与人类的关系经历了从"根""邻居"到"陌生者"三个阶段[26]；从时间上追溯人类是从荒野这个家园中走出，故而人类具有审视荒野之美的"根"；从空间上看，人类走出荒野之后，开辟自己的天地，并逐渐具备认识自然、利用自然的能力，例如发展了农耕和手工业制造，从而将自身环境与荒野进行了空间上的隔离而成了荒野的"邻居"，但从情感上对荒野是敬畏和感恩的，即处于"荒野之魅"的阶段[27]。伴随着人类技术的进步及改造自然能力的拓展，人类逐渐走向了"荒野祛魅"的时期，尤其是进入工业时代，不仅站在自然对立面逐渐蔑视自然，并且把荒野当作资源进行疯狂的掠夺和破坏，在情感上荒野已成为"陌生者"。进入环境危机之后，随着环境意识和生态意识的觉醒，人类开始认识到自然对于人类的重要性，并对现代生活和环境问题进行反思，开始敬畏自然、怀念自然、亲近自然，由此进入"荒野复魅"时期（参看图2.1），因此荒野审美得到重视和发展。虽然人类对自然审美的意识自古就有，其中不乏对荒野的欣赏，从中西方山水画到田园山水诗中可窥见一斑，然而荒野审美意识的形成是在近代，主要受19世纪浪漫主义思想和工业革命后所带来的环境危机影响的推动，荒野审美从自然审美中剥离出来，进入20世纪后逐渐完善。当前，荒野不仅成为生态学家、美学家、艺

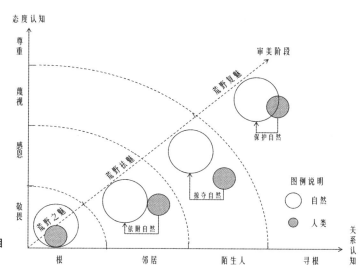

图 2.1 审美视野下的人与自然的关系

术家及自然科学家的审美对象，也是野外爱好者、青年学生及老年人群等大众追捧的户外休闲与观光地。

那么，荒野在哪里？纵观我们的城市，荒野无迹可寻，也许能够从城郊的废弃地、河滩湿地甚至远郊的山林风景区里找到一片野趣自然之地，但也难免有人工干预的痕迹。所以真正称得上荒野的地方已经远离人类，但我们可以从"复魅"后的景观中寻找荒野之美，例如大遗址和废弃矿区的生态恢复地，是进行"荒野复魅"的最佳场地，因为它们都已经失去了原有的功能和属性，给重返自然的荒野提供了空间（土壤）和时间（机会）。大遗址本身与遗址环境之间的关系就像人与自然的关系一样，经历了从荒野中来，历经风雨后又重返荒野之境。试想，古代一座宫殿的建成，从选址到储备材料无不是从自然中索取，变荒野为宫殿；宫殿开建之日便是与荒野在空间上和心理上隔绝的开始，虽历经百年辉煌但难免毁于天灾人祸，最终变成废墟。自然之力重返废墟，用风雨雷电逐渐消磨宫殿的残垣断壁，用荒草和树枝逐渐淹没一砖一瓦，最终将其埋葬在厚土之下，留在大地之上的是一派荒野景观，这就是我国众多大遗址，尤其是砖木结构及土木结构为主的大遗址共同的命运——无不变成荒野复魅场所，重复着"离离原上草、一岁一枯荣"的景象。因此，荒野审美理论为大遗址环境审美意境想象提供了重要支持，它与残缺美一起组成了大遗址环境审美之意境想象的双翼，带领审美主体在想象和联想的精神之域体会遗址之美。

四、环境伦理与环境营造

环境伦理是遗址环境审美的标尺。虽然环境美学已经开始关注人与环境相互作用中的审美关系,但是这一审美关系带有人类中心论的倾向,它容易从人的主观意愿和需求出发去审视环境;所以,西方以考利科特为代表的环境美学研究者认识到了环境伦理对环境审美的重要性,并将环境伦理作为环境审美的道德基础,即人应放低姿态,从生态视野出发,将环境看作一个整体,人只属于环境的一部分,并用道德意识去指导和评价人与自然的关系,这与中国传统的道家环境观有许多相通之处,也与中国学者所推崇的生态审美思想不谋而合。环境伦理为审视环境之美注入了科学与理性因子,能够让人认识到环境之美是源于整体生态系统的平衡,认识到物种的丰富性与多样性对环境平衡的贡献远大于某一物种对环境的有用或贡献。同样,缺乏环境伦理及生态学理论指引的环境营造,对大遗址来说就等同于一场灾难。

以环境伦理为标尺的环境审美促进遗址环境的整体设计观。整体设计是指从整体的角度,让各种分散的对象元素或单元得以相容、适应、互动及配合,使之可以发挥和谐运作的总体性能[28]。卡尔松的"人类环境的生态学方法"强调从生态学视角去欣赏人类环境,对其审美不能与艺术品审美类似,而是将其视为与生态系统相类似的一种整体的人类生态系统,就像自然环境那样,在人类环境中,没有任何事物可以被孤立地欣赏[29]。从整体出发审视遗址生态系统平衡之美,将遗址本体、遗址自然环境、人文环境及遗址所处的区域环境当成一个整体,综合考虑各要素之间的功能和相互关系,寻找一个对生态有益或对环境最低干预的设计途径。例如,汉阳陵帝陵外藏坑下沉式遗址博物馆建筑的设计就遵循了整体设计原则,使建筑设计不仅与遗址文化相关联,而且与遗址环境相融合,让博物馆隐于遗址的自然环境中,很好地保护和展示了帝陵遗址整体环境风貌。

总之,以环境伦理为标尺的遗址环境审美,审视的不仅是遗址环境对人的各种需求或行为的满足,更应该审视的是遗址环境本身的生态与健康,主要体现在遗址环境的生物多样性,尤其是物种的多样性上,这其中不仅仅指的是植物的多样性,还包括动物的多样性。在蓝天白云之下、青山绿野之间,古迹废墟之上散布着野花,旁边数株老树,其间游人三三两两漫步,四周桑柘榆柳环绕,时而袭来桃李芬芳,时而传来虫鸟嘶鸣……这样才是一幅生态美的遗址环境画面。

第三节　环境审美与遗址风貌控制

关于风貌的阐释，《辞海》释为"风采容貌"，可以理解为人或事物从外在表现出来的容颜、面貌以及从内在流露出的风采、风韵。人之风貌即是一个人的内在风采、气韵、内涵、修养等通过外部容颜所表现出来的整体形象。一个城市景观的风貌即是城市外在所表现出的所有物质环境的"貌"，和构成城市氛围、内涵或精神面貌的"风"，"风"是"貌"的内涵，具有隐形特征[30]。还有学者将城市风貌的概念诠释为"是城市的面貌格调，是城市的一种特定的表现形态和状态，是由物质的和非物质的构成要素共同表现出来的"[31]。《城市规划设计统一技术措施汇编》中将"古城风貌"定义为"反映构成历史文化的建筑形式、环境特征（包括建筑高度、体量和色彩，以及路网、水系、格局和街巷、绿化空间等），以及历史和传统的文化环境等方面的整体面貌和格调"。城市景观风貌是指由自然山水格局、历史文化遗存、建筑形态与容貌、公共开放空间、街道界面、园林绿化、公共环境艺术品等要素相互协调、有机融合构成的城市形象①。总之，从以上对风貌、城市风貌、古城风貌、城市景观风貌等概念的解释中可以看出一个共同特征，即无论何种对象的风貌，均是由物质的外在因素和非物质的内在因素共同作用形成的。

本书所指的绿化景观风貌，同样是由物质的和非物质的双重因素共同构成一种特定的表现形态和状态。绿化在这里是名词，指的是主要利用植物元素组成的特定景观或空间，而非是"进行绿化"或"使环境变绿"的动词意义。"绿化景观"在行业内并没有一个统一的概念或准确的定义，本书根据课题研究所指，将绿化景观阐释为"空间环境中所展现出来的植被形态及其与山水形势等其他景观元素相互依赖与衬托所构成的形态、空间或景致"。所谓绿化景观风貌也并没有准确所指，本书认为，构成绿化景观风貌的主要元素有植物种类、植物外形特征、植物种植方

---

①浙江省城市景观风貌条例草案，2017.11.30。

式、植物配置、植物造型、季相变化、植物围合与疏密程度等可视的外在物质元素，以及植物的文化寓意、历史背景、象征精神、背后的故事、所组成的空间类型、所营造的环境氛围等不可视的内在非物质元素。绿化景观风貌是大遗址景观以及背景环境的重要组成部分，从环境审美角度去评价、控制大遗址的绿化景观风貌是大遗址保护、利用与展示不可或缺的内容。对于位于不同背景环境的大遗址，应采取不同的保护和控制方法。如对于位于城市中的大型古代城市遗址来说，一般应将遗址置于相对独立的空间，利用地形的差异、道路的分割或规划一条绿色地带，作为大型古代城市遗址与城市建设用地之间的缓冲过渡。对于位于城市环境以外的相对孤立的大型古代城市遗址来说，周围环境的控制更应追求与遗址文化价值的和谐统一，遗址周围苍翠的山峦、辽阔的原野、一望无际的农田，这些本身就是极好的环境衬托。

　　正如王瑞珠先生所说："环境，和建筑一样，是一种空间艺术。生动的文学描述、逼真的摄影纪录、甚至是音像俱全的影片和电视，都无法代替现实环境的真实感受。""一个保护得很好的自然环境，可以使古迹的传统景色魅力经久不衰。"[32] 单霁翔指出："所有展示方式都要以保护为前提，采用可逆性手段，不但要真实地展示遗址历经沧桑的历史风貌，同时要尽可能反映其文化内涵。遗址环境总体氛围的设计十分重要。实践表明，在大多数情况下大型古代城市遗址通过总体氛围的设计都能够取得良好的效果，不仅有利于节省修复所需大量资金，也有利于避免因不适当修复而导致对遗址原有价值的破坏。散布在草地、灌木丛中的柱础残垣，使遗址表现出一种天然野趣，特别能表现光阴的流逝和岁月的沧桑，有助于使大型古代城市遗址成为供人们凭吊的历史地段。位于城市中心区或城郊接合部的大型古代城市遗址应作为城市公园绿地的首选，这样既有利于通过土地使用性质的置换合理安排城市用地，又有利于大型古代城市遗址的保护，还有利于提升城市公园绿地的文化品位。"[33] 陈同滨认为，"在景观设计等方面最核心的问题是确立遗产地环境景观审美的标准——追求与遗产文化价值的和谐一致，维护和完善遗产文化价值"[34]。上述学者的观点均来自于大量实践经验的总结，肯定了环境审美在大遗址景观风貌塑造的品质感、艺术性、魅力上的重要作用，也为大遗址绿化景观风貌的控制与规划设计提供了重要依据。

通用篇：
内容与方法

第三章　大遗址绿化所包含的内容

"绿化"一词虽然是近现代伴随着环境保护运动而产生的词汇，但在我国自古就有着来自官方和民间的以美化环境、保护生态为目的的栽花植树的行为，可以说我国先民很早就开始了有意识的绿化活动。西周至秦汉时期就有了官方的道路绿化，在官道、驿道旁种植行道树既作为道路标识，同时还为行人提供遮阴庇护。汉唐时期洛阳城里人们借助地形、地势规划城市布局，营造城市建筑，种植槐、榆、桑、柳等植物，以供庇荫、绿化以及作为城市燃料的补充。唐代南夷地区常在城池四周种植棘竹进行绿化防护，因棘竹耐火的特性，所以还可以用来防御火攻、保护城池。清代左宗棠在西征路上留下的"左公柳"就是当时军民联合植树造林、改善生态的最佳证明，"左公柳"弥补了"羌笛何须怨杨柳，春风不度玉门关"的遗憾，成就了"新栽杨柳三千里，引得春风度玉关"的功绩。

综上所述，"绿化"从来都不是简单的植树种草，也不是字面意义上的使环境变绿而已。宏观上去布局一个国家的国土绿化，它与生态安全格局、生态防护、环境保护、林业发展、民族意志及国家未来等休戚相关。中观上去规划一座城市的绿化，它与城市气候环境、动植物资源、防风防沙、历史文脉、经济水平等脉脉相通；或者具体到一条城市道路的绿化，它与行车安全、行人遮阴需求、道路隔离防护、街景营造、城市名片等密切联系。微观上去布置一个建筑中庭的绿化，它与建筑物理环境、植物生理需求、中庭的尺度与功能、使用人群特征、人性化需求等息息相关。同样，大遗址的绿化除了具备一般城市绿化的部分特征外，还有其特殊性[1]，这种特殊性使其在绿化时考虑的因素增加、绿化难度增大、绿化手段特殊、绿化选种受限、绿化功能多元化等。因此，大遗址的绿化是一项需要多学科合作的、多维角度考虑的、多方面内容叠加的复杂而系统的工作。

[1]大遗址绿化的特殊性详见：中国考古遗址公园绿化规划理论研究.绿色科技，2018（13）：87-90，99.

大遗址绿化工作的内容包含三个方面，即历史植被信息的挖掘与展示、现状植被的评估与利用、未来绿化的规划与设计。具体说来，历史植被即是对大遗址历史上植被类型或植物种类及植物景观风貌的探究、历史上所涉及植物文化信息（诸如神木传说、与植物相关的典故、名人逸事等）的挖掘。现状植被即是对大遗址现状植被的调查和评估，最终服务于大遗址未来绿化工作。未来绿化即是对大遗址未来可能进行的一系列与绿化相关的工作，诸如环境整治、绿化标识展示、景观营造、植物文化信息的传承与展示等。

第一节　大遗址现状植被的整治与利用

经过漫长的历史时期，在大遗址遗址地自然生成或人工种植而形成的，具有一定数量、规模且生长旺盛的植物，包括野生植被、园林绿化、经济类植物、农业类作物、苗圃及防护林等，本书统称为大遗址的现状植被。大遗址现状植被分布于遗址本体及其所处的环境之中，对目前国内大多遗址的调查显示，遗址现状植被总体分为野生植被和人工植被两个类型。大遗址，尤其是土遗址，其现状植被是遗址及其环境的重要组成部分，这些植被随着时间的推移与遗产环境一同成长，但是由于我国文化遗产大多年代久远，这些伴随遗产环境共同成长的植物往往消退殆尽，或是在自然更替中不断地更新，抑或是极少一部分保留了下来。此外，还有一些植被是在遗产环境不断改变中出现的，也就是说，植物在大遗址的历史环境中原先不存在，是后来逐渐形成的、由人工种植营造或是天然生长而成的植物群落，我国大多遗址的环境植被属于此类情况。

现状植被一方面是遗址环境的组成部分，有些甚至是遗址上的重要遗存，它能够反映遗址的景观面貌，同时也能反映遗址及其环境保存的完好程度；另外，它可以是组成遗址生态环境及景观风貌的有利因素。另一方面，现状植被也可能对遗址本体及其环境有一定的负面影响甚至是破坏作用，具体说来，负面影响表现在以下三个方面：

第一，从遗址保护与科学研究角度讲，植物的生长发育对土遗址有着不同程度的负面影响，主要有四点：其一是"根劈作用"对土遗址的直接性破坏，造成遗址土层断裂、坍塌，影响考古遗址的完整性；其二，蒸腾作用容易降低土层湿度而引发遗址本体土层收缩开裂；其三，植物的生存代谢消耗土遗址的矿物质，破坏土的结合物，加剧水的侵蚀性；其四，植物根系的腐烂改变土质的pH值，影响土遗址的生存环境。

　　第二，从遗址展示、利用与考古发掘角度讲，现状植被地上部分的生长发育带来的植株整体形态、高度上的变化，会影响考古遗址物理风貌特征。比如，过于高大茂盛的植被或不合理的种植密度与方式不仅不利于考古遗址原真性与完整性的展示，而且阻碍了游人视线及空间的可进入性。此外，根系的牢固与庞杂体系增加了考古发掘的难度，尤其是乔木的根系，占据相当广度和深度的土层空间，尤其是入土较深、分布较广、根系质地坚硬的树木，给未来的考古发掘增加了一定的难度和挑战。

　　第三，从遗址的环境审美和文化氛围营造角度看，由于植物种类和种植形式的不同，现状植被景观所呈现的风貌会影响大遗址的文化氛围和空间感受。不同的植物种类及种植形式所投射给人的视觉美感或文化内涵赋予考古遗址不同的感受，或者野趣沧桑，或者生机盎然，抑或是萧瑟荒凉，而这些氛围和感受对于大遗址的性质和特色的影响，有的是协调或融洽，有的则是矛盾或凸显。

　　对于大遗址的保护与展示，无论是建设考古遗址公园还是对大遗址进行环境整治，首先要进行的工作就是对这些现状植被进行全面的调查、分析和评估，进而对它们进行合理的安排、处理和利用；既不能为了展示遗址的面貌和发掘地下遗存对这些植被进行一刀切的移除，也不能为了保护生态环境及尊重遗址地现有景观风貌而一概地保留。对现状植被进行合理的分析和评估，是决定这些植被是保留利用还是移除的关键环节。现状植被的评估是指大遗址现状植被对遗址本体及其环境的影响评估。

一、大遗址现状植被的调查

（一）调查前的准备

　　因大遗址范围大，可能涉及的植被覆盖面积广、植被类型多样、种类复杂，故而需要在对大遗址现状植物的调研前做好充分的准备，除了必要的调研工具（地形图、卫星图、GPS、测量工具、相机、植被记录表等）外，还要制定好调研路线和计划好调研日期，以能够展现植被完整风貌的夏秋季最佳，为获取遗址各个角落植被细节以步行或骑行的方式最佳。此外，必要时还要有专项调研，诸如针对遗址本体植物根系分布及深度的勘探、遗址区整体植被覆盖面积的航拍等，因此小型探地雷达、无人机等设备也会派上用场。大遗址现状植被调研还有一个最关键的准备工作，就是成立一个专业的调研团队，至少需要一名植物学相关背景的从业人员，根系专项调研时可能还需要有测绘、考古等外协人员参与。

（二）调查取样与数据记录

首先按照大遗址保护区划对大遗址调查区域进行分区，将大遗址现状植被的调查分为两个区域，即遗址区（重点保护区和一般保护区）和非遗址区（建设控制地带和环境协调区）两大区域。然后再针对不同尺度及不同干扰程度的调研对象，采取不同的取样方法。

遗址区应对每一处遗迹、遗存以及遗址环境地表所覆盖的植被进行详细调研。针对遗址上分布的乔木及单株大灌木，应采取逐一取样的办法，通过拍照、测量、手绘等手段记录其树种、位置、胸径、高度、生长情况等信息；针对遗址上片状或点状分布的大灌丛，选择不同方位最靠近遗址本体或长势最旺盛的1～2丛进行取样调查，记录其种类、面积、高度、分布特点等，并统计所有大灌丛组团的数量。针对遗址上分布的地被植物（包括草本植物及低矮的灌木丛），当植被类型单一且分布面积较小时，采取整体取样观察的办法，将其看成一个整体，记录其物种种类、分布范围、生长情况、植株平均高度等；当植被类型多样且分布面积较大时，采用优势物种取样的办法，所谓优势物种即出现频率较高且长势最旺盛的种类，记录其种类、分布特点或位置、植株平均高度，还要描绘出该区域植被分布的大致范围，估算其面积，统计出现频率较高的植物种类。

非遗址保护区应根据其具体实际情况，采取分类型取样的方法。由于每一处遗址的建设控制地带的城市干扰或人类活动干扰程度不一样，具体问题应具体分析。比如位于远郊的遗址保护区，其建设控制地带受城市干扰程度低，以村庄、农田、林地或荒地为主，植被类型也相对简单，可以采取整体取样观察的办法，可分为林地、农田、野生植被、村庄绿化等几个类型，每种类型记录其分布范围、植物（作物）种类、整体风貌（自然式、规则式、田园式、园林式、野态型、人工型等）。位于城郊的遗址保护区，其建设控制地带受城市干扰程度较大，以道路、工厂、作坊、村舍、菜地、垃圾站、景区等常见，其植被类型相对复杂，植被的自然无序生长或无规划的人工种植较为常见，该类型的现状植被调研应以收集大树、老树以及其他有良好景观风貌价值的植被为样例，忽略杂乱、无序及生长弱势的植被，记录大树、老树及由良好景观风貌价值的植被的位置、分布范围及种类。位于城市的遗址保护区，其建设控制地带受城市干扰程度最大，情况最为复杂，以城市各类基础设施、居民楼房、公共建筑、机关单位等最为常见，其现状植被多以较成熟的城市道路绿化、单位园林绿化为主，道路绿化现状调研以统计树种、间距、树龄等数据，单位园林绿化现状调研以统计绿地面积、主要树种等数据，无需逐一记录每一种植物的信息。

（三）数据分析

野外实地调研工作完成后，需要对采集的数据进行室内作业分析，通过制图、表格、图像与文字等形式将调研结果及分析情况表达出来。数据分析主要包含三方面内容，即大遗址范围内的植被分布、植物种类及特征（高度、树龄、生长情况等）、植被类型及景观风貌。调研数据分析成果为现状植被与遗址及其环境的关系影响评估提供重要参考。

二、大遗址现状植被的评估

（一）评估遵循的原则

现状植被的评估是通过研究植被与遗址的关系，判定植被对遗址的影响，从而确定植被的保留或移除。现状植被的评估应遵循以下几点原则：

（1）遗址本体与遗址环境并重

确保遗址本体及其背景环境的真实性、完整性，是大遗址保护工作的根本所在，也是遗址合理利用与可持续发展的首要前提[1]，遗址本体及其背景环境都是文化遗产的组成部分和保护对象，因此，对遗址现状绿化的评估应包含遗址本体和遗址环境两部分，两者在反映遗址的完整性与真实性方面共同起作用。

（2）生态安全兼顾文化安全

遗址的生态安全可以理解为遗址本体及其环境在物理方面不受现状绿化植物的生长及绿化风貌的影响；物理方面包括遗址本体的外观、形态、质地及遗址环境的特征、格局、环境因子等。遗址的文化安全可以理解为遗址本体及其环境在文化方面不受现状植被的影响；文化方面包括遗址的性质、历史属性、景观风貌、

[1] 单霁翔 2010 年 11 月 18～24 日在成都召开的"大遗址保护工作会议暨首批国家考古遗址公园授牌仪式"上的讲话《携手共创大遗址保护的美好明天》。

本土文化等。因此，遗址现状绿化的评估应以遗址本体及其环境的生态安全为第一要素，并兼顾遗址本体及其环境的文化安全。

（3）重视历史格局与现状风貌的关系

历史格局是遗址保护和展示的内容之一，现状风貌是植被整体上展现出来的风格和景观特征，现状植被评估应考虑历史格局与现状风貌的关系；两者之间的关系可能表现为以下几点：现状风貌可能完全或部分反映历史格局，也可能不反映历史格局；现状风貌可能与历史格局相冲突、相矛盾，也可能与之相符、相协调。

（二）评估方法

对现状植被的评估，主要从植被与遗址本体及其环境的关系进行分析，这种关系可以简化为利害关系的判断，具体表述为"有害"和"无害"，并从植物个体到植被整体、遗址本体到遗址环境进行不同尺度、不同对象的评估（表3.1）。

大遗址现状植被与遗址本体及其环境的关系评估表 表3.1

评估对象	评估内容	评估要素	影响描述	关系判断
植物个体对遗址本体的影响	植物根系	物理方面	根系已经触及文化层且具有破坏趋势或已经不同程度地破坏了文化层	有害
			根系未触及文化层且不具破坏趋势	无害
	植株高度	物理方面	植株高度及大小对遗址外观及完整性展示已有影响或具影响趋势	有害
			植株高度及大小不影响遗址外观及完整性展示	无害
	植物种类	文化方面	植物种类与遗址属性与类型、历史文化因素等不协调或有损遗址形象	有害
			植物种类与遗址属性与类型、历史文化因素等相协调或不冲突	无害
植物群体对遗址及其环境的影响	种植方式	物理方面	种植方式与遗址环境不协调或有冲突，诸如异域化、园林化、城市化	有害
			种植方式与遗址环境相协调或无冲突	无害
	种植密度	物理方面	种植密度不合理，与景观视线、使用功能有冲突	有害
			种植密度适中，与景观视线、使用功能未发生冲突	无害
	植被布局	文化方面	植被布局与历史格局完全不符合且与历史格局产生严重不符或容易产生歧义	有害
			植被布局符合或部分符合历史格局或与历史格局无明显冲突	无害

续表

评估对象	评估内容	评估要素	影响描述	关系判断
植被整体对遗址区域环境的影响	绿化与景观风貌	文化方面	植物种类及景观风貌与遗址周边景观不协调或与遗址属性及遗址地本土文化有冲突	有害
			植物种类及景观风貌与遗址周边景观、遗址属性及遗址地本土文化相协调或无冲突	无害
	绿化与区域生态	物理方面	绿化植被对遗址及其环境的生态安全及生态平衡不利或已经造成危害	有害
			绿化植被对遗址及其环境的生态安全及生态平衡有利或不具有构成危害的趋势	无害

评估对象分为"植物个体对遗址本体的影响""植物群体对遗址及其环境的影响"和"植被整体对遗址及其环境的影响"三个尺度。不同尺度的评估对象包含不同的评估内容，其评估内容主要从物理和文化两方面的要素进行"有害"和"无害"关系的判定。

具体说来，在"植物个体对遗址本体的影响"关系判断中涉及植物根系、植株高度及植物种类三方面内容，其中植物根系和植株高度属于物理方面的判断要素，植物种类属于文化方面的判断要素；植物根系和植物种类对遗址本体的安全和完整性、真实性展示起到关键性作用。

在"植物群体对遗址本体及其环境的影响"关系判断中涉及种植方式、种植密度及植被布局三个内容，其中种植方式与密度属于物理方面的判断要素，植被布局属于文化方面的判断要素；植被布局对遗址及其环境的阐释与展示、遗址类型与属性的影响起到关键性作用。

在"植被整体对遗址本体及其环境的影响"关系判断中涉及绿化与景观风貌和绿化与区域生态两个内容，其中绿化与区域生态属于物理方面的判断要素，绿化与景观风貌属于文化方面的判断要素；绿化与景观风貌对遗址及其环境的阐释与展示、遗址类型与属性的影响起到关键性作用。

（三）关系判断

（1）关于"有害"与"无害"的阐释

现状植被与遗址本体及其环境两者关系的判断可以凝练为"有害"和"无害"两种影响判断，这样做就使得判断结论不仅在表述上简单明了，而且会给两者的关系判断留有余地，例如在"植物群体对遗址及其环境的影响关系"判断中，种植布局在文化方面判断为"无害",意味着三种可能性:其一,种植布局在文化方面对遗址及其环境不存在害处,但不确定有没有益处;其二,种植布局在文化方面对遗址及其环境不存在害处,有可能还有益处或促进作用;其三,种植局部在文化方面对遗址及其环境仅表现为没有害处,并不具备在文化方面对遗址或遗址环境具有促进或有益作用。再如在"植物根系对遗址本体的影响关系"判断中,植物根系在物理方面对遗址本体"有害",这就意味着有两种可能性:其一,植物根系已经不同程度地伤害到遗址本体;其二,植物根系目前没有伤害到遗址本体,但根据根系发育规律及树种特点判定现状植物的根系在未来可能具有破坏趋势,亦视为"有害"。

(2)关于评估项目的重要性:"关键项"和"参考项"

评估现状植被对遗址本体及其环境的关系,不能简单地依靠单项内容的判断结果来确定现状植被的整治建议。针对不同评估对象(不同尺度),其不同评估内容的各个单项在其评估对象的判定中地位不同。在"植物个体对遗址本体的影响"的微观尺度上,三项评估内容的判断结果的重要性依次为"植物根系=植物种类>植株高度",例如:如果植物根系或植物种类对遗址本体单方面判定结果为"有害",以及两者对遗址本体均判断为"有害",那么其整治建议为整株移除,而植株高度的判断结果无论是"有害"还是"无害"均作为一个参考项来配合对植物高度和根系的判断,再决定"整株移除"还是"有条件地局部保留或移除"或"整株保留"。同样,在"植物群体对遗址本体及其环境的影响"的中观尺度上,三项评估内容的判断结果的重要性依次为"植被布局>种植方式>种植密度",在"植被整体对遗址周边区域环境的影响"的宏观尺度上,两项评估内容的判断结果的重要性依次为"景观风貌>区域生态"。因此,在植物个体对遗址本体的影响关系评估中,"植物根系"和"植物种类"是关键评估项,"植株高度"是参考评估项。在植物群体对遗址及其环境的影响关系评估中,"植被布局"是关键评估项,"种植方式""种植密度"是参考评估项。在植被整体对遗址区域环境的影响关系评估中,"绿化与景观风貌"是关键评估项,"绿化与区域生态"是参考评估项。

三、大遗址现状植被的整治与利用方法

(一)整治依据

(1)以现状植被评估为依据

大遗址现状植被与遗址及其环境的关系评估是大遗址现状植被整治的重要依据之

一，也是首要依据。现状植被与大遗址及其环境的关系十分复杂，会因不同的评估对象及其尺度对应不同的评估内容，但是所有的评估内容均可以归类为物理层面和文化层面两个方面，有时候物理方面的内容在"植物—遗址"两者关系判断中起到决定性作用，有时候文化方面的内容在"植物—遗址"两者关系判断中起决定性作用，当然亦有共同起作用的时候。

（2）以客观现实为依据（以现有技术条件为依据）

遗址所面临的客观现实涉及很多领域的问题，诸如遗址环境整治的经费来源、技术条件、用地性质或权属问题、遗址地周边居民的生活状况和意愿等；这些客观现实问题在现状植被的整治中也起到举足轻重的作用。其中，技术条件直接影响现状植被的整治策略或整治方法。技术条件是指解决现状植被与遗址冲突问题所采用的技术措施和实现技术所能达到的条件。例如占压在遗址本体上的年代久远的林带，本不该出现在遗址上，也应该立即采取措施进行移除。但是，已有的技术手段和遗址客观条件如不能在不破坏遗址物理安全的条件下将林木进行移除，反而可能对遗址产生二次破坏，那么为了避免这种情况的发生，应该暂缓对这些林木的移除整治工作或寻找其他合适的技术手段。因此说，现状植被的整治也受限于客观现实条件，客观现实也是现状植被整治的重要依据之一。

（二）整治建议

（1）原状保留

现状植被与遗址及其环境的关系满足每项评估内容影响描述中的"无害"条件或特征时（详见表3.2），可以认为现状植被在物理和文化上对遗址本体及其环境均无害，建议对此类现状植被予以原状保留，其中年代久远的植被或单体植株、景观价值高的植被或单体植株还应重点保护，使之与考古遗址及其环境和谐共存。

（2）整株/整体移除

当现状植被与遗址及其环境的关系满足每项或满足起决定性作用的关键评估项中描述为"有害"时，即使其他非关键项（参考评估项）描述为"无害"时（表3.2），原则上对此类现状植被应予以整株或整体移除。需要指出的是，现状植被在物理方面对遗址本体产生轻微的影响但是可以抢救弥补或还没有产生危害但具有危害趋势的，在技术条件允许的情况下应对该类现状植被进行妥善移除。但是当现有的技术手段不能实现对现状植被的安全时，可暂时予以保留，以免不成熟的技术条件下使植被移除工作对遗址本体产生二次破坏。

（3）有条件地局部保留或移除

当现状植被与遗址及其环境的关系满足关键评估项描述为"无害"时，其他若干或全部参考评估项描述为"有害"时（见表3.2），需要对这些植被有条件地局部保留或移除，通过一些技术方法或设计手段进行干预和整治，使其参考评估项尽可能地满足"无害"条件或特征，这些技术方法或手段可能包括个别移除、局部清理、灭根移干、改变树形、改变密度等。但前提依然是植物的移除工作不能对遗址产生二次破坏，当技术条件达不到的情况下，暂时予以保留。

大遗址现状植被整治建议　　表3.2

评估对象	评估内容	评估要素	关系判断	整治建议图示 注释：有条件地保留或移除是指通过一些技术方法或设计手段对原有植被进行个别移除、局部清理、灭根移干、改变树形、改变密度等整治手法	
植物个体对遗址本体的影响	植物根系	物理方面	有害	原状保留	整治建议
			无害		
	植株高度	物理方面	有害	有条件局部保留或移除	
			无害		
	植物种类	文化方面	有害	整株移除	
			无害		
植物群体对遗址及其环境的影响	种植方式	物理方面	有害	原状保留	整治建议
			无害		
	种植密度	物理方面	有害	有条件局部保留或移除	
			无害		
	植被布局	文化方面	有害	整体移除	
			无害		
植被整体对遗址区域环境的影响	绿化与景观风貌	文化方面	有害	原状保留	整治建议
			无害		
	绿化与区域生态	物理方面	有害	有条件局部保留或移除	
			无害	整体移除	

（三）利用建议

（1）植株的利用

异地安置利用。此种情况针对整株移除的植株。整株移除的植株保留了完整的冠幅、枝干及主体根系，可进行异地安置利用。如果植株是因为在物理因素方面对遗址本体的安全可能产生影响而被移除，可以就近移植到非遗址本体或确定没有文化遗存的遗址区域范围内，使其成为遗址环境的组成部分。如果植物是因为文化因素方面与遗址及其环境相冲突或不协调，可以移植到遗址核心保护区以外进行安置利用。

原状保留展示型利用。此种情况是针对特殊情况下不得不原状保留的植株。当现状植被在物理方面对遗址本体已经产生了不可改变的或毁灭性的破坏时，不可能通过移除或其他补救办法拯救遗址本体时，建议对该类现状植被予以完全保留，并设立标识牌或说明牌注明其与遗址的关系、影响及其历史，使之作为遗址的一部分去见证遗址历史环境的变迁或作为警示后人的反面案例。

（2）植被种类的继承性利用

针对在物理因素和文化因素两方面均表现良好的现状植物，可以在遗址环境的美化与改善或遗址公园的景观营建中，继续沿用这些现状植被中具有代表性的植物种类进行增新、补新种植。

（3）植被风貌的延续利用

针对那些符合遗址风貌与属性的野生植被群体风貌景观，诸如能够很好地塑造遗址的沧桑感、历史感、恢宏感，引发人们对遗址的残缺之美、荒凉之美、野性之美遐想的植被群落，例如大面积的野生芒草、茅草、荻草、狗尾草、蒿草等群落，构树、胡颓子、锦鸡儿、酸枣、荆条等灌丛，这些野生自然群落在表现遗址氛围方面和营造意境方面极具优势，但是个别物种也存在枯草期长、病虫害多、可进入性差、观赏季节性强等缺点。遗址区或遗址公园在今后绿化规划设计中，应延续这种野态、自然、群体性、组团状、随机散布式的种植方式，用观赏期长、病虫害少的观赏草以及优良性状的本土灌木等替换遗址原有野生植物种类。

第二节　对历史植被的挖掘与展示

中国的每一处大遗址都有其曾经的文明和辉煌，虽然大遗址现状多是残垣断壁、孤寂荒凉，无论是身处树木丛生、百草丰茂的郊野，还是阡陌交通、炊烟袅袅的村庄，抑或是高楼林立、车水马龙的闹市，均广受文物考古、城市建设、文化旅游、经济发展等各界的关注，不少大遗址已成为当地的"名片"，有的是因大遗址而带动了当地的旅游和经济的发展，也有的因大遗址而徘徊在贫穷与落后的边缘。无论大遗址是带动还是牵制了当地的经济发展，民众都会因有大遗址的存在而自豪，因为那里曾经是祖先活动的遗迹，是历史故事的发生地和凭吊场所，是几代人田间地头、茶余饭后的谈资……大遗址神秘的遗迹、丰富的遗存和厚重的历史感很容易传达给游客或访问者，但是在它上面曾经发生的故事、曾经生活过的人、曾经出现的景物景致等却很难复制或诠释给今人去看、去感受，这些曾经的存在都已经成为历史，它们不能像遗址的物质遗存及其赫赫大名一样留存于世且很好地保护起来，只能逐渐地被后人淡忘、遗弃或错误转译。

保护大遗址，不仅要保护遗址及其环境，也要保护好遗址的历史文化信息，不仅要展示遗址的完整格局和遗迹、遗存，还要诠释和展示好遗址历史景观及丰富的人文信息，这样才能很好地传承文明、铭记历史，发挥大遗址的科普教育和文化传承的作用。对大遗址历史植被的挖掘就是对大遗址历史文化信息中有关植物种植、园林景观等的相关记载、事件、典故、传说的研究，是组成大遗址文化信息的不可或缺的一部分。对大遗址历史植被的展示就是将符合展示要求和条件的历史植被通过恢复性再现、写意性营建或植物遗产的重点标识与保护等手段将历史文化信息以可视化手段展示出来，是大遗址历史文化信息教育与传承的重要手段之一。

历史植被是指大遗址历史上出现过的各类植物的总称，包括历史园林景观、自然植物群落、农业作物等。关于大遗址的历史植被，可能包含三种情况：第一种是历史上存在但现在已经消失不见的那部分植被，这部分历史植被需要文献考证和考古研究来证实，将来可能会作为遗址风貌展示的一项内容进行重新种植；另一种情况是历史上存在且在漫长的自然演变中有可能存活下来的那部分植被，这可能是文化遗产的重要组合部分（即古树或植物遗产），必然成为保护和展示的对象；此外，还有一种情况是遗址在历史上不存在植被，这种情况需要文献考证和考古研究来证实。

关于历史植被时间范围的确定。历史植被所涉及的历史时期包括两个时间阶段，即大遗址在历史上发挥功能的时期（即被毁灭或废弃之前的历史时期）和在功能废弃后随着漫长的演变所呈现出来的、具有代表性的历史时期（即成为遗址后的历史时期）。例如，圆明园的绿化历史应该包含圆明园建成至毁灭这一阶段的绿化历史和圆明园毁灭后到开放为公共园林前的绿化历史，这两个时期都属于圆明园考古遗址公园的绿化历史。

一、历史植被的挖掘

对历史植被的研究是为现状植被的评估和未来遗址环境整治与景观绿化规划设计服务，使植被评估与绿化规划有据可依，绿化选种有证可考，绿化景观的历史文化内涵有史可鉴。

（一）研究途径

对大遗址历史植被的挖掘就是对大遗址历史上的植被类型及种类的研究，有三种主要途径获取历史植被信息。

（1）从考古发现或考古资料中获取

考古发现主要是基于考古学家对考古遗址进行的有关遗址环境、植物或农业等方面的考古已取得的成果，从中整理出针对或包含了植物相关的考古发现成果。

这种研究途径的优点在于，考古发现的成果为遗址历史的绿化研究提供最可靠、真实的信息和数据，往往能够对历史文献的研究结论进行证明和支持，它是最直接最可靠的信息来源途径。其缺点在于资料十分缺乏。根据我国目前的遗址考古发现研究现状，有关考古遗址植物或植被等方面的考古发现相对缺乏或少见，致使考古发现研究不能成为遗址历史绿化研究的主要途径。

（2）从历史文献中获取

历史文献资料包含正史、野史、经书典籍、文学作品、画卷、地方志、专类著作等文献。历史文献中如果有大遗址环境景观或植被情况的记录，称为直接性资料；如果没有直接记录，但是通过故事、人物对话、景物描写、抒情叙事等间接体现了遗址历史植被信息，称为间接性资料。还有一类是相关性资料，即这类文献没有直接或间接提到与某一遗址有关的针对性信息，但是记录或描绘了和目标遗址属于同一类型、同一时期、同一地域环境或同一属性特征的其他遗址的历史植被相关信息，对目标遗址的历史植被的设想推测有一定的借鉴和参考价值。

从历史文献资料中获取大遗址历史植被信息，优点在于此途径比较可靠、真实，尤其是一些直接性资料的记载，对于历史信息的研究有很强的依据性和很高的信服度，缺点在于这类资料十分少，尤其在正史及典籍中，很少涉及植被信息。因此需要大量的间接性和相关性资料进行补充，从中推断、设想、猜测大遗址有可能存在的历史植被。

（3）从已有的相关研究成果中获取

即对已有的、与遗址历史植被有关或相关的现代及当代研究成果（包括学术论文、著作、期刊及报告等）中摘取有用信息来辅助、支撑、证明、补充自己的研究，或对别人的研究成果进行求证或补充。

该类研究途径优点在于获取便捷且资料丰富，缺点是这类资料可靠性需要研究者去辨伪求真，不可一切都是拿来主义，需要研究者花费时间去逐一求证分析其真实性。

（二）研究内容

历史植被所涉及的研究内容包括植物种类、分布特点、景观风貌及植物文化等（详见图3.1）。大遗址历史植被研究是进行大遗址未来绿化规划设计的前提和基础，是对考古遗址植被状况、植物种类、景观特点的发现和记录，对遗址历史上涉及植物相关的事件、典故、故事的挖掘，以此来厘清考古遗址在漫长的历史变迁中所呈现出来的植被环境风貌以及植被与遗址及其环境的关系。

（三）研究思路

根据前述三种主要研究途径，以及每个途径获取信息的难易程度和信息的真实性、可靠性的差异，应针对不同研究途径采取不一样的研究思路或路径。历史植被研究的大方向上要保持清晰的逻辑思路，小细节要有谨慎的辩证思维。具体说来，大遗址历史植被的研究要以大量历史文献的检索与分析为主线，以考古发掘结论为佐证，以现有的相关研究成果为补充。要在浩瀚如海的历史文献里找出与大遗址历史植被相关的信息如同

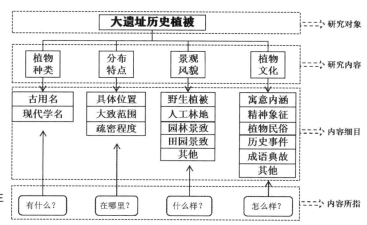

图3.1 大遗址历史植被主要内容解析图

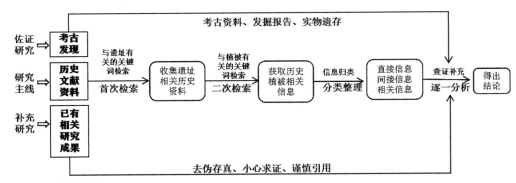

图 3.2 研究思路图

海里捞针，是项既烦琐又费时间的工作，我们需要用关键词方法检索出含有某一大遗址相关的信息，再选择与植物相关的关键词从结果中进行二次检索，然后将检索到的信息分类整理，最后逐一研读和分析这些信息。与此同时，从考古发现结论中寻求证据，再从前人相关研究成果中小心求证和汲取有用信息来补充和支持自己的研究，最终得出历史植被研究的结论（详见图3.2）。

（四）研究结论表述

（1）植物名称的表述

由于古今对植物的叫法不同（秦岭冷杉古称"枞"，圆柏古称"栝"，望春玉兰古称"辛夷"等），而且同一植物在同一时期的文献中称呼也不统一（唐代对葡萄的称呼就有"蒲陶""蒲桃""蒲萄""葡萄"等多种），加上不同地区、不同时期对同一植物有不同的地方称呼，因此古代文献中涉及的一个或多个植物名称有可能是现代植物分类系统中的几种或一类植物的名称，还存在多种植物共同拥有一个比较普遍知名的名称的情况。此外，还有一些记载中提到的植物名称无法考证其真正的种类，这些都为客观表述历史植物名称带来一定的困难和麻烦。因此在研究结论表述中，本书建议：对于确定无疑的植物种类以中文学名辅以拉丁种名为准，对于不能确定具体种名的植物以属名或表示同一类的植物名称为准，对于尚不能判定现代名的植物暂以古名称为准。

（2）结论陈述中判断词的表述

对研究结论应通过准确的判断词或关键词加以陈述，一般分为以下几种情况进行：首先对于与考古发掘和文献资料记载相吻合的植被种类或存在事实，用"确定""证明""有"来表述。对于仅有正史文献资料记载但未经考古证实的一类情况，用"应该""得出""可能""出现过"来表述。对于仅有野史记载或历史传说的一类情况，用"也许""推测""猜测"来表述。

历史的研究不可能一蹴而就，历史研究取得的结论只是阶段性结论，需要后续研究的不断补充、完善和更新，甚至是以新代旧。对遗址历史植被的研究同样需要在不断的研究中逐步检验、证实和补充完善，以得到广泛的认同和支持。

二、历史植被的展示方法

（一）原状保护性展示

原状保护性展示，即在原状保护的同时进行展示。适合留存或遗存至今的历史植被，本书称之为"植物遗产"。所谓"植物遗产"即历史上存在且在漫长的自然演变中有可能存活或延续下来的植株单体或群体，诸如古树名木、老树等。植物遗产是文化遗产的组成部分，也是遗址环境的组成部分，甚至是反映环境变迁的重要见证，对其原状保护无疑也是对历史遗产的一种展示和见证。对遗址的植物遗产必须制定严格的保护措施和养护办法，通常采取原地保护，设置围栏、警示、监控等防护设施，并进行鉴定、编号、定级、登记在册等，这一点与城市古树名木保护管理办法相一致。除此以外，还应给植物遗产设立说明牌或碑，记录其年龄、栽种时代、背景文化等信息。有条件的保护单位，还应给植物遗产开辟专门的展示视线廊道，净化或简化其背景元素，塑造为主景形象或成为一定范围内的视觉焦点。

（二）原址写实恢复展示

原址写实恢复性展示，即在经过考证确定历史上就存在植被的区域——这些区域的植被在历史上属于遗址环境或遗址本身不可或缺的组成部分，该历史植被对于遗址的格局或功能无论在历史上还是当前景观营建或生态改善方面意义重大，且在恢复种植后对遗址本体及其环境的物理安全不存在有害影响——就应按照历史上的种类、分布及风貌进行恢复性种植，以展示其历史风貌。对历史植被的原址写实恢复种植有利于遗址完整性的展示，更加直观地向游人或参观者展示遗址历史上的景观风貌，也是对遗址历史的继承和延续，更有利于遗址文化的宣传。原址写实恢复性展示能够比较客观地反映历史上植被分布等真实情况，但是这一点需要有更准确和翔实的历史数据支撑，较难实现。

（三）写意恢复展示

如上所述，写意恢复性展示与写实恢复有共同点，也有不同点。共同点都是对可以确定有的历史植被进行恢复性种植；不同点是，写意恢复是选取代表性强的某种或几种植物种类在原址或其附近进行局部恢复或意境式的恢复，在数量、面积、具体位置方面要求不严，此类恢复手段较为可行。

（四）易地模拟展示

异地模拟型展示，即选择合适的区域对历史上原有位置存在的植被进行异地模拟展示。所谓异地，因原址现状不适合种植或种植后对遗址的物理安全可能产生有害影响，但又具有展示价值，故而选择一块合适的区域进行异地展示；所谓模拟，即原有历史植被种类至今不存在，或是原有历史植被的名称至今无法考证其今用名，或是原有植被的种类至今已不适合当前的气候环境条件等特殊原因，故而用"相似种替换""植物模型代替植物本身""不拘泥历史植物种类而仅模拟历史植被的整体风貌"等多种展示手法。综上，对历史植被的模拟展示并不局限于实地、实物、实景的种植或营造。

第三节　大遗址未来绿化景观的规划与设计

大遗址除了现状植被以外，无论好与坏，或人工或野生，将来的某一个时间段，可能需要进行有规划、有秩序的绿化活动，本书称之为未来绿化。具体说来，未来绿化是可能进行的一系列利用各种植被进行环境改善、景观营建、遗址标识、生态修复等种植活动，即大遗址的绿化规划与设计。大遗址未来绿化与通常意义上的国土绿化、城市绿化、四旁绿化和道路绿化的目的及所承担的角色不完全相同。大遗址未来绿化的规划与设计需要多专业合作，确定未来绿化的原则、功能定位、风貌控制、树种规划、具体措施等，绿化方案需上报有关部门并进行会议评审，通过后方可实施。需要指出的是，一方面，大遗址未来绿化并非大遗址必须的内容，它需要结合历史植被的研究结果、现状植被的评估建议以及遗址地具体的文化和生态环境来确定未来绿化工作是"有"或者是"无"；另一方面，未来绿化即使确定是"有"，也并非只是增加植被的活动，就目前我国大多大遗址现状植被来看，很大程度上，未来绿化规划与设计需要做的是"减法"而非"加法"。假如大遗址未来绿化条件允许、切实可行，那么对大遗址绿化规划和设计也不局限于遗址环境的整治与改善、遗址生态景观的营建、遗址氛围的烘托，还可以在遗址本体的保护与展示、遗址文化与历史环境的诠释等方面发挥绿化的优势，尤其是，如果大遗址保护采取考古遗址公园的模式，那么未来绿化工作就更有其发挥的地方。

20世纪的很长一段时间，由于国民经济落后、文保意识薄弱及相关法律法规的不完善，我国许多大遗址在城市化进程中不断地被孤立或蚕食，前者因被孤立而成为基础设施落后、居民生活窘迫、环境脏乱差的形象代名词，后者因蚕食而变成一片文物价值受损、完整性遭受破坏、环境复杂无序的废墟。随着中国文化遗产保护工作的进步和理念的不断更新，国家财政部与文物局于2005年专门设立大遗址保护专项基金[①]，用于支持全国重点文物保护工作，促进文物事业发展。自大遗址保护"十一五""十二五""十三五"专项规划以来，我国大遗址保护实施统筹规划，分步实施，逐步形成了以"六片、四线、一圈"[②]为核心、150处重要大遗址为支撑的大遗址保护格局，已建成36处国家考古遗址公园、批准立项86家国家考古遗址公园（截止到2017年），并将在"十四五"期间全面实现大遗址对外开放，继续推进国家考古遗址公园建设，有效提升大遗址保护展示利用水平，充分发挥大遗址在构建中华优秀传统文化传承体系和公共文化服务体系中的作用。

一、大遗址未来绿化的功能赋予

（一）对大遗址本体地上部分的生态保护

大多大遗址本体的地上部分如果没有地被植物的覆盖，会面临水土流失等问题，利用浅根系地被植物对其浅表层进行绿化，可保护大遗址的地上环境，例如维护地形地貌、保持水土、防止风蚀沙化、阻止人为或其他动物的破坏性活动等。

[①]《大遗址保护专项经费管理办法》（财教〔2005〕135号），后被《国家重点文物保护专项补助资金管理办法》（财教〔2013〕116号）所取代。

[②] 六片：西安片区、洛阳片区、荆州片区、成都片区、曲阜片区、郑州片区；四线：长城、丝绸之路、大运河、茶马古道；一圈：陆疆、海疆。

（二）对大遗址环境的生态修复与保护

绿化还有利于遗址环境的生态修护。以考古遗址公园为例，建设遗址公园就需要对遗址环境进行整治和生态修复，通过绿化能够改善遗址公园的生态环境，营造良好的植被环境，从而吸引鸟类、昆虫及城市流浪小动物来此栖息，增加遗址公园的生物多样性和景观的生动性，最终形成一个生态和谐的大遗址环境氛围，增加大遗址的魅力，带动遗址文化旅游和传播。遗址环境的整治和生态修复，对遗址区域的生态环境甚至是城市的生态环境具有一定的积极作用。

（三）对大遗址本体进行标识性展示

以大遗址的展示为例，有原址露天展示、回填保护展示、覆盖保护展示等方式，其中绿化手段在原址露天展示和回填保护展示中比较常见。原址露天展示中，可以用植物来营造遗址氛围，突出遗址的历史感和沧桑感，例如北京圆明园遗址公园中对大水法建筑废墟的展示就利用野生草本植物进行绿化点缀，营造了一种带有荒凉、野趣的遗址景观，为游客在此处凭吊昔日的繁华和不堪的历史增添一番遐思的情趣。在回填保护展示中，通常采用碎石、植物等材料进行示意性展示。具体做法是，利用绿色植物对未发掘勘探的地下遗存或遗址本体的外观、遗址的部分建筑及格局等进行标识性展示。绿化标识展示利用的植物通常以浅根系草本或常绿灌木为主，通过不同色彩、高度、质感的应用组合及覆盖、围合、指引、强调等种植形式将遗址内的各种地下或地上的遗迹、遗存的轮廓、结构、范围等标识或展示出来，使这些有遗迹、遗存的场所与非遗址区区分开来，让游人清晰明确地识别该场地的性质，感受文化遗存的尺度。

（四）对大遗址历史植被的恢复性展示

对那些已经消亡的历史植被，在确定对遗址物理安全不产生危害的条件下，可以利用未来绿化（增加植被种植）进行写实性或写意性的恢复性展示，将历史文化信息与景观环境展示给今人，使其直观感受和欣赏大遗址的历史场景。

二、大遗址未来绿化空间格局的可能性探讨

（一）大遗址保护范围内部的绿化格局

根据遗址本体及其环境生态保护和遗址完整性展示的需要，大遗址保护范围内部

的绿化格局总体上应该是形成"由本体核心区域的开敞通透型空间逐渐向周边区域过渡为半封闭或覆盖式空间";也就是说,接近遗址本体的地方,其绿化应以低矮型地被为主,形成视线通透的开敞型空间,远离遗址本体的区域,其绿化应从点状或片状灌丛或树丛逐步依次过渡为疏林草地、密林草地、杂木林或树篱。以比较规则、方正的封土为陵的陵寝类大遗址为例,由封土向陵墙再到陵邑区域,其绿化格局应该是"内低外高、内疏外密、内开敞外封闭"。

(二)遗址周边非遗址环境区的绿化格局

大遗址辐射范围广、考古研究价值意义重大,其周边地区的城市建设、经济发展以及旅游开发等很大程度上受其牵制,因此,如何带动大遗址周边区域的发展也成为大遗址保护与利用近些年来亟待解决的问题。本书认为,大遗址周边的景观营建应该成为带动其文化旅游和经济发展的排头兵,大遗址加上好的景观环境,才能够为该区域带来发展的契机。遗址周边非遗址环境区往往是建设控制地带,城市化受限制,因此从环境整治和景观营建入手是不错的发展方向。遗址周边非遗址环境区应该以植被景观为主,包含经济林、风景林、防护林、果园、苗圃、花圃、农田、自然林地及自然地被景观等多种植被形态,形成以大遗址为核心、向周边辐射的多种形态的植被区域,最终形成该区域的城市绿肺。

(三)多遗址集中区域的绿化格局

大遗址较为密集的片区,诸如西安、洛阳片区,还包括线性文化遗产(诸如丝绸之路、大运河、长城等),可以通过与城市绿道、自然山水廊道、乡村公路的绿化与景观营建相结合串联起这些遗址区,或专门构建一个能够串联大遗址片区的绿色廊道。这些遗址区及串联它们的绿色廊道,不仅能够为遗址地的生态环境和遗址地居民出行带来益处,而且能够实现当地文化旅游廊道与绿色生态廊道的结合,提升带动多遗址区的文化旅游与经济发展。

三、树种规划

树种规划是大遗址未来植被规划的核心内容之一,它对未来大遗址的绿化风貌和环境氛围具有重要影响。树种规划,是指对构成未来植被的所用植物种类进行合理的选种和配置，使其很好地发挥绿化对大遗址的保护、标识、美化、生态等作用。树种选择不仅仅是指树木的种类，还包括灌木、草本、藤蔓类等植物类型，必要时甚至可能还会规划反映田园风光的农作物、果木、蔬菜等植物类型。

（一）选种方面

（1）野态化植物

野态化植物是指遗址地原有就生长的一些野生的或非人工种植的植物，这类植物可帮助当地呈现出一种野态化、原有生境风貌。这些野态化植物对遗址地的水分、温度、土壤等环境条件适应能力强，未来绿化选种也应从这些原有野生植被种类中选取，不仅可以延续和强化遗址地原有景观风貌，还可以实现低成本、粗放型管理。

（2）乡土植物

乡土植物是指遗址地以外的周边大区域甚至遗址所处的大环境（县域或市域）中具有气候和环境的高度适应性，分布具有一定的广度，且在当地较有特色或具有一定的历史渊源的一类植物。大遗址未来绿化选种尽可能多地选用乡土化植物，不仅苗木来源容易获取，而且对于保护乡土植物、保护本土生物多样性具有重要意义。

（3）浅根系植物

浅根系植物是指主根不发达、侧根或不定根较主根发达、以水平方向朝四周扩展并占有较大面积的一类植物。因这类植物的根系常分布在土壤的浅层（<1.5m），故称浅根系植物。遗址本体或者在遗迹遗存分布集中而又未探明的区域，其绿化提倡种植浅根系植物。浅根系植物根系多为须根系，根系的向外伸展能力强，分布广，保水固土能力强，因此除了不破坏地下遗存、保护遗址完整性以外，也能改善遗址生态环境，防止水土流失。一般来说，同属于浅根系类的植物，乔木的根系比灌木、草本植物的根系深许多，且对地下遗存具有一定的破坏趋势，利用绿化对遗址本体进行保护或展示的时候，应避免使用过多的乔木，可选择浅根系的灌木，以草本植物最为有效和安全。

（4）与大遗址历史有关的植物

与大遗址历史有关的植物主要来源于历史植被的研究结果，其次来源于一些能够反映遗址历史内涵的植物，主要是从文献记载、民间传说中得来。选择这类植物有利于游人认识遗址过去的景观，有利于遗址地环境的保护与文化传承。

（二）搭配方面

一般的城市绿化或园林绿化追求乔灌草的搭配，注重常绿植物与落叶植物的比例，讲究四季有景、三季有花的观赏效果，且将绿地率和绿化覆盖率作为衡量一个城市或公园绿化效益的重要指标。大遗址的绿化不应该遵循这些常规的原则或方法，更不能将绿化覆盖率或绿地率作为衡量大遗址环境或考古遗址公园环境优劣的指标。大遗址未来的绿化应根据保护范围涵盖的遗址信息的探明情况、遗址的分布及遗址的属性和未来可能发挥的功能来确定未来绿化的分布、数量以及所营造的符合遗址属性的风貌特征，不应也没必要追求乔灌草的搭配或必须三季有花。从某种程度上说，大遗址的绿化很可能只是大遗址的配角或背景，有时候甚至只是一种标识展示手段，或大遗址的某些重要遗存区域根本不需要绿化，所以，大遗址未来绿化工作要审时度势、因地制宜地进行，不应拘泥于常规搭配。

（三）功能方面

通常意义上的绿化或植被，在保护生态环境、景观营建、防护避灾以及经济效益等方面发挥多重作用，尤其是对于城市绿化和园林绿化来讲，种植植物更是为了满足人对自然的渴望和一定的审美需求。大遗址由于其特殊性，绿化可能是也可能不是大遗址景观营建、生态保护和遗址审美的组成部分，所有的种植活动都应该是在不影响大遗址本体及其环境安全和格局的前提下进行的，这样就需要具体问题具体分析。以近几年来大遗址保护与展示的主流模式——考古遗址公园为例，绿化对遗址公园的功能可从不同区域谈起。首先，作为遗址核心价值的重点遗址保护区，尤其是遗址本体部分，绿化仅作为标识和覆盖展示的手段之一，和其他方式或材料的标识或展示一样，仅仅作为一种材料或手段，并不具有原本的绿化效益或期望值。其次，作为遗址重要价值组成部分的一般保护区，绿化只是诠释历史景观或某种文化寓意的符号，偶有点缀或背景式种植，通过绿化将增加视觉聚焦点，该区域的绿化仅作为一种文化符号或打破空间环境的单调或乏味的手段。此外，作为建设控制地带或遗址环境协调区的非遗址区域范围较广，占据考古遗址公园相当比例的面积，该区域的绿化功能就可以逐渐向城市绿化功能过渡，适度地发挥防护与生态涵养、限定与分隔空间、遮阴与营造氛围、游憩与康体健身等功能。诸如经济林、防护林、风景林、疏林草地、疏林广场、树阵、花境、花海等，在不影响遗址安全前提下，适当考虑农业景观或田园风光的种植。

四、绿化景观风貌总体控制

绿化景观风貌并不是一个专业术语，也无学术上的具体定义。一般认为，绿化景观风貌就是绿化所展现出来的风格和面貌（以下简称绿化风貌）。绿化风貌往往与地形地貌、植物的高度与形态、种植的形式与密度以及其他景观要素（水体、建筑、小品等）密切相关，不能单一或孤立地去评判绿化风貌属于何种类型。绿化风貌多种多样，划分的依据也不尽相同，以一般的城市绿化为例，其绿化风格从构图上可分为自然式、规则式及混合式绿化三类；从绿化的功能出发可分为游园式绿化、风景林式绿化、防护隔离式绿化、生态保护式绿化及赏景式绿化五类；从植物景观群落所呈现的面貌可分为田园风、山林风、自然野趣风、异域风等。大遗址未来绿化风貌的控制不能简单地参照城市绿化或园林绿化，应该有其自身的特点，使其符合大遗址的属性和功能。不同类型的大遗址，未来绿化所呈现的风貌也应不同。本书提出若干适合遗址氛围和文化属性的绿化风貌的总体控制原则以供读者参考：

（一）提倡"简"的风貌与"减"的设计

首先，如前所述，遗址绿化并不是展示遗址风貌的主角，有可能只是作为背景和保护与展示的手段之一，因此，遗址的绿化风貌整体上应简化，类似"极简主义"设计的风格，用最少的设计、最简单合适的种植方式、最朴素的造景手法、最原生态或乡土化的种类，营造出形式简单、意境深远的景观意象。如西汉诸陵，在保护和展示陵寝遗址的封土时，采用禾本科野生地被进行本体覆盖，本体周边也采用低矮植被绿化，这样既保护了封土免遭水土流失，又不影响遗址本体形态的完整性和真实性展示，还营造出了开敞通透的视觉效果。笔者在调研长陵、阳陵、杜陵等遗址时，秋季傍晚的风拂过帝后陵封土的时候，黄色的茅草丛和白色的花絮在夕阳的映射下随风摆动，异常动人，令人不经意地想起"西风残照，汉家陵阙"的诗句，看到此景生出此情，与李白产生了共鸣，可见这种绿化风貌就是对汉家陵阙最好的诠释。

其次，还要做"减"的设计。有些大遗址现状植被或绿化风貌太过复杂，表现出绿化面积广、种植种类杂、搭配手法过于丰富等，这样就需要针对遗址的属性，对其未来绿化进行减法设计，去除不协调的、不合适的，整治不合理的、太复杂的。对遗址未来绿化做减法设计也是未来绿化的重要内容之一。

（二）不盲目迎合大众"口味"

绿化风貌不能盲目追求功能和赏景效果，不能过分迎合大众游赏和审美需求，应符合遗址文化属性，倡导遗址的教育和文化熏陶作用，发挥遗址绿化风貌引导大众行为，培育遗址审美观。

（三）杜绝西化、现代化、公园化

杜绝不符合遗址属性、有损遗址价值、与遗址历史风貌不协调的绿化风貌，诸如：修剪和布局整齐对称的法式园林，成行成列的城市道路绿化，姹紫嫣红或花团锦簇的花园式或公园绿化等。

五、绿化形式

绿化形式是指植物的种植及造景形式，包括种植模式、种植方法和组景方式。大遗址及其环境的未来绿化工作，不同于一般的城市绿化和国土绿化及四旁绿化。遗址绿化除了具备一定的生态效益、社会效益外，还需要较高的艺术性和审美性，以及赋予绿化更多的功能，诸如展示标识、科普教育、文化传播等。因此遗址绿化的种植模式应该具有区别于一般城市绿化的显著特征，除了常见的乔灌草立体种植、疏林式、树阵式、隔离带式、草坪、地被、花坛、花境、花带等惯用搭配模式外，还应该有能够反映遗址文脉或提升遗址审美的新模式或融合模式。遗址绿化的种植方法除了基本的苗木移栽、大树移植、播种种植、容器类种植等外，还包括一些特殊的方法，诸如阻根、断根、喷播等方法。遗址的组景方式也应该不拘泥于或死搬硬套一般的高低搭配、色彩组合或空间手法。根据目前我国已建成的一些具有示范性的考古遗址公园的绿化形式，给出未来遗址绿化的几种较适合的绿化形式：

（一）自然地被式种植

自然地被式种植是利用地被植物以自然式风格种植。自然地被式种植所营造的景观风貌称为自然式地被景观。自然地被式种植所选择的都是低矮的地被植物，包含了草本、木本及藤本类，这些地被植物比较低矮，往往低于人的视线，因此所营造的空间形态是开敞式的，视线无阻挡，适合遗址区的展示型、标识型种植；又因其可由多种植物构成且呈自然式种植，所以管理粗放，适合非遗址区的生态防护型绿化。自然地被式种植在可进入性、游赏性方面较之生态性、可逆性方面较弱。

自然地被式种植选种可以从两个方面考虑。一方面可以利用遗址原有野生地被植被群落,如果原有植被所呈现的景观较好、面积较广就可以进行"保护性利用",稍加整治或干预使其形成较好的景观效果。这种方式是尊重环境、尊重生态及对遗址最小干预的一种有效绿化形式,在保护和展示遗址本体的外观,以及在诠释遗址本体风貌在不断演变进程中所呈现出的遗址新的文化内涵方面具有重要作用,是尊重遗址原真性和完整性的表现。同时,原生植被是顺应遗址环境而生,是最自然的绿化景观,也是遗址绿化的本土化、特色化的表现,在生态环境与物种保护方面具有一定的积极意义。如果原有植被所呈现的景观较为碎片化、多样化,或植被群落存在不良生长状况,或对遗址保护与展示形成一定的负面影响,则可以仅利用其原有植被的种类,对需要绿化的区域进行"恢复性再设计",重新种植,使其形成连续的、整体的自然地被式景观。它是对遗址原有植被的重新利用,是对遗址原生植被状况不良、对遗址氛围的体现不突出或形成的景观风貌不佳的一种改良型植被恢复设计。

另一方面,如果遗址地没有原有野生植被,或原有植被群落对遗址产生负面影响,或原有植被景观与遗址氛围不符,就可以选取遗址周边本土的具有代表性的一些地被植物进行"人工植物群落的规划设计",模拟自然群落,营造适合遗址氛围和遗址属性的自然式地被景观。此类型的地被式种植有一定的局限性,它需要一定面积的绿化用地作为大遗址保护区的生态景观用地,充分发挥地被的生态作用。

(二)草坪式绿化

如名,草坪式绿化即用草坪覆盖遗址范围内裸露土壤或有遗迹遗存区域的绿化方式,前者主要用于非遗址区的地表覆盖,营造开敞景观,或营造遗址环境氛围,或为游人提供可进入的活动场地;后者主要用于遗址区的绿化标识,对已经探明的遗迹遗存进行回填后再用草坪覆盖标识展示,是覆盖标识展示的一种形式,例如主要用于已发掘探明的城墙、街道、护城河、建筑遗址等规则式遗迹的标识展示等;抑或是对于未探明、但存在遗迹遗存的区域进行临时性、保护性绿化覆盖。草坪式绿化在覆盖展示和保护遗址方面具有明显的优势,对于轮廓明确、方正的已探明遗址,不仅施工简单,而且生态美观,尤其对于未探明的区域更具优势,草坪式绿化在美观的同时具有可逆性,不影响后期考古勘探。

草坪式绿化通常选用的植物以禾本科草本为主,此类型植物在遗址保护与展示方面具有明显的优势，首先表现在根系浅且发达，固土的同时也不会对遗址地下遗存或文化层产生不良影响。其次，植物生长迅速且耐修剪，还可以直接用草坪毯覆盖，成景迅速，且地面覆盖率高，所营造的景观视线开敞，可进入性强。

需要指出的是，草坪式绿化根据绿化的功能和修剪与否，可分为修剪式草坪和自然式草坪两种主要类型。修剪式草坪要定期进行修剪和维护，使草坪保持一定的形态和高度，用于标识展示绿化。自然式草坪只需粗放管理，必要时进行适当修剪和维护，且往往选用耐践踏、抗性强的草种，混播最佳，用于非遗址区的保护性和游憩型绿地。与自然式草坪相比，修剪整齐且养护较好的规则式草坪无形中起到一种警示作用，使游人的行为被限制在草坪之外，对于遗址的保护和展示具有积极作用。而自然式草坪的风貌则更加亲近游人，可吸引游人进入活动。这里需要提醒管理方，必要时需要对自然式草坪上的游人活动加以限制，以免影响城市文明形象或与遗址应有的氛围发生冲突。本书建议，遗址保护区内的自然式草坪可以引导游人进行围坐休息、日光浴、舞剑、做操、散步、放风筝等相对静态的或传统的活动，禁止野餐、烧烤、球类活动、群体舞蹈、跳绳、追逐打闹等危险的或影响公共卫生、破坏草坪的活动。

（三）疏林草地

疏林草地是利用乔木散植在一定的区域内，形成视线较为通透、四向较为开敞、树冠郁闭度①较低的林地，且林下以种类丰富、低矮的混播草本植物为主，游人可进入林间活动的一种绿化形式。疏林草地适合在非遗址区，可作为游人活动区及遗址主要出入口的广场林地。它最大的特点就是景观的参与性和体验性强，疏林草地的林间可以设置汀步、砾石小道、木栈道、亭廊、座椅、吊床、秋千等环境设施。疏林草地型绿化的另一个特点就是能够满足游人对童年时光和郊游野趣的追溯和重温，林下各种各样、忽高忽低的草花所展现的不同季相和色彩，为游人提供了林间写生摄影、

---

①即单位面积上立木树冠投影面积之和与该面积之比值。用十分数表示，如完全覆盖地面，即为1，依次为 0.9、0.8、0.7、0.6……

采撷编环、捉虫捕蝶、踏花而行等场地，在这片遗址疏林草地的林下花间，没有不可进入踩踏的约束和不可折花的限制，让游人在大遗址的环境中暂停一段城市化和现代化的生活，与遗址的历史对话，与自然对话，与心灵对话，这种绿地的乐趣是城市公园及其他绿地不能满足的，也是大遗址绿化发挥其特有的价值理念的主要载体。

另外，从城市物种多样性保护角度出发，疏林草地的地被种植提倡乡土化、野生化、尽量为本土野生植物提供一处自由繁衍、自然演替的环境，减少人工干预，应用本土野生植物对其物种的延续和发展、对城市物种的丰富度具有一定的积极意义。一些珍贵的本土野生植物在城市的夹缝中不被重视，艰难生存，而大遗址为它们提供了生存和展示其独特魅力的空间，也为本土野生动物（鸟类、昆虫、小动物等）的栖息提供了场地。

（四）孤赏树或点题性绿化种植

孤赏树可以是一株乔木也可以是一丛（若干株丛生）乔木或一簇灌木，将其种植在遗址区某一空间的开敞位置或道路交叉点，使其成为视觉焦点，引导人们向其靠近，远观用于欣赏和审美构图，近处用于遮阴和停留休息。如果孤赏树结合遗址历史故事或人文典故等，可以形成一处主题式绿化空间，孤赏树在此空间就能起到点题作用。遗址绿化的孤赏树不宜多，可以依据遗址不同分区，每一分区中有一处孤赏树或点题性绿化植物即可，如果结合道路、建筑等进行布局，还能为游人提供休息遮阴的空间或聚集地。孤赏树的树型要求较高，以大乔木或大灌木为主，以高大挺拔或姿态饱满的树形为佳，有丰富的历史文化内涵和乡土人文气息的树种更佳。

通常在城市建筑旁、广场空间或道路两侧，多以行列式的种植方式造景和营造遮阴空间，形式比较死板，看起来也很城市化、普遍化。在遗址区的道路两旁、开敞空间（景观节点或草坪）及附属建筑周围，应与一般的城市绿化有所区分，在审美和文化内涵上精心构图和深入挖掘、推敲，利用孤赏树在其所种植的空间形成一幅画面，种植树木不在于多和整齐，而在于妙和形态。用中国画的留白手法，将遗址空间营造得简单而富有意境，与西方现代"少即是多"的设计理念有异曲同工之处。

（五）不规则式林带

不规则式林带，顾名思义是指利用一种或多种乔木密植成林，平面形态多呈自然式、非规则式的带状，竖向上表现为林冠线高度不一、起伏变化的一种绿化种植方式。不规则式林带是相对于平面呈矩形、立面高度统一的带状林带而言，例如防风林、果园、苗圃、道路隔离带等。不规则式的林带具有随机、活泼的轮廓线和层次丰富的林冠线，其树种丰富，季相变化明显，适用于遗址保护区外围，用于标识遗址范围的轮廓，起到分隔空间、阻挡不良景观、生态防护、景观营建等多重作用，是遗址保护区不可多得的风景林带，也是鲜有的高密度种植绿化区。

（六）特殊的绿化手法

针对一些由于场地性质、土壤条件、考古需要，不容易实施绿化或只能进行临时性绿化的地方，可以采用特殊形式的绿化方法，例如阻根栽植、喷播、植被诱导等，具体详见第七章。

第四章　大遗址绿化规划选种方法

随着人们对植物应用实践认知的积累以及生态审美、环境审美、自然审美意识的提高，用于绿化的植物种类的范围和外延也在不断地扩大，过去不被欣赏的闲花野草如今也成为郊野公园、湿地公园、遗址公园、道路绿化、荒山绿化的新宠，过去深受城市冷落的乡土树种如今也被越来越多的城市认同而获得了应有的"地主"位置。除此以外，人们的生活理念也发生着变化，从而也影响着城市景观的风格面貌，以往人们希望离开乡村或故土奔向城市或他乡去体验繁华的、不一样的生活，如今人们为了追求田园美景和慢生活的节奏而在每个周末和节假日都奔向乡村去体验生活，文学家和艺术家称之为"乡愁"。由"乡愁"引发出一系列的乡村旅游和城市近郊游的生活形态，而这些远远不够满足城市居民的"乡愁"需求，越来越多的城市出现了"城市农场"、果木采摘园、家庭菜园等不同形式的田园生活体验，这些也不单单归因于"乡愁"，更是人们对健康生活的追求与现实生存环境的无奈之间的权衡之举。

未来的城市景观，尤其是住区绿化景观和近城市区的大遗址绿化景观，应该更加倾向于绿化植物的实用功能，那些观赏价值高的果木、经济作物将成为未来住区绿化选种的首选，诸如银杏、枇杷、樱桃、核桃、柿子、柑橘等。大遗址因其占地面积"大"和辐射范围"广"的特点，在其非遗址区绿化选种上，既具有观赏价值又有实用性的植物便成为该区域绿化的首选，诸如银杏林、杏林、桃林、樱桃林、枇杷林等已在我国大遗址区域环境绿化中得到实践，且社会反响较好。

第一节　选种依据

无论是利用植物进行环境美化、景观营建、生态修复、生态防护还是田园观光、果木采摘、苗木生产等，暂且都可称为"绿化"。不同功能或不同类型的绿地或种植地，其绿化选种依据的要素及其优先考虑程度都不相同，总体说来，影响绿化选种的要素分为两大类、四小类和十五个（不限于）要素，这些都是绿化选种的依据（表4.1）。

影响绿化选种的要素组成　　　　　　　　　　　　表 4.1

两大要素	四小类	序号	要素组成 要素	要素内涵与解析
内在因素：以植物本身为参照	植物自身特点	1	植物生态习性	本土气候适应性、用地土壤适应性、对光照和水分的要求等
		2	植物形态特征	高度、冠幅、株型、季相变化、根系发育、花色等
		3	植物的抗性/耐力	抗病害、抗污染、耐湿、耐旱、耐寒、耐阴等
	人类赋予植物的价值与功能	4	生态价值	涵养水源、护坡固土、防护、滞尘等
		5	观赏价值	观花、观叶、观型、观果、耐修剪等
		6	文化内涵	寓意、内涵、象征、典故、传说、习俗等
		7	功能与作用	遮阴、景观标识、隔离、导引、生产实用、观光、科普、研究等
外在因素：以植物外部环境为参照	外部制约因素	8	场地性质或用地类型	城市绿地、农林、文物古迹、商业、工业、居住等
		9	周边环境	地形地貌、植被、建筑、交通、山水、基础设施等
		10	人文历史背景（文脉）	历史的渊源、沿革、发展、地域的文化、习俗等
		11	用地土壤条件	土壤理化性质、土层厚度、冻土深度等
	人类干扰因素	12	成本	种植、养护、管理等投入的成本
		13	技术	种植、养护、管理等所需要的技术
		14	审美	视觉、触觉、心理等感受，对植物美丑、好坏、有用无用的判断
		15	生产生活等活动	耕作、垃圾、坟地、取土、破坏、焚烧、伐薪等

　　选择什么种类的绿化植物是大遗址绿化规划的重要内容之一，也是影响遗址文化与物理双重安全的主要因素和后期遗址景观氛围的关键步骤。接下来，以表格的形式（表4.2），通过对比不同类型的城市绿地的选种依据与遗址公园选种所考虑要素的不同，来阐释和帮助读者理解大遗址选种依据的特殊性。

　　通过表格中所列内容的对比可以看出，通常城市绿化选种主要以植物本身的特性（诸如气候适应性、环境适应性、物种多样性、季相变化等）或被人为赋予的价值（诸如观赏价值、文化内涵、研究价值等）作为主要考虑因素，而且在绿化种类搭配时，有必要考虑常绿植物和落叶植物、本土植物和外来之物、乔灌草的比例，而植物的文化内涵、历史信息、外部环境等因素仅作为特殊需要时或特定情况下考虑的参考因素。对于遗址公园的选种来讲，则需要把外部环境制约或人为影响因素作为选种的主要依据，扩展到大遗址的绿化规划选种来讲，遗址自身的文化内涵、历史信息、现状植被及周边环

不同类型城市绿地绿化选种依据考虑要素对比　　　　表 4.2

序号	绿地类型	代表小类	主要功能	绿化选种依据（即需要考虑的要素，按重要性排序）				
				非常重要	重要	较重要	一般重要	可参考
1	公园绿地	社区公园	区域绿肺，日常休闲等	气候适应性	乔灌草比例	观赏价值	季相变化	养护管理成本	其他
		植物园	科研、引种驯化、观赏等	物种多样性	研究价值	土壤环境	场地情况	观赏价值	其他
		遗址公园（位于城市）	遗产保护、文化休闲等	遗址属性	历史信息	现状植被	功能赋予	植物特征	其他
2	防护绿地	卫生隔离防护绿地	防沙、防风、防污染、净化空气等	气候适应性	乡土、速生	物种抗性	养护管理成本	观赏价值	其他
		道路及铁路防护绿地	保护路基、防止风沙和水土流失、隔声等	气候适应性	养护管理成本	物种抗性	根系发达	观赏价值	其他
3	广场用地	市民广场	城市客厅、文化娱乐、休闲健身、避震救灾等	标识性树木	气候适应性	遮阴效果	季相变化	可参与性	其他
		交通广场	集散人流、城市形象、临时休息等	标识性树木	气候适应性	遮阴效果	养护管理成本	观赏价值	其他
4	附属绿地	小区游园	日常休闲、游玩观赏等	气候适应性	观赏价值	适应性与趣味性	季相变化	养护管理成本	其他
		交通绿地	安全防护、分割空间、滞尘降噪、引导视线等	抗污染能力	气候适应性	高度与密度	养护管理成本	耐修剪程度	其他
		商业绿地	美化与提升环境、遮阴、烘托氛围、观赏等	标识性树木	观赏价值	植物文化	遮阴效果	高度与密度	其他
5	区域绿地	湿地公园	生态涵养、生物多样性保护、科普教育、适度休闲等	气候适应性	土壤环境	物种多样性	观赏价值	研究价值	其他
		郊野公园	踏青远足、户外活动、亲近自然、科普教育等	现状植被	周边环境	气候适应性	季相变化	可参与性	其他
		遗址公园（位于郊野）	遗产保护、考古科研、怀古探秘、文化旅游、科普教育等	遗址属性	现状植被	周边环境	历史信息	植物特征与生态习性	其他

图例说明：
- 对比参照的绿地类型
- 大遗址的保护利用方式
- 欲选种的植物本身条件或适应性或被人为赋予的价值
- 外部客观环境制约或人为干扰因素

境是选种的主要考虑要素，植物的特征与生态习性仅作为可参考要素，而是否一定考虑乔灌草比例或常绿与落叶比例等仅作为必要时的参考因素，甚至是非必要因素。

总之，大遗址的绿化选种应坚持"三个维度"原则，即以历史研究、现状植被及未来绿化功能定位三个方面作为选种依据。此外，对于考古遗址公园的非遗址区的绿化选种，应考虑大遗址作为城市绿地的一种特殊类型或将来建设成为遗址公园的可能性。

一、以历史植被的研究结论为依据

历史植被的研究结论是大遗址现状植被评估和未来绿化规划选种的重要依据，也是决定着遗址文化安全与遗址真实性的关键因素。历史植被研究结论包括历史植被的存在性（是否存在）、分布（空间格局）、范围、种类等。其中，历史植被的存在性和植被种类是绿化选种的重要参考依据。

通过研究考证，关于大遗址历史植被有无存在可能性和种类考证的结论可能有以下几种情况：

①确定整个历史时期不存在植被。即某大遗址在其存在至废弃直至近代某一个时期，确定并不存在大规模的自然植被或人工形式的任何种植活动等。

②确定整个历史时期均存在不同程度的或类型的植被。即某大遗址在其存在至废弃直至近代某一个时期，确定各个时间段存在历史植被且不断地在延续或演化，其主要植被种类已经明确。

③确定某个历史阶段存在一定的植被。即某大遗址在其存在至废弃直至近代某一时期的个别时间段，确定存在一定的自然植被或人工种植的痕迹，其主要植被种类已经明确。

④确定大遗址存在历史植被但不能明确具体种类。即由于考古资料和历史文献资料的缺乏，不能确定大遗址历史植被的具体种类。

在进行绿化规划选种时，依据上述不同情况应该作出不同选择。对于历史上并不存在任何植被的情况，在重点遗址区和一般遗址区的绿化规划选种时，应注意将选种重点聚焦到遗址标识展示时对植物素材的客观要求（例如浅根系、低矮、耐修剪、整齐、常绿等），而无需考虑烘托遗址氛围的背景种植或点景种植需要；而在非遗址区（建设控制地带或环境协调区）绿化选种可以适当考虑大遗址所处某个重要历史时期其他同类型的或同地域已知的或普遍存在的植被种类，营造和反映出符合该遗址历史上某一个时期环境氛围和植物种类特点即可。

对于大遗址在整个历史时期或某个时间段确定存在的植被，在绿化规划时，应在遗址区已知有植被或种植的区域进行恢复性展示或标识性展示，其绿化选种必须是历史上存在的该物种或近似种。在不确定历史植被分布的具体位置时，应有模拟展示型或阐释性景观，从历史植被中选取 1~2 种在文化价值、生活习性方面均能适合遗址现状环境的植物种类或近似种类作为点景或主景。对于非遗址区，其绿化选种也要从历史植被中尽可能地选择适合当前遗址气候环境、功能需要的若干种类，以营造遗址环境氛围或传承历史种植文化。

对于不能确定大遗址历史植被种类的情况，其遗址区的绿化不能进行恢复性展示设计，尽可能采用可逆性强的绿化植物种类进行标识展示或营造背景氛围的种植，待考古发掘或历史资料研究成果成熟后，再考虑从历史植被中选择种类进行复原展示或模拟展示设计。对于非遗址区的绿化，可以参考第一种情况，即适当考虑大遗址所处某个重要历史时期其他同类型的或同地域已知的或普遍存在的植被种类，营造和反映出符合该遗址历史上某一个时期环境氛围和植物种类特点即可。

二、以现状植被的评估为依据

大遗址现状植被的分布、数量、种类、生长态势等是大遗址绿化规划选种的主要依据，即建立在现状植被对遗址及其环境安全影响评估基础之上，选择适合的现状植被种类作为构成未来大遗址绿化植物种类的主要来源。现状植被的评估结论如第三章所述，不同评估结论对应不同的选种情况，如下：

①当现状植被对遗址及其环境在物理和文化两方面均没有有害影响，且不具备有害影响的趋势时，此类情况基本上是保留现状植被的原有形态，包括其分布、数量、种类及形态。

②当现状植被对遗址及其环境在物理方面不存在有害影响，但在文化方面对大遗址存在有害影响时，此类情况根据遗迹遗存的分布和现状植被的规模、生长态势的具体情况而定。对于已经形成一定规模且树龄较长的植被，原则上建议保留；而对于小规模或点状分布或个体存在的植被或植物，建议移除并更换符合遗址文化属性的种类。

③当现状植被对遗址及其环境在文化方面不存在有害影响，但在物理方面存在有害

影响时，该情况原则上建议移除或清除这些植被以免其进一步破坏遗址本体及其环境，在各方面技术条件或遗址现状条件不成熟时，可做临时性保留以防止因移除对遗址产生的二次破坏。被移除的植被可以在遗址区或遗址保护范围内再利用，或选用这类文化上对遗址不产生有害影响的植物，在非遗址区的未来绿化中进行环境营建或展示利用，以留住或延续遗址原有植被的风貌。

④当现状植被在物理和文化两方面对遗址及其环境均产生有害影响时，应全部移除，且不做再利用种植，亦不选用这类植物相似种类。

因此，对遗址及其环境在物理和文化方面均无有害影响的现状植被，其主要构成种类是未来大遗址绿化选种的主要来源，现状植被景观最能反映遗址及其环境的真实性，能够反映遗址上植被和景观的变迁，同时还能反映遗址地人类活动对遗址的干扰或其他影响程度。诸如，遗址地现状的一些野生植物，是植物对遗址环境适应性和本体植物自然迁徙的真实记录，是构成遗址环境的重要组成部分。还有一些农田、菜地或果林等人工植被，是遗址地居民在遗址保护与生产生活实践活动适应性的表现和相互依存关系的真实反映；这些现状植被及人类活动与遗址共同构成一个完整的遗址环境，保护和利用现状植被是尊重遗址真实性的体现。

三、以未来绿化功能的定位为依据

国家建立大遗址保护区，尤其是建立国家考古遗址公园，既是对人类文化遗产的尊重和重视，也是对当代人民生活与城市发展的负责和考虑。大遗址不仅要保护，还要展示和利用，这样才能活化遗址，充分挖掘遗址价值，给遗址增魅力，给城市带来活力。大遗址保护的不仅仅是历史遗存和文化信息，还要考虑保护与遗址地关系密切的居民生活质量以及生态环境的安全。大遗址的展示与利用，拓展了绿化对遗址的保护和环境美化这些基本功能，使其在遗址的标识展示、覆盖保护、景观阐释、氛围营造、空间划分、生态修复、科普教育等方面发挥独特的作用。未来赋予大遗址什么功能，就有什么样的绿化景观或形式与其相呼应，随之就会据此采用针对性的植物种类与绿化形式。例如，大遗址未来建设成考古遗址公园，就要有满足游览需要的高大冠阔的遮阴树，展示遗迹遗存需要的浅根系、耐修剪且可逆性强的绿化标识种植，保护遗址本体安全的根系发达、植株低矮、乡土化的草本植物，等等。

第二节 选种思路

一、第一步：取交集

取交集，即从符合以上三则选种依据的若干种类中取交集（图4.1）。具体说来，首先根据历史植被、现状植被及未来功能定位三个选种依据，通过历史植被的挖掘与考证、现状植被的调查与评估、未来适应遗址不同功能的绿化植物种类的筛选和总结，分别选出能够实现的、适合不同依据的植被种类（A1、A2、A3），作为未来遗址绿化选种的基础选择集。然后，将三个基础选择集进行叠加，两两有合集的部分（B1-2、B1-3、B2-3）称之为叠加选择集，将三个基础选择集叠加后有共同交集的（C）称为最优选择集。三个选集（A1-A3）叠加后产生的两层交集（B和C）给大遗址绿化选种带来更多的可能性，至少提供了7种有可能实现的选择集，其中，C层交集最优，B层交集次之，A层选集最基础。当任何一个选集中的植物种类较少或缺少时，都有可能导致B层和C层某一个或多个交集中可选种类过少或缺失的问题，但至少有基础集可供选择，使大遗址绿化选种尽可能地趋向符合历史、尊重生态、反映本土、适应功能的需求。

A1基础选择集适合遗址本体保护、遗址环境氛围的营造、遗址与周边环境的协调性绿化的选种。A2基础选择集适合遗址恢复性展示、模拟性展示、景观标识、阐释性景观、遗址本体的背景环境、非遗址区文化传播、科普教育性绿化的选种。A3基础选择集适合遗址标识性展示、非遗址区生态修复、防护隔离、景观营建、市民休闲空间等绿化的

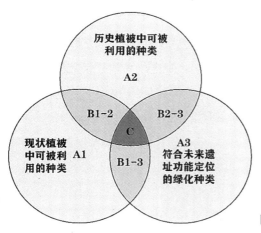

图4.1 大遗址绿化选种取交集法图示

选种。B1-2叠加选择集主要适合重点遗址区的绿化选种，B1-3叠加选择集适合非遗址区的功能性绿化选种，B2-3叠加选择集更适合遗址区的环境氛围营造和烘托遗址本体背景环境。C层最优选择集是大遗址绿化的基调和主干种类，最能反映遗址绿化的科学性、合理性、地域性与文脉特征。取交集的方法可将复杂的植物种类快速地定位分类并遴选出最优交集，使大遗址绿化选种快速有效、思路清晰且有据可依。

二、第二步：功能模块归类

功能模块归类是指将第一步取交集法得出的植物种类按照植物在大遗址绿化中的功能和角色进行分类整理，每种功能建立一个模块，并将适合该功能的植物种类归入其中（图4.2）。需要说明的两点是：其一，某一种植物可以有多重功能，可被归类到不同的功能模块中。其二，部分功能模块可能存在种类缺少或严重不足的情况，可以根据功能需要，增加较为适合该功能且对遗址的物理安全不产生危害以及对文化安全不发生明显冲突或严重不协调的植物种类（不限于本土植物、现状植被和历史物种等）。对绿

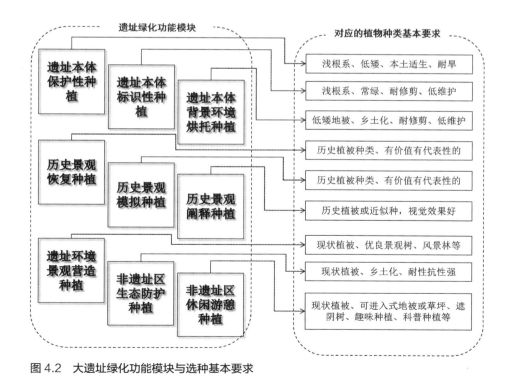

图4.2 大遗址绿化功能模块与选种基本要求

化植物进行功能模块归类,可以让设计师及建设者对每种植物在大遗址保护、展示与利用中发挥的作用一目了然,且弄清和理解绿化植物因功能角色不同而表现出或营造出的形态、氛围、风格的差异化,这有助于设计者、建设者、管理者及普通游客理解大遗址绿化与城市绿化的差异性。

三、第三步:分区定调、各就其位

利用取交集法得出的植物种类,依据绿化功能进行模块化归类后,就进入分区域确定绿化风格和基调植物种类的选择,以及为满足不同功能所对应的各类绿化形式或造景所组成的主要植物种类的选择,本书将这两项工作称之为"分区定调、各就其位"。

"分区定调"即按照大遗址的历史空间格局与分布,或保护规划中划分的保护与展示区域进行分区域选定适合该区域绿化功能的主要植被种类,建议以 1~2 种作为该区域的基调种植,以使绿化景观形成一个统一的基调和风貌。"各就其位"即是在模块化归类的基础上,给每个区域需要绿化的地方确定满足不同功能绿化形式的主要植物种类,也就是将模块中的各种植物,分配到不同区域不同的绿化形式中去,即"到岗就业"。各就其位阶段,要求针对每一个具体的绿化形式去落实植物种类,建议每种形式依据其面积或规模的大小选择 1~5 种即可,多则显得遗址绿化喧宾夺主,影响了遗址本身的展示。在非遗址区的生态防护性种植方面,可以增加每种绿化形式的植物种类,以满足生物多样性的需要。

以宫殿类大遗址为例。依据宫殿的历史格局,通常划分为宫门宫墙保护展示带、殿前区、宫殿建筑区以及园林区,那么伴随其分区不同,每个区域的绿化功能和风貌也不同。宫门宫墙保护展示带如果有地上部分存在本体遗存,植物覆盖保护性展示是其中一种方式,绿化仅作为展示和固土护坡的一种手段和材料;如果宫门宫墙不存在地上遗存,利用植物的带状种植去标识出门或墙的位置或示意其宽度,此种绿化也是一种展示的手段和材料。殿前区较为开敞,除宫门、宫墙、御道等外,无其他建筑,不需要景观性、遮阴树或行道树的种植,如果必须有绿化种植,也是以开敞式的草坪为主,不影响遗址本体的展示,也可以烘托殿前氛围,整体环境应呈现肃穆、庄严的氛围。宫殿建筑区以建筑群组成的不同院落为主要形态,依据历史研究结论,可适当复原或模拟院落空间的庭院植物,尤其是有记载的著名历史事件或诗歌中出现的植物,诸如唐代有名的"甘露之变"就说明了大明宫左金吾衙门后院存在石榴树,在大明宫遗址公园中就进行了模拟展示，利用雕塑的形式将石榴的形态展示出来，并通过说明牌将该历史事件讲述出来。园林区是古代皇家宫殿的后花园，奇花异草、果木花卉充斥其中，作为宫殿类遗址的园林区是否要恢复是一个有争议的话题，一代名园圆明园也并没有在遗址上做到复原如初、重现园林盛景，但也没有搁置荒芜，它仅保留了局部重点景致作恢复性营造，其余引入了野生植被和自然态的种植营造方式，让历史园林遗址成了当代一个可以让游人凭吊、怀古、感怀的场所。所以，宫殿遗址园林区的绿化肯定得有，但不一定是恢复，也不一定再现历史园林的繁华，有时候"繁华事散逐香尘，流水无情草自春"的情景也不失是一种美景，是对遗址的最大尊重。所以，遗址的属性和历史格局不同，保护与展示的内容与区域划分就不同，与其相应的绿化功能定位和风格基调也不同。

专篇：
关中大遗址

第五章 关中地区大遗址绿化景观风貌控制

　　关中即指关中平原（渭河平原），位于陕西省中部，包括西安、咸阳、宝鸡、铜川、渭南等主要城市。关中地理气候环境宜人，是周、秦、汉、唐等朝代的建都之地，因此历史遗迹、遗存十分丰富，其中大遗址数量位居全国前列，具有遗址级别高、年代久、跨度大、分布较集中的特点（图5.1）。当前，在大遗址分布较为密集的城市或地区，如西安、洛阳、成都等地，其城市建设空间的发展与大遗址保护之间的矛盾日渐明显。随着城市空间的不断拓展，城市周边大遗址不断被纳入城市版图范围之内，从而产生二者如何在空间上协调发展的问题[35]。例如西安的城市建成区与古迹遗址区的重合度几乎为100%，重要古迹遗址（大遗址及墓葬集中区域）对城市发展空间的叠压度达到37%（郑育林，2010）。这迫使西安城市建设不得不始终在协调与遗址的关系中摸索前行，逐渐形成了遗址保护结合绿地建设的保护规划思路。大遗址保护管理工作应从单一的限制性保护思维，调整为"四个结合"模式，其中就包含了"大遗址保护与当地环境改善相结合"，把大遗址保护与当地环境改善相结合作为大遗址保护的效果和目的[36]。

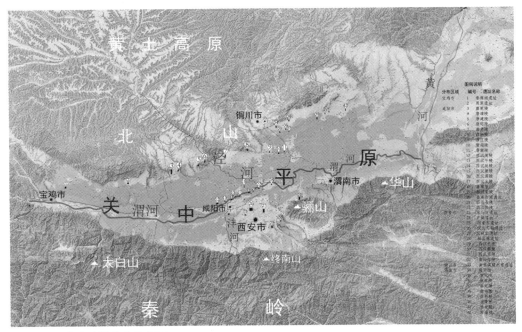

图 5.1　关中大遗址分布示意图

第五章 关中地区大遗址绿化景观风貌控制

对大遗址的展示与利用首先要对大遗址的属性、历史年代及所处背景环境有清晰和充分的认识，才能有的放矢地进行展示和利用，因此大遗址的分类是大遗址展示、利用的基础，更是大遗址环境整治与景观规划设计的重要依据之一。以往在大遗址保护工作实践中，依据大遗址的属性、类型、功能等有不同的分类方法，近十几年来针对大遗址的利用实践，许多学者提出了更加适合遗址展示、利用需要的分类方法（表5.1）[37]，这些都有各自的侧重点和适用范围。本书根据大遗址绿化研究需要，参照2020年印发的《大遗址利用导则（试行）》中对大遗址的分类，即分为聚落遗址、大型城址、宫殿园林、手工业遗址、古代工程遗址、古墓葬六大类。该《导则》分别对

大遗址的分类 表5.1

分类参照	序号	类型	分类参照	序号	类型
按大遗址建造材料属性	1	土遗址	按大遗址的历史文化内涵（陆建松，2005）	1	原始聚落和猿人化石遗址
	2	砖石遗址		2	古代都城遗址
	3	木构遗址		3	古墓和墓葬群
	4	陶瓷遗址		4	手工业遗址
	5	其他		5	军事设施遗址
按大遗址所处历史年代	1	旧石器时期遗址		6	交通和水利设施遗址
	2	新石器时期遗址		7	宗教遗址
	3	古代遗址		8	其他建筑和设施遗址
	4	其他	按大遗址保护规划中涉及的背景环境内容（陈同滨，2006）	1	旧石器时代古人类遗址
按大遗址原来的使用功能	1	宫殿遗址		2	新石器时期大型古人类聚集遗址
	2	园林遗址		3	大型古代城市遗址
	3	都城遗址		4	大型古代建筑群和园林遗址
	4	手工业遗址		5	大型石窟寺和石刻遗址
	5	墓葬遗址		6	大型古代工程遗址
	6	其他		7	大型古代手工业遗址
按大遗址空间分布形态	1	点状遗址		8	古代帝王陵寝与各类大型墓葬群
	2	线状遗址	按大遗址功能属性（唐剑波，2012）	1	古人类文化遗址
	3	面状遗址		2	古聚落遗址
	4	其他		3	古城池
按大遗址与城市的位置关系	1	城市中心区遗址		4	古建筑及园林遗址
	2	城市近郊型遗址		5	古代工程遗址
	3	其他建成区遗址		6	古墓葬
	4	荒野型遗址		7	古代手工业遗址
	5	其他		8	其他

不同类型的大遗址的利用方式及展示提出了针对性的参考要点，如：从大遗址价值特征考虑，展示与利用应能反映大遗址的文化内涵和典型特征，包括地点与环境，诸如城址、陵园、墓群等大遗址的选址特点、环境特征及其蕴含的文化意义。大遗址利用与展示还应重点体现大遗址类型的独特性，诸如聚落遗址要能体现聚落格局、分布特征、定居点的自然环境和生态系统以及先民的生活方式等。大型城址类遗址要能体现其地形地貌和选址特点、城址规模、整体格局、功能要素以及所反映的礼制思想、营城智慧、历史沿革等；宫殿园林类遗址应体现选址特点、格局、形制、礼制思想及自然山水观等；古墓葬类要能体现墓葬选址与自然环境之间的关联、古代丧葬制度、文化传统、宗教思想、风水观念等。

关中地区的大遗址涵盖了大遗址的多种类型。诸如史前大型聚落遗址杨官寨遗址（新石器时期）、周原遗址（周灭商之前），大型古代都城遗址丰镐遗址（西周时期）、秦雍城遗址（春秋至战国中期）、东马坊遗址（战国中期）、秦咸阳城遗址（战国后期至秦）、汉长安城遗址（西汉），古代宫殿建筑遗址阿房宫遗址（秦）、大明宫遗址（唐），手工业类遗址黄堡镇耀州窑遗址以及古墓葬遗址如汉、唐古代帝王陵寝。总体说来，关中地区的大遗址类型以汉、唐陵寝遗址和大型城址类遗址为典型代表，分布在关中渭水流域两侧。由于关中气候温润，因此这一带大遗址的天然植被覆盖率较高，加之近十几年来遗址景区环境整治、考古遗址公园及遗址区域文化旅游的建设和发展，人工的景观绿化成为大遗址保护和环境营建的主要手段[35]。本章节，就从关中地区大遗址较具代表性的这两类大遗址出发，分节讨论不同类型遗址的环境特点及其绿化景观风貌控制。

第一节　帝王陵寝类大遗址绿化景观风貌控制

古墓葬类大遗址包含古代帝王陵寝、古墓葬及墓葬群，关中地区的古墓葬类大遗址主要是秦、汉、唐代的帝王陵寝（表5.2）。本节就以秦、汉、唐帝王为例，探讨墓葬类大遗址绿化的原则和风貌控制。秦汉陵墓的建造形式都是封土为陵，即在地宫上方用黄土堆成三阶逐级收缩的方形夯土台，形似覆斗状。唐代陵墓大多是因山为陵，即墓

关中帝王陵寝类古墓葬

表 5.2

序号	陵寝名称	埋葬帝王	地理位置	建造类型	序号	陵寝名称	埋葬帝王	地理位置	建造类型
1	周陵	战国秦王墓葬	咸阳市渭城区	封土为陵	18	乾陵	唐高宗李治与武则天	咸阳市乾县梁山	因山为陵
2	秦始皇陵	始皇帝嬴政	西安市临潼区	封土为陵	19	定陵	唐中宗李显	富平县凤凰山	因山为陵
3	长陵	汉高祖刘邦	咸阳市渭城区	封土为陵	20	桥陵	唐睿宗李旦	渭南市蒲城县丰山	因山为陵
4	安陵	汉惠帝刘盈	咸阳市渭城区	封土为陵	21	泰陵	唐玄宗李隆基	蒲城县金粟山	因山为陵
5	霸陵	汉文帝刘恒	西安东郊白鹿原	封土为陵	22	建陵	唐肃宗李亨	礼泉县武将山	因山为陵
6	阳陵	汉景帝刘启	咸阳市渭城区	封土为陵	23	元陵	唐代宗李豫	富平县檀山	因山为陵
7	茂陵	汉武帝刘彻	兴平市东北五陵原	封土为陵	24	崇陵	唐德宗李适	泾阳县嵯峨山	因山为陵
8	平陵	汉昭帝刘弗陵	咸阳市秦都区	封土为陵	25	丰陵	唐顺宗李诵	富平县金瓮山	因山为陵
9	杜陵	汉宣帝刘询	西安东北少陵原	封土为陵	26	景陵	唐宪宗李纯	蒲城县金帜山	因山为陵
10	渭陵	汉元帝刘奭	咸阳市渭城区	封土为陵	27	光陵	唐穆宗李恒	蒲城县尧山	因山为陵
11	延陵	汉成帝刘骜	咸阳市渭城区	封土为陵	28	庄陵	唐敬宗李湛	三原县东北	封土为陵
12	义陵	汉哀帝刘欣	咸阳市渭城区	封土为陵	29	章陵	唐文宗李昂	富平县天乳山	因山为陵
13	康陵	汉平帝刘衎	咸阳市渭城区	封土为陵	30	端陵	唐武宗李炎	三原县徐木原	封土为陵
14	南陵	孝文太后薄氏	西安东郊白鹿原	封土为陵	31	贞陵	唐宣宗李忱	泾阳县白王乡	因山为陵
15	太陵	隋文帝杨坚	杨凌区三畤原	封土为陵	32	简陵	唐懿宗李漼	富平县紫金山	因山为陵
16	献陵	唐高祖李渊	咸阳市三原县	封土为陵	33	靖陵	唐僖宗李儇	乾县铁佛乡南陵村	封土为陵
17	昭陵	唐太宗李世民	礼泉县九嵕山	因山为陵	34	顺陵	武则天之母杨氏	咸阳市渭城区	封土为陵

穴修在山体中，以整座山体作为墓冢，关中地区唐朝帝王有十四个陵墓使用这种建造方式。显然，建造方式的不同，决定了陵园格局和环境的不同。

一、分布特点与陵园特征

西汉帝陵在空间上的分布呈现带状环绕汉长安城排列，形似"勺柄"，其中九座帝陵由东至西带状分布在咸阳五陵原上，形似"柄"，两座分布在长安城东南郊的黄土台塬上，形成了"勺"形。唐代十八座帝陵在空间上呈弧线分布在渭河以北的高原山梁上，西起咸阳西的乾陵东至渭南蒲城县的泰陵，横跨6个县境，东西相距150km；弧线分布的唐十八陵以唐长安城为中心形成一个扇面（图5.2）。

秦汉的帝王陵大多是平地起陵，选择较为平坦宽阔的地形。秦始皇陵园规模宏大，礼制建筑多且功能齐全，以帝陵封土为中心。陵园有内外两重城墙，四角设有角楼。据考古推测，陵园内外两重城墙均成长方形，共开门9座。西汉帝陵几乎都是坐西朝东，

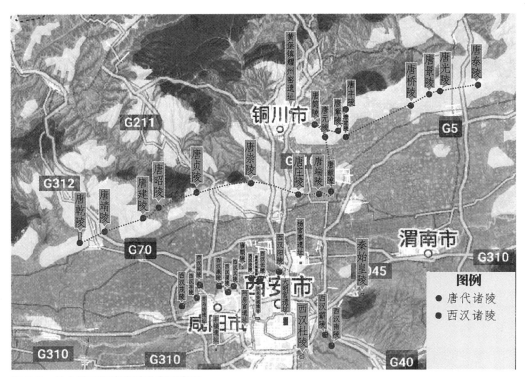

图5.2 关中地区汉唐帝陵分布示意图

帝后陵同茔不同穴，帝陵封土除长陵和安陵为长方覆斗形外，其余均为正方覆斗形；与帝陵四条墓道相连接的地面上设有司马道，陪葬墓区位于司马道南北两侧[38]。西汉诸陵陵园接近正方形，四周建围墙，陵园内有寝殿、便殿等建筑，陵外设有宗庙。秦汉陵园外还设有陵邑以"侍奉陵园"。此外，秦汉时期，有文献表明，在陵墓封土及四周栽植树木，且为陵区树木的管理养护设置有专职人员——溉树（《长安志》引《关中记》："守陵、溉树、扫除，凡五千人"）。

唐代大多是依山建陵，受山形地势影响，陵园多为长方形，坐北朝南。唐代陵园基本是仿照长安城建制，以太宗昭陵为例，其四周筑围墙，四面各开一门，门内设献殿和祭坛，园内遍植松柏，故称作"柏城"。除了城墙、礼制建筑、树木以外，陵墓前还安置有石刻，陵园四门各置石狮一对（亦有石虎），北门外置仗马三对，石刻主要分布在南门外神道两侧。唐陵石刻形象有石虎、石狮、番像、石碑、石人、仗马、鸵鸟、翼马、犀牛和石望柱。

二、环境现状概述

关中一带的西汉帝陵地下遗存与遗迹相对于地表遗存、遗迹来说，保存得还相对较好[39]。帝陵封土基本保存完好，但陵园的礼制建筑、司马道、阙门、城墙、园林等早已消亡、残破或被占压。唐陵除却封土为陵的献陵、庄陵、端陵和靖陵外（此外，还有武则天之母的顺陵，也属于封土为陵，但本质上不属于帝陵，故不列在唐十八陵之内），其余14座均因山为陵，利用自然山势和地貌，开凿墓室、设立栈道，周围筑垣形成陵园，院内遍植松柏等树木，陵园规模宏大，环境庄严肃穆。因大多唐帝陵处于乡村地区，与当地生产生活及土地利用关系密切，遗址因此遭受扰动，遗址本体遭受不同程度的占压和蚕食，加之唐陵保护区划范围小，14座唐陵所处的陵山整体环境都存在因过去几十年里开山采石等活动导致的不同程度的山体损毁、植被破坏，影响了唐陵的遗址遗迹保存和景观风貌。

目前，关中一带帝陵的保护和利用模式主要有四种类型。第一种类型是国家考古遗址公园模式。目前，秦始皇陵和汉阳陵已建成且入选首批国家考古遗址公园，乾陵、杜陵于2017年获批第三批国家考古遗址公园立项名单。此类大遗址保护规划与景观建设大多已经成熟，获得国家认可，融考古、科研、文化旅游、休闲、科普、生态保育为一体。第二种类型是景区模式抑或是园林式保护，如茂陵、桥陵、昭陵等。此类型遗址保护区的环境整治和景观营建基本完成，景区管理和游客参观井然有序。第三类是仅设置帝陵遗址保护区，位于城市远郊及广大农村地区的帝陵，诸如泰陵、靖陵、贞陵、崇陵、庄陵、端陵、献陵、霸陵等，此类型遗址受地理因素和所在地经济发展水平制约，环境大多为原野风貌，除却帝陵封土或陵山本身及石刻等原始风貌的展示外，几乎无其他展示或景观营造，管理粗放。还有一些诸如长陵、平陵、延陵、康陵、义陵、渭陵等位于城市近郊的帝陵，其环境风貌以农田、苗圃、林地为主，保护范围内有人工干预痕迹。

三、现有的绿化形式与植物种类

通过对关中一带墓葬类遗址的现状绿化调研，发现其绿化形式主要有以下三种：其一，园林式，见于国家考古遗址公园及景区模式的帝陵。主要表现为行道树、绿篱、花灌木及人工地被，通常分布在帝陵景区入口空间、陵园外围及道路两侧；主要植物种类以松柏类植物为基调，槐树、柳树、银杏、枫树、黄杨等常见树种为骨干树种。其二，苗圃式，见于国家考古遗址公园、景区模式及大遗址保护区类的帝陵。主要表现为阵列式布局的林地，分布于这些帝陵保护区范围内的遗址区或待探明区域，以关中常见的乡土树种或城市惯用的绿化树种为主，诸如油松、栾树、槐树、女贞、红叶李、杨树、银杏、桃、梅、李等。其三，自然地被式，见于粗放式管理的文物保护单位或遗址保护区以及考古遗址公园帝陵封土之上，主要以自然生长的低矮灌丛和草本为主，也有人工干预过的自然式（无修剪）的草本地被及农田、菜地等，植物种类主要有酸枣丛、构丛、刺槐丛以及禾本科、菊科、藜科等野生植物。

四、与绿化整治、景观营造相关的理论与政策依据

首先应严格贯彻整体保护理念。对帝陵遗址进行整体性保护，不仅要保护其遗址本体本身，还要保护遗址所处的周边环境。整体性保护理念强调将文物本体与其周边环境看成一个整体，并以此作为保护区划范围界定的重要依据。文物和其所处的环境是密不可分的，这其中的环境既包括周边的自然环境、人工环境，也包括历史人文环境[40]。这一点，在《威尼斯宪章》《华盛顿宪章》以及《西安宣言》中都达成了共识。

其次，大遗址的保护还应遵循动态保护规划理论。这是相对于以往传统的静态保护而言，保护遗址不能只考虑文物的保存，而忽略文物所处区域的经济发展和人民生活

所需，不能只着眼于大遗址的文物价值，而忽略大遗址的社会价值。动态保护规划强调遗址保护中主动对环境的适应能力，着眼于大遗址的利用、再生与活化，将大遗址融入城市生活，与社会、经济、生态和文化与时俱进，具体可以表现为保护区划范围的适应性调整、遗址利用模式的安全更新、遗址环境与周边环境的协调与有机更新等。

此外，景观生态学的相关理论也是指导遗址保护的重要理论基础，诸如可持续发展理论强调，不仅要考虑大遗址当前的安全和利用程度，还要兼顾土地资源、生态资源、考古发掘等综合利用需要，为今后的遗址保护和利用留有空间。景观生态安全格局强调，遗址区周边景观格局对大遗址的景观格局可能会产生威胁，从而引入了景观设计生态安全核心区和缓冲区的概念，对于保存遗址景观生态安全具有重要意义。汉唐帝陵的空间分布和选址特点，是关中地区未来有可能形成的两条重要的景观廊道，它们既是文化景观廊道也是生态景观廊道，具有重要且独特的保护与利用价值。

五、未来绿化选种注意事项

关中地区的每一处墓葬类大遗址都是蕴藏着中华文明和历史证据的地下宝藏，反映了我国历史上几个重要时期的墓葬文化和人类智慧，尤其是一座座的帝陵遗址，更是中华文明和历史辉煌在这块土地上的有力见证。帝陵遗址的选址、规模和布局，从古至今影响着这一带的区域经济、生产生活及城市格局的发展。在倡导文化遗产整体保护和动态保护的今天，和过去立碑画圈式的保护不同，如何在较好保护大遗址的同时，让其得到适当的展示和合理的利用，能够为当地的经济发展和环境改善带来积极作用，这些都是大遗址保护要考虑的问题。遗址区的环境整治与景观营造在大遗址的保护、展示与利用中发挥着不同程度的作用，而本课题讨论的遗址绿化，又在环境整治和景观营造中承担着重要角色。以帝陵遗址为例，以往的环境整治和景观营造思路多是提倡种树，让陵区尽可能呈现出苍松劲柏的风貌，尤其是阵列式的林地又给帝陵带来了庄严肃穆的氛围，无时无刻不在提醒造访者进入了陵区，一切都是那么严肃、神秘，甚至有些恐惧、压抑之感。无疑，这样的帝陵环境不能与时俱进适应其当代的需求。面向未来的墓葬类大遗址的环境与景观，应该既能保护遗址遗存、遗迹在物理和文化上的双重生态，又能在展示和表达遗址的格局、形态、历史文化方面发挥作用，还能够在大遗址作为遗址公园或公共绿地方面为城市营造一处良好的局部小气候，增加绿地面积，为民众提供一块日常休闲、旅游参观、科普教育的好去处。为实现上述目标，本书认为，未来关中地区以帝陵为代表的墓葬类大遗址绿化选种应注意以下几点事项：

（一）松柏应适度、适量。坟墓植松柏可能始于商周时期，仅限于王室及诸侯，春秋战国时期也只是王公贵族的特权，汉代及以后，我国民间逐渐也形成了墓地植松柏的习俗（表5.3）。时至今日，在我国个别农村土葬及烈士陵园、民间公共墓园当中，松柏也是标志性的树种。因此，人们形成了某种特定的思维，认为有墓葬的地方，一定要有松柏衬托氛围，我国很多墓葬类遗址保护区均大量种植松柏，关中地区的帝陵也不例外。更有甚者，有些地区将郁郁葱葱的松柏种在遗址本体之上，严重损害了文物的安全和历史风貌，也不符合遗址原真性的保护与展示，实属破坏之举。本书认为，墓葬类大遗址应在尊重古代墓葬植树习俗的基础上，突破既有选种思维模式，与遗址周边环境及社会生活相协调，应不只是种植松柏以衬托陵寝或墓葬。尤其是建设考古遗址公园的墓葬类大遗址宜采用分区选种，不同区域，其绿化具有不同功能，不同功能就选择与之相适应的不同树种。陵区核心遗址保护区的绿化应尊重遗址属性和利用展示，不宜种植乔木及高大灌木，以低矮的草本和地被植物为主；一般保护区可以利用低矮植物进行遗址、遗迹的标识性种植，可以选用松柏类及低矮、耐修剪的常绿植物为主，不建议以观花为主的花灌木；非遗址区建议植物种类丰富多变，可以在松柏的基调上，以色叶植物、乡土乔木为主，乔灌草搭配选择，诸如汉阳陵遗址公园非遗址区营造的一片银杏林就深受民众欢迎。

（二）乔木的慎用与实用。由于墓葬类遗址遗迹、遗存分布较密集，加之乔木根系大多深入土层较深处，因此在墓葬类大遗址的核心保护区，原则上不提倡种植乔木，尤其是在文物本体之上，禁用乔木进行绿化和景观营造。即便是一般保护区，也要慎用

古代陵墓植树制度/习俗简表 表5.3

墓葬主人身份	植树	朝代	参考文献
殷人	松	商	淮南子·齐俗训
周人	柏	周	淮南子·齐俗训
天子	松	东周	白虎通·崩薨；周礼·春官·冢人
诸侯	柏	东周	白虎通·崩薨；周礼·春官·冢人
大夫	栾	东周	白虎通·崩薨
士	槐	东周	白虎通·崩薨
庶人	不树	东周	白虎通·崩薨；礼记·王制
汉人	柏	汉及以后	风俗通义；汉书·龚胜传；西京杂记

乔木，即使是展示或功能需要，也要能少则少，用最少的乔木营造最精妙的效果。在保护区划的建设控制地带，乔木的使用和配置相对宽松，但由于关中墓葬类大遗址所处的区域经济和生态环境条件，建议乔木选种以实用性的树种为主，本土的经济类、果木类树种为佳，不提倡纯粹的观赏树种，这样不仅可以促进遗址环境改善和休闲观赏，还能够吸引鸟类、松鼠等小动物来此栖息和采食，继而能够增加游客的景观参与感和互动性（诸如采摘果实、观赏鸟类、拍摄林中小动物等活动），从而带动周边居民或村民参与遗址旅游的经济活动中来，增加收入。更重要的是，实用性乔木的多种类、大面积种植，会弱化墓葬类遗址的严肃的甚至压抑的氛围，营造出轻松、活泼的遗址公园氛围，使游客在此类遗址的凭吊、探秘、怀古之旅中获得几分乐趣。

（三）以保护遗址地野生植被为优先。根据对关中秦、汉、唐等主要帝陵遗址的实地考察发现，帝陵遗址保护区内大都不同程度地分布着相当面积的野生植物，以地被植物为主，所形成的植物群落比较稳定，植被景观整体风貌自然、野趣，能够彰显帝陵遗址的历史感、沧桑感，这种有别于城市园林地被景观的植物群落，不仅在管理养护上无需投入太多人力、财力，而且还是许多昆虫、小型动物、鸟类的栖息地，衬托和烘托帝陵大遗址的极佳背景环境或大地肌理（图5.3）。保护遗址地野生植被可以有两种途径：一种是通过现状植被的影响评估，确定对大遗址无任何威胁的一类野生植被可以进行原状保留，经过适当维护和管理使其保存良好的景观状态；另一种是确定对现状遗址本体存在一定的安全隐患的野生植被，可以将其移除，但应采取遗址地其他适宜种植的代表性物种进行异地人工种植和景观营造，使遗址地原有野生群落的代表种群在人工群落中得以延续，以再现和传承遗址地原有植被风貌。因此，在帝陵遗址类及其他类型的大遗

（a）汉杜陵遗址陪葬区野生地被群落（仲夏景观）　（b）汉长陵帝陵封土上的野生地被群落（春末夏初景观）

图5.3　帝陵遗址区的野生地被植物群落景观

址中，应遵循的绿化景观营造思路是以保护遗址地野生植被群落为优先，既保护遗址地原本大地肌理和景观风貌，也保护本土物种资源，突显遗址个性和特点。

六、帝王陵寝类大遗址绿化景观风貌控制

（一）整体风貌意象

根据墓葬类大遗址的遗迹、遗存的分布情况、保护方式、展示需求、周边环境特点等，绿化景观设计应赋予不同区域以不同的功能内涵和风貌表达。正如前所述，绿化在大遗址保护与展示中的角色，不仅仅只是美化环境和保护生态，它还是遗址展示和标识的重要手段之一，也是遗址环境审美的内容（对象）之一，更是遗址文化内涵表达与历史信息传递的载体之一。因此，对不同功能区域的绿化景观风貌进行合理的限定或限制，对其文化内涵及审美意境尤其重要。

关中一带以汉唐帝陵为代表的墓葬类遗址的绿化景观营建，暂且忽略生态层面的考虑，仅从遗址旅游和审美角度出发，究竟应该是什么样的整体风貌，才符合人们对帝陵遗址环境审美的意境期待或想象呢？不妨先从历代歌咏帝陵的诗歌中窥其一斑。

唐代很多诗歌以西汉帝陵为歌咏对象，其中不乏对帝陵形象、气魄、风貌的描述，引发多重审美意象，从中可以发现一些与"植物"有关的蛛丝马迹，从而推断出西汉帝陵的整体风貌在唐代或当时诗人眼中的特征。笔者整理唐诗中与西汉帝陵形象有关的诗句，如下：

乐游原上清秋节……西风残照，汉家陵阙。——（唐）李白《忆秦娥·箫声咽》

谁料苏卿老归国，茂陵松柏雨萧萧。——（唐）李商隐《茂陵》

茂陵烟雨埋弓剑，石马无声蔓草寒。——（唐）薛逢《汉武宫辞》

昆仑使者无消息，茂陵烟树生愁色。——（唐）李贺《昆仑使者》

茂陵与骊岳，今日草茫茫。——（唐）寒山《诗三首》

五陵北原上，万古青濛濛。——（唐）岑参《与高适、薛据登慈恩寺浮图》

秋声万户竹，寒色五陵松。——（唐）李颀《望秦川》

争那白头方士到，茂陵红叶已萧疏。——（唐）崔涂《续纪汉武帝》

茂陵不是同归处，空寄香魂著野花。——（唐）孟迟《宫人斜》

不难发现，汉代帝陵除却霸陵因山为陵外，其余帝陵均平地起陵、封土为山，帝

陵陵园景观的整体风貌表现为开阔平坦的地貌之中耸立着巍峨的陵阙等建筑，周边植被以田野、荒草、松柏林为主要特征。李白的"西风残照，汉家陵阙"（《忆秦娥·箫声咽》），虽是描写夕阳余晖下的陵阙，但能够间接体察出西汉帝陵的风貌特征，只有高高的帝陵与门阙耸立在地势平坦一览无余的田野之上，在秋季夕阳的光辉下才能被诗人眺望其全貌，进而引发出诗人对朝代更替、王朝兴衰的感慨。李商隐的"茂陵松柏雨萧萧"，薛逢的"石马无声蔓草寒"，李贺的"茂陵烟树生愁色"，寒山的"茂陵与骊岳，今日草茫茫"等，从细节上直接描写了帝陵的植被特征。唐代以后，也不乏诗人游历关中一带的帝陵，引发怀古之思，写出"汉寝唐陵无麦饭，山溪野径有梨花"[①]、"乐游原近少陵原，芳草萋萋接远天"[②]、"汉阙唐陵尽禾黍，雁门司马恨如何？"[③]的诗句，给后人勾勒出一幅"消寂中流露着生机的野趣、荒凉中又伴随着农忙情景"的帝陵环境风貌。

唐陵多因山为陵，与平地起陵的汉陵景观风貌不同，山陵的葱郁与自然起伏的地形构成了唐陵的基本风貌，陵前笔直宽敞的神道，加之两侧对称布局的石像生和松柏，构成了唐陵巍峨、肃穆、严整、葱郁的环境特征。唐代及后世也不乏歌咏唐陵的诗篇，其中与唐陵环境描述有关的诗句如下：

风云行殿合，松柏翠华停。——（明）赵崡《谒昭陵》

野菊丛丛欲傲秋，兴高策马上陵头。——（明）刘永《谒昭陵》

寻访长缓步，吊古独含情。故道青苔合，荒陵淡霭横。——（明）陈于庭《谒建陵》

甲第衣冠尽，昭陵草树繁。——（清）阎明铎《礼泉旧县》

松柏瞻虚殿，尘沙立暝途。——（唐）杜甫《行次昭陵》

陵寝盘空曲，熊罴守翠微。再窥松柏路，还见五云飞。——（唐）杜甫《重经昭陵》

雨后昭陵景色稀……又向山头建翠微。——（清）陈维《雨后望昭陵》

如何陵上柏，独有神护持。——（元）赵秉文《过乾陵》

[①]（宋）赵元镇.寒食书事.
[②]（明）朱诚泳.登府城望祖母陈太妃茔.
[③]（清）王士禛.潼关.

乾陵松柏遭兵燹，满野牛羊春草齐。——（明）许孙荃《无字碑题诗》

麦熟黄垂地，苔深绿绕碑。——（明）范文光《首夏上乾陵》

横垂树偃蹇，倔立石怒恼。二圣长眠处，萧条余野草。——（清）吴玉《晚过乾陵》

凤子飞来秋色里，双双犹恋野花香。——（清）杨秀芝《乾陵即景》

乾陵坡下草离离，寝墓咸传葬武氏。——（清）胡文炳《乾陵七律》

由此可见，在诗人的笔下，那原本庄严雄伟的山陵与青松翠柏的陵寝园林，竟然还有打动人心的充满生命与生机的小情节——"野菊""青苔""野花香""草离离""麦熟黄"。

本是安葬帝王的长眠之地，因其神秘的堪舆思想、影响深远的丧葬礼制、精湛的建造技艺、精美的石刻艺术以及深藏于地宫的各类珍贵文物，使其成为后世人们拜谒、凭吊、怀古的场所和对象，为后人留下了丰富的精神文化瑰宝。今天的大遗址保护模式的发展与创新，使得关中帝陵遗址不仅仅只是一处文保单位抑或是一处旅游景点，在近十几年来的探索实践中，考古遗址公园模式已经成为关中地区墓葬类大遗址保护与利用的、最具动态保护和整体保护理念的模式，在带动帝陵周边基础设施建设、环境改善、市民休闲、经济发展、区域形象提升等方面发挥着巨大作用。然而，从遗址景观和环境审美视角出发，帝陵遗址终究是一处神圣的墓葬，一处重要的文化遗产，不能完全等同于公园，不能为迎合游客或市民需求一味地将陵园装扮得花红柳绿，更不能打着保护遗址和文物的名义在陵区大搞"退耕还林"。因此，帝陵遗址的景观风貌控制十分必要，尤其是绿化景观的风貌，既要有苍翠松柏以衬托帝陵肃穆庄严之景，又要营造"草离离""野花香"的荒野沧桑之境，还要有"麦熟黄""满野牛羊春草齐"的田园生活之情。

（二）绿化景观风貌控制的内容

（1）绿化植物种类的控制

①关中帝陵类大遗址绿化首选松柏类植物，但要尊重历史依据和气候环境，从本土传统的松柏类植物中选择，诸如油松、白皮松、华山松、圆柏、侧柏、刺柏等，不建议雪松、落叶松等不符合历史传统和遗址风貌的松科植物——同样是松，但所隐含的文化信息和地域特点不同，因此不建议选用。

②建议选用除松柏外，能够反映一定的墓葬文化和风俗的树种，诸如梓树、杨树、柳树、栾树等。

③建议选用姿态或粗犷或高大耸立或自然野态的树种作为视觉焦点或主景树，诸

第五章 关中地区大遗址绿化景观风貌控制

如椿树、榆树、楸树、槐树、杨树、梧桐、枫杨、云杉等。

④建议选用耐干旱、根系浅且发达、固土能力强的灌木和草本植物作为地被植物，诸如酸枣、胡枝子、杠柳、荆条、白茅、野燕麦、雀麦、牛筋草、阿尔泰狗娃、狗尾草、千里光等。

⑤建议选用耐修剪的常绿灌木或小乔木用于遗址标识展示、分隔空间、阻隔视线等，诸如石楠、珊瑚树、侧柏、火棘等。

⑥建议遗址区以绿色叶植物为基调，通过叶色的深浅明暗变化丰富层次。花色或叶色过于浓烈、鲜艳的植物等不建议选择或大面积种植，诸如樱花、桃花、紫玉兰、火炬木、红枫、月季、榆叶梅、牡丹等，这些植物大量或成片种植于遗址保护区，容易破坏帝陵遗址或墓葬类遗址的肃穆、庄严氛围，偶尔在遗址休闲区点缀几株无妨。建议选用花色为白色及蓝紫色的乔木、花灌木及草花营造群体景观，诸如楝树、泡桐、刺槐、丁香、杏花、山桃、李树、郁李、欧李、麦李等。

⑦与关中地区的地域特征或与遗址区域环境不协调的新品种植物、外来植物或造型植物不建议选择，诸如各类造型树、桩景树、棕榈、芭蕉、枇杷、金枝槐、金叶榆、红叶杨等。

（2）绿化植物高度的控制

对于帝陵类遗址绿化的植物高度控制，主要是在遗址保护区；建设控制地带及环境协调区不存在植物高度控制的必要性和依据。对于遗址保护区，尤其帝陵封土及邻近区域，植物的高度影响遗址的完整性展示、游客视线以及间接影响遗址的安全。因此，植物高度控制一般要求不得影响遗址本体的展示和视线，建议单株种植的植物高度不超过两层建筑房屋高度（约6m），植物群落整体高度不超过成人视线高度（约1.5m）。根据对游客停留、拍照行为的观察和现场走访、问询发现，处于帝陵遗址核心区的绿化景观，其最佳观赏效果的植物群落景观的高度是在成人膝盖至臀部之间（约0.4~0.8m）。在此高度范围内的，往往是矮灌或草花群落，它们不仅季相变化丰富，而且呈野态风格，既不影响遗址完整格局的展示，还能够让游人感到亲近，老少皆可驻足远眺。低于此高度的植物景观，往往是草地或草坪等地被，形成固有的中国化思维——"禁止踩踏草坪""芳草萋萋，脚下留情"，容易让游人产生距离感。高于此范围的植物群落，往往由灌丛和高大草本组成，一方面阻挡了部分特殊人群的视线（儿童、坐轮椅的人士等），另一方面存在一定的治安安全或卫生安全隐患，诸如因遗址核心保护区不设立卫生间，部分游客会因内急而选择灌丛遮挡"就地解决"。

在一般保护区内，植物的高度控制可以适当放宽，但高度控制总原则是：从遗址观赏路径或观赏点到遗址本体距离和角度的实际情况出发，对林状、带状、群体或面域种植的植物群落的高度要求为不完全阻挡游人对遗址本体远景观赏时（未进入遗址保护区范围的任一站点向遗址本体方向观望）的视线，也就是能够保证让游人望得见遗址的顶部或一部分，形成"忽隐忽现、半遮半掩"的视觉效果。

（3）绿化区域与遗址本体的距离控制

我国《公园设计规范》GB 51192—2016 中要求"树林的林缘线观赏视距宜为林高的 2 倍以上"，但这仅仅是最低要求，在遗址区绿化时，往往不能简单地以 2 倍以上作为设计标准。遗址区域的绿化要想在不影响遗址本体安全的前提下和遗址用地限制的情况下达到最佳的观赏效果，需要通过计算寻求合适的观赏点。以关中地区帝陵大遗址区现状绿化的种植形式看，林地、苗圃的形式较为普遍，尤其是林地、苗圃类型的绿化，其布局位置与遗址本体的距离控制十分必要。一方面，帝陵类大遗址的地上遗存主要以封土堆、园墙遗迹为主，且规模一般较大，如果林带位置与遗址本体过近，容易阻挡观赏视线，从而影响整体外观的展示；另一方面，有地上遗存的区域往往地下遗存的数量也比较多，为了遗址文物安全需要，有必要将林带类绿化控制在尽可能远离地下遗存的位置。因此，遗址区需要对有林带、苗圃等大量乔木种植的区域进行必要的距离控制，根据遗址遗迹的分布情况和遗址保护规划的不同区域划分情况，通过观赏视距公式[①]计算出科学、合理的距离。通常，人在平视观赏情况下，如果能够达到看到观赏对象的整体形象要求，最佳垂直视域为 30° 时（图 5.4），计算如下：

$$D=(H-h)\operatorname{ctan}(30\times 1/2)°=(H-h)\operatorname{ctan}15°=(2+\sqrt{3})(H-h)\approx 3.7(H-h)\ [①]$$

也就是要观赏遗址地林带的整体形象时，最合适的距离应该是林带的高度与人眼高度差的 3.7 倍。如果计算结果在重点保护

[①] $D=(H-h)\operatorname{ctan}\alpha$，式中：$D$- 合适观赏视距，$H$- 景物的高度，$h$- 人眼的高度，$\alpha$- 垂直视角。

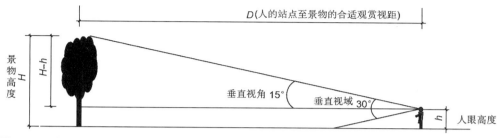

图 5.4　最佳垂直视角下的观赏视距示意图

区以外，可以照此距离安排林带；如果计算结果在重点保护区以内，需要调整至保护区以外的最近距离，以保证既兼顾文物安全，又能尽可能获得最适合的观赏效果。

（4）林带式绿化的种植间距控制

林带式绿化作为大遗址景观营造及环境改善的主要形式之一，往往具有隔离防护功能和游憩赏景功能。组成林带的植物以乔木为主，可以是纯林种植，也可以是两种以上的乔木混杂种植。作为隔离防护的林带，其树种间距较小，往往以树冠直径为最大种植间距（3～5m），林下杂木或植被较丰富，以形成封闭空间，达到中、高度郁闭度，具有很好的隔离防护及生态涵养的作用。作为游憩赏景功能的林带，往往要求有开阔的透景线和足够活动的林下空间，且林下以低矮的地被或草地为主，其乔木的种植间距最小应不少于树冠半径，平均间距最佳控制在树冠直径的2～3倍（6～9m），这样形成的林带一般可以达到弱度或极弱度郁闭度，适合林间游憩及林下地被生长。

通常，杂木林及单种常绿树种的林带适合营造隔离防护性林带，单种或2～3种乔木间植的林带适合营造游憩赏景式林带。关中大遗址区较为普遍的隔离防护类林带常见的树种有油松、刺柏、白皮松、雪松、云杉、青扦、女贞、楝树、刺槐、紫叶李等。关中大遗址区较为普遍的游憩赏景类林带树种有银杏、槐、槭、栾、榆、桐及果木类。

（5）游人活动内容的控制

新时代、新理念下墓葬类大遗址或考古遗址公园提倡对公众开放，让公众了解和认识文化遗产的同时，享受文化遗产保护与遗址环境整治所带来的成果，体验遗址观赏、旅游、休闲等活动。然而，遗址保护区毕竟不同于一般的城市绿地或公共活动空间，不同于"以人为本"的城市公共空间设计的理念，在遗址保护区，一切要"以大遗址为本"，在保护好、展示好大遗址的基础上，做到合理、适度的利用，因此大遗址或遗址公园的景观设计不能以满足游人的需求或城市发展的需求为根本，而是要基于保护与展示、考古与科研之上，通过景观设计引导游人参与遗址文化旅游或环境审美体验中来，通过遗址价值之"美"让游人读懂历史、了解文化，通过遗址景观之"美"让游人怀古感今，通过遗址功能之"美"让游人自发从之、玩趣其中。故而，墓葬类大遗址不同功能分区的绿化一定要有合理、准确的定位，避免有损于遗址环境氛围或遗址形象的活动发生，亦要与城市公园的绿化功能区分开来，利用优势，突出特色。例如，一般的城市公园或城市绿地中的草坪，往往用以观赏和造景，禁止或不提倡踩踏草坪及一切草坪上的活动，在遗址区就可以营造一些耐踩踏且景观效果好的草地，引导游人进入进行适当的活动，满足人们亲近大自然的愿望，使得遗址区的大草地比城市公园的大草坪更加受欢迎。与此同时，大遗址可以进入活动的开放式草地也要对游人的活动有所限制，不能有危险或激烈的活动（野炊、烧烤、踢足球等），使得草地被践踏或与遗址环境氛围不相称。本书提倡利用草地栈道组织游线或利用疏林草地的营造方式，达到既能进入活动，又限制游人活动内容和过分行为。本书建议遗址区适当营造缀花草地、自然式不修剪的草坪、野花混播地被等，引导游人进行踏青、适当采摘野花、斗花斗草、摄影摄像、坐卧休息、捉虫捕蝶、放风筝等活动。

第二节　城址类大遗址绿化景观风貌控制

我国列入全国重点文物保护单位的城池类古遗址约有345处，其中陕西省的城池类遗址有16处，在数量上仅占全国城池类古遗址的4.6%，但就其遗址的规模、等级、价值而言，却在全国独占鳌头。关中地区城址类大遗址分布有11处，这11处遗址同时又被列入大遗址保护专项规划名单的有5处（表5.4）。

城址类大遗址具有规模宏大、价值突出、影响深远的特点，包含丰富的文化信息，涉及军事、政治、宗教、建筑、水利、科技、农业等多方面。大型城址类的考古发掘所揭示的丰富文物遗存，包括城墙、城门、壕沟、宫殿、宗庙、作坊、池苑、墓葬、宅邸等，堪称是三维的历史书，为我们了解、探索和研究古代社会礼制、经济、城市规划、工程技术、生态环境等提供了实物资料。然而，在经济发展和城市化进程的紧逼下，位于城市中心的大遗址与城市建设的矛盾也越发突出，过去或现在处于城市郊区或城乡结

陕西省重点文物保护单位——城址类古遗址名录　　　　表 5.4

序号	遗址名称	始建历史时期	地理位置	列入全国重点文物保护单位批次	是否列入大遗址专项保护规划名单	是否在关中地区
1	丰镐遗址	西周	西安西郊沣河两岸	第一批	是	是
2	汉长安城遗址	西汉	西安城区西北汉城乡	第一批	是	是
3	周原遗址	西周之前	宝鸡岐山、扶风两县	第二批	是	是
4	秦雍城遗址	东周	宝鸡凤翔县南	第三批	是	是
5	秦咸阳城遗址	秦	咸阳市东 15 公里处	第三批	是	是
6	隋大兴唐长安城遗址（含青龙寺遗址）	隋	西安市	第四批	否	是
7	统万城遗址	东晋	榆林市靖边县城北白城子村	第四批	是	否
8	栎阳城遗址	秦	西安市阎良区武屯镇关庄村	第五批	否	是
9	李家崖城遗址	商代晚期	榆林市清涧县李家崖村的无定河与黄河交汇处	第六批	否	否
10	麟州故城	唐	榆林市神木县城北	第六批	否	否
11	银州城遗址	南北朝	榆林市横山县党岔镇	第七批	否	否
12	潼关故城	东汉	渭南市潼关县北	第七批	否	是
13	铁边城遗址	北宋	延安市吴起县西北	第七批	否	否
14	柳巷城遗址	东汉	宝鸡市眉县	第八批	否	是
15	东马坊遗址	东周	西安市长安区东马坊村	第八批	否	是
16	刘家洼遗址	东周	渭南市澄城县	第八批	否	是

合地带的遗址，也正在或将要面临城市基础设施建设的扰动甚至破坏，因此如何让"古代的城市"与今天的城市在同一时空维度下协调共存，成为文物保护、城市规划、社会学、生态学等多个领域关注和研究的重点。

一、分布特点与遗址组成

关中地区城址类遗址的主要代表有周原遗址、秦雍城遗址、丰镐遗址、秦咸阳城遗址、汉长安城遗址、栎阳城遗址、东马坊遗址等，主要分布在宝鸡、咸阳及西安三座城市范围内，总体分布特征表现为沿渭河流域南北分布，其中宝鸡一带主要分布于

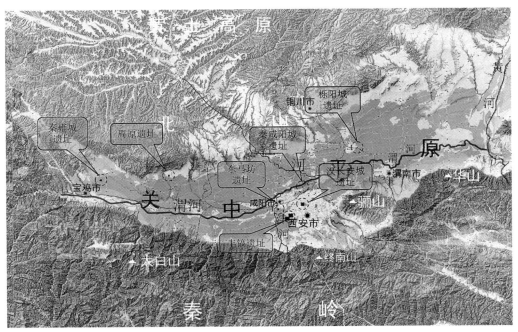

图 5.5 关中地区城址类遗址分布示意图

渭河以北,咸阳至西安一段(除栎阳城遗址外)主要分布于渭河以南。其中秦雍城遗址、周原遗址、秦咸阳宫遗址、丰镐遗址、栎阳城遗址位于远离城市中心的远郊,被村庄镇或乡镇包围,汉长安城遗址、东马坊之处于城市核心区,与城市关系较为密切(图5.5)。

根据遗址考古发掘来看,概括来说,关中地区这 7 处代表性城址的共同组成特征为:①地下遗存丰富,地上遗存少,多以高台建筑基址为主,观赏性和可解读性较差。②辐射范围广,大多具有城池核心区以外的附属区域,诸如墓葬区、游乐苑囿区等。诸如周原遗址、丰镐遗址、汉长安城遗址。③建筑类型均包含宫殿、社祭宗庙等建筑遗址。④城郭平面多成方形,建筑方位及布局与《周礼·考工记》记载有吻合之处,诸如秦雍城遗址、汉长安城遗址、栎阳城遗址等。

二、环境现状概述

大多城址遗址所处环境复杂,占压严重,周边环境以村镇、农业用地、城乡道路为主,周边居民生活水平较低,城市基础设施不完善,整体景观风貌与城址类大遗址应有的环境氛围不协调，对遗址历史格局、功能及文化价值的展示不突出。

目前，汉长安城遗址近十年来已经完成了占压遗址的村镇搬迁和环境整治工作，完成了未央宫国家考古遗址公园的建设工作。丰镐遗址的大部分用地被村镇和农田覆盖，绝大多数当地农户以从事传统种植业和养殖业为经济来源，居民住宅多自发建成，建筑质量、风貌差异较大。周原遗址保护区范围内基本以农田、林带为主，周边环绕村庄；近年来，周原遗址以建成"周文化研究的开放型中心和旅游目的地"为目标，逐步实施周原遗址环境整治、基础设施改造、遗址博物馆建设工程，目前已建成周原博物院，周原考古遗址公园也被列入第三批国家考古遗址公园立项名单。秦雍城遗址保护范围内村落分布密集，除城址区的北部一部分被城市道路及一些企业占压外，其他基本上以村落、农田、林地为主；村落的房屋以两层以上的砖混结构建筑为主，对大遗址的景观风貌及地下潜在的遗存造成不同程度的负面影响。东马坊遗址位于沣西新城核心区域，目前正在进行环境整治与遗址公园规划设计工作，遗址核心保护范围内除西南部一处高台建筑基址遗存外，其余遗址遗迹均在地表无存，地表覆盖大量的野生地被及少量灌丛，地铁5号线高架桥由西北向东南穿越遗址核心区，核心区外围东南部仍被村落建筑占压，预期将建成考古遗址公园，以期协调好城市发展、市民生活与大遗址保护与利用的关系。

秦汉栎阳城遗址目前除正在考古挖掘的区域（Ⅲ号城址区）处于封闭式管理外，其余基本上被村落及农田占压，农田以基本农田和蔬菜大棚为主，也是当地农民的主要经济来源，村落住宅旁及村道两侧种植有乡土树木。考古挖掘区围墙范围除北侧围墙外（即大门方向）种植少量小规格的园林绿化苗木外，几乎无人工种植景观，在围墙范围内待发掘区域内分布着自然野草本植物群落。2017年阎良区将规划建设栎阳城考古遗址公园，实现文物保护利用工作的可持续发展。

秦咸阳城遗址目前属于秦汉新城范围内，原先遗址所处的郊区村落环境也日渐被城市化所蚕食，个别工程项目严重影响了遗址保护区的安全，诸如秦汉大道一期工程修建在遗址保护范围内，一些处于遗址建设控制地带范围内的房地产开发项目未履行文物报批手续，甚至秦汉新城的新咸阳博物院、秦汉新城管理委员会等单位的选址和建设也未进行文物普探和报批；在秦咸阳城遗址宫殿区目前环境保存尚好，咸阳城遗址博物馆修建在二号宫殿（咸阳宫）遗址上，博物馆及其周边环境以绿化为主，其余核心区遗址大多处于农田和稀疏的林地之中。不得不说，秦汉新城由于大遗址遗存丰富、面积大，可用于开发建设的土地相对少，甚至有媒体报道说"整个秦汉新城几乎是覆盖在了秦都遗址之上"①，建设和开发的难度很大，因此用城市新区常规的开发建设思路和方式是行不通的，正如新区名字里"秦汉"二字所透露的文化内涵价值，新区应该找准定位，充分发挥遗址、文物、文化的优势，寻找一条适合的发展道路。

① 成都商报，2016-12-28（11）．

三、现有的绿化形式与植物种类

由于关中这几处城址类大遗址所处的地理位置和城市化进程影响的不同，其绿化形式也各有不同。总体说来，处于城市核心区或开发建设区域内的大遗址，其绿化形式主要以园林绿化和野生植被为主；处于郊区且正在考古发掘阶段的遗址往往以野生植被和农田为主，谈不上绿化形式；处于郊区且建成遗址博物馆或遗址公园的，绿化形式以园林绿化为主。根据对关中7处城址类大遗址现状植被的调研发现，遗址保护区包含周边村落或建设控制地带，其惯用的园林绿化种类有柏、杨、槐、柳、雪松、女贞、核桃、椿树等，村落的宅旁绿化常见有柿、石榴、香椿、泡桐、苦楝、月季、花椒、棕榈、桂花、广玉兰等，野生地被主要包含酸枣、构树、刺槐、牛筋草、狗尾草、雀麦、蒲公英、狗牙根、野豌豆及各类茅草、野菊等，农田、菜地、果园或苗圃常见的种类有小麦、玉米、辣椒、茄子、南瓜、杏、梅、桃、栾、银杏、槭、紫叶李等。

四、与绿化整治、景观营造相关的经验与理论

建设考古遗址公园。城址类大遗址及其环境的整体保护是国际文化遗产保护领域的一项重要课题，涉及文化遗址保护、居民生产生活安置、城乡建设等各个方面，需要协调解决社会、经济、文化、生态等诸多问题。实践证明，考古遗址公园模式是我国目前对城址类大遗址保护、展示与利用的有效途径之一。由于城址类大遗址具有规模宏大、遗存丰富的特点，同时也存在遗址本体

脆弱、可观赏性差等问题，因此，必须对遗址及其背景环境实施整体保护。遗址环境整体氛围的设计十分重要，其中背景环境是对遗址风貌阐释的最佳手段[33]。"一个保护得很好的自然环境，可以使古迹的传统景色魅力经久不衰。"[32]

提倡"生态博物馆"理论。萌发于20世纪70年代初的生态博物馆思想给传统的博物馆学带来了很大的影响，"生态博物馆"理论强调将一个完整地域以博物馆的观念来思考，将自然生态与历史古迹统合在现代人的生活整体环境中，整体展现为自然环境、历史古迹保存与现代人生活整体环境的增进。近年来国内也有一些学者将生态博物馆理念引入大遗址保护与利用中，例如王晓敏博士就将生态博物馆理论引入大遗址保护的观点中，拓宽了当前的大遗址保护思路，认为汉长安城遗址空间环境不仅包括遗址本体，还包括农业景观、动植物、聚落文化、风俗传统等要素，生态博物馆的基本观点是历史文化遗产遗迹应原生地保护和保存其所属的环境。通过对人、物质文化遗产、非物质文化遗产的整体性保护，对生态环境、历史环境及社会环境进行整合，使自然、人文、大遗址在现代城市环境中和谐共处。[41]生态博物馆在中国的实践最典型的是近几年来生态博物馆理念和方法普遍运用于传统村落、历史街区、工业遗产、专题遗产的保护与利用中。

五、城址类大遗址绿化景观风貌控制

一处古老厚重的城址类遗址的绿化景观应该反映出遗址所处城市的历史风貌和文化底蕴，围绕遗迹、遗存的空间格局、边界及其所处的环境而展开。从物质功能层面讲，绿化应从宏观尺度的绿廊建设和生态涵养，到中观尺度的环境塑造与背景衬托，再到小尺度的标识展示、赏景游憩等方面发挥主要作用；从精神功能层面讲，无论是从基础的放松心情、愉悦精神、科普学习还是较高层次的凭吊怀古、环境审美、生态审美，只有通过合理的选种、适合的形式、精心的搭配才能使绿化发挥其在城址类遗址保护与展示中的作用。每一处城址遗址都有其代表本地文化和历史记忆的特点，它既是独立于城市建设和发展之外的"世外桃源"，又是融入城市文脉和品牌形象的"会客厅"。

关中地区的城址类大遗址目前大多处于城市化边缘，周边环境大多以农田与村落为主，道路等基础设施和民宅对遗址的占压较为严重，要想保护和改善关中地区的城址类大遗址的整体风貌和区域形象，绿化手段和绿化景观是不可或缺的重要内容。本书从绿化景观及其选种方面对城址类大遗址未来环境整治或是遗址公园建设，提出若干拙见，以供未来建设者、设计师和使用者参考和体会。

（一）大尺度：开辟透景线，营造开敞空间，观山水形胜，望农田村舍

中国古代城市根植于山水之间，人们经过对城市的长期经营和完善，形成了独具特色的城市景观。例如西汉时的关中盆地气候温润，植被丰茂，汉长安城附近及其京畿一带分布有大量的竹林，为此还在周至设置了负责京畿南部和西南部竹林的养护和管理的机构（即竹圃）。汉长安城内的主干大街上沿道路的排水沟种植槐、杨、柳、松、柏等行道树，形成城市的线性绿化。汉长安城城南的上林苑有各类奇花异草和珍禽猛兽，昆明池周围四十里，烟波浩渺，绿树环绕。这种城市线型绿化系统和大型园林区域的规划和建设相结合的景观特征，体现了汉长安城良好的生态环境和优越的人居环境。[41]

关中地区的城址类遗址多临渭河、沣河而建，北依台塬，南望秦岭，自然山水地貌极佳。而在实地的探寻体验中，大多城址类遗址被村落建筑、林带、构筑物等所遮掩，很难让寻访者发现，尤其是作为串联遗址和乡村旅游的各级公路两侧，常规式、套路化的多层林带式种植，将游客的视线限定在一个纵深空间中，公路两侧远景处的山脉、麦田、中景处的村落、稀树、劳作情景等很难在快速行进的车辆上看得到，若不是有目的地寻找，若不是公路旁指示标识牌的提醒，很难有游客知道这里有处都城遗址、这里有文化遗迹……纵然林带式公路绿化在噪声隔离、安全防护、环境改善以及遮挡两侧不良景观等方面具有积极意义，但对于连接或邻近大遗址的公路，这种形式的公路绿化无疑对大遗址的可识别度和乡野风貌的展示十分不利。因此本书建议，关中地区需要整治和提升连接或邻近遗址的公路两侧的绿带，开辟透景线，地势平坦的地方要疏伐或移除部分过密的林带，选择低矮地被或草花进行公路两侧边沟的绿化，让公路两侧形成通透的视廊，让山水形胜、农田村舍由远及近地映入游客眼底，增强遗址及乡村旅游的体验感。地势较高处应设置观景平台，让城址所处的地形地势与自然景观纳入游览行进视野，让最美的大地风貌尽收眼底。

（二）中尺度：优化乡村景观，有组织地科学规划农业种植

根据对关中地区遗址地周边村落建筑、村容村貌及耕地现状的调研，笔者发现存在以下问题：首先是村落建筑及村容村貌上大多脏乱差或没有形成关中特色，诸如村民自建的砖混结构的两层或多层房屋，外墙颜色要么过于鲜艳，要么杂乱无章；住宅大门上或栏杆上的装饰也五花八门，有着各种元素和图案。这与关中厚重的历史底蕴极不协调，且不利于遗址及其周边环境的整体性保护和发展遗址地旅游。村容村貌方面，入村的牌坊或标识在造型设计和体量等方面也缺少对乡土文化的考量和传统文化的挖掘；村

庄的四旁绿化也缺乏可赏性，树种选择上大多是城市绿化常见的几种（诸如女贞、柏树、杨树、悬铃木等），缺少对本土特色树种的挖掘以及绿化形式、风格的规划。这些被调研村落的耕地作物类型基本由农户自家决定，村落中的耕地在视觉观赏效果上和游客体验上均不具备条件，除了种植的作物种类观赏性不够强之外，同类作物的种植也没有形成一定的规模，整体观赏效果不佳。因此，本书建议遗址及其周边范围内的村庄及农业用地，在村民住宅建筑及村容村貌方面应有规划和控制，在村庄四旁绿化方面应增加绿化面积和树种的规划，推行一村一树的"村树"评选，做到突显关中乡土特色和田园景致。在保证基本农田的前提下，建议由政府牵头、规划设计单位介入，带动村民有组织、有计划地统筹优化农用地的种植种类和规模，发展观光农业，体现大遗址所处外环境的整体美。营造一个良好的乡村景观，既是打造大遗址的背景环境或门户景观，也是带动遗址地发展乡村旅游、文化旅游、村民增收的重要途径。

（三）小尺度：遗址地绿化要因地适宜，分区赋能，重在意境

关中地区城址类大遗址多为土遗址，地上遗存少且观赏性差，可供展示的遗存、遗迹很难向游访者阐释明白，且遗址地不允许也不提倡新建硬质景观（建筑物、构筑物、雕塑等）来增添遗址的看点和游赏性，因此用绿化的手段营造遗址环境氛围和增加景致是公认的有效手段。不过，需要特别强调的是，遗址地的绿化远不是植树、种花、见绿就可以的，它需要根据城址遗址的不同功能单元和保存情况以及对历史绿化的考证，应有对历史环境的展示与模拟，从遗址所处的年代特点提取绿化种类及风格特征，综合确定其绿化的形式、种类和风格。此外，还要根据遗址地现有植被的情况，推优避劣，尽可能保留原有植被，移除破坏遗址安全的树木。

古代城址通常包括城门城墙、道路、宫室建筑、社祭建筑、作坊区、墓葬区等，对于大型的都城遗址如丰镐遗址，还包括游乐区、农作区、射猎区、牧放区；如汉长安城遗址辐射范围更广，包括上林苑、昆明池及北部宫苑。不同的功能区和遗址形态，应有不同的绿化形式、风格和适合的树种，诸如城门城墙遗址，绿化应有对城址边界的强调，可以在其外围（非遗址本体上）沿城门城墙的轮廓通过密集型绿篱或林带的绿化方式，标识城门和城墙的位置和轮廓。城中主要街道可以依据文献记载，有条件地种植行道树以标识和阐释古代城市的街道景观。栽种行道树始于西周，秦汉时期得到发展，后代均有继承，西周至秦汉时期在官道、驿道旁种植行道树已成为一种惯例或形制。宫殿建筑类遗址及其周边通常不进行绿化或利用植物进行标识展示，若有夯土台基，则仅需

要在遗址本体保护性或加固措施以外，在主要观赏视角方位留出一定的空地进行自然地被式绿化，一方面为了营造开敞空间以突出夯土基址和保持最佳观赏视距，另一方面也是为了营造宫殿遗址繁华已去、野草春深的荒凉、悲壮、令人感怀的氛围。社祭建筑遗址旁或其围合的空间内，可以选用社祭树木（即社木，或社树，古代不同时期、不同国家的社木种类不同，"夏后氏以松，殷人以柏，周人以栗""大社唯松，东社唯柏，南社唯梓，西社唯栗，北社唯槐"，总之适合本土生长的高大、茂盛的乔木是古时各国各地社木之首选），用来阐释该遗址空间的功能属性。总之，城址类遗址绿化形式要与遗址功能和形态相适应，绿化选种应有史可依，充分挖掘遗址历史文化信息，避免用城市化或园林化的绿化思路盲目选种，避免大规模绿化，为美化环境而肆意种树、种大树，明确绿化在城址类遗址空间的背景、点景、烘托、展示手段的次要角色和作用，即做到"因地制宜、分区赋能、重在意境"。

（四）微尺度：绿化选种应推优避劣、物尽其用、微整治优先

城址类遗址的绿化应分阶段、分区域地科学规划和设计，应有保持大遗址及其环境原真性和完整性的意识，应有对历史景观及遗址属性的阐释和解读，应体现对原有生态环境及其植被的尊重和保留。不该增加的地方绝不能为了绿化而增加，应该移除的植被也不能为了绿化而保留，新增的绿化也不能盲目地选种和程式化搭配种植。

遗址地的原有植被，尤其是野生植被的景观效果与城市绿化截然不同，在遗址地生态保护、物种多样性保护及低成本景观营造方面有明显优势，比城市园林式绿化更加适合遗址环境的烘托，因此，对于原有植被，应在不破坏、不影响遗址本体保存的前提下，尽可能地保留和微整治（诸如增加步道、局部疏理、清理出边界等）。另外，遗址所处的乡村、郊野环境中的现状植被类型也是未来绿化景观要整治和利用的对象，诸如田垄间的大树、村道旁的林带、果园等，对其树种、体量、规模等进行评估后，推优避劣，将景观效果差、与遗址历史环境有冲突、与遗址风貌不协调的绿化或树种移除或更换，将树龄长、不影响遗址风貌或与遗址历史环境有关联的树种保留和利用，使其成为某一空间环境的标识性景观，或成为遗址绿化的基调树种抑或延续当地文脉。

城址类遗址绿化新增部分主要集中在遗址的回填展示、建筑基址的标识展示、夯土基址的防护性种植、局部节点的遮阴和点景种植、非遗址区域裸露土壤的复绿及遗址外围空间的隔离防护性种植等。不管何种功能的新增绿化，均不能以植物的观赏价值尤其是观花特征为主要选种依据，本土化、乡土化、野态化、低成本、低维护才是符合遗

址保护和景观风貌的重要选种依据。

总体上，关中地区的城址类大遗址绿化景观风貌，应在大尺度上重视遗址环境的整体美，远山近水与农田绿野都可看成是绿化景观的组成部分；在中观尺度上，应与遗址所处的村镇或城郊的环境有衔接和过渡，果园、农田、林带、草坡、湿地等都是通向遗址必经道路的较佳景致；在小微尺度上，城池遗址绿化在遗址外围应有林带进行空间分割和边界强调，遗址内部则应舒朗、开敞，即"外密内疏"。遗址内的绿化依据不同的功能（标识展示、阐释、意境营造、生态防护等）和形态（规则式、自然式、人为景观、野生植被），应做到"标识有秩序、点景应随机、地被显野态、老树有古意"。

第三节　古诗意象的启示：关中与古迹之风貌

散布或隐匿于现代城市或山水之间的古代大遗址应该以什么样的姿态或面貌出现？是在城市化节奏中喘息生存还是与城市"生生与共"？这既是文化遗产保护领域思考的问题，也是城市规划建设部门考虑的问题，更是风景园林规划与生态保护修复领域要深入思考的问题。遗址年代的久远和地上遗留物的残缺及可赏性差的原因，让世人很难直观地感受到其历史之厚重、价值之重大，加之大多遗址地环境较差、城市化蚕食严重，缺乏让普通市民或游人游历和探访的动力。因此，遗址地的环境整治显得十分重要，将遗址开放为考古遗址公园也是增加遗址可赏、可游、可憩的途径之一，就目前国内实践来看，这是一条最佳的展示与利用途径。

那么，遗址环境应该营造成什么样子或是历史上遗址的风貌是什么样子？考古结论能给我们真实的答案，可现实是这些资料少之又少，屈指可数。历史文献或许也能给出接近事实的答案，可正史中很少关注景观与植物的记载，依然不能成为我们获取遗址风貌信息的主流途径。古代绘画或壁画作品中也有对遗址原有建筑、格局及环境的描绘，但所绘环境大多以写意、留白的手法为主，也有写实描绘但也多为蜻蜓点水，不足以给景观设计或风景园林规划学者提供具体的资料和依据。只有文学，尤其是流传下来的古代诗词歌赋，保留了大量的相关描述，为我们勾勒出一幅幅遗址地风貌特征的画面，抑或是通过诗人对历史古迹的感怀与吟唱，为我们今人提供一种对遗址审美的参考依据或塑造一种对"古"的情怀和想象。我们承认，文学作品也有在对环境描述中的夸张和主观的成分，但并不影响设计师对环境风貌的整体判断，即便有误差或片面，也是一种基于诗歌意境的想象与再现，是文学意象中的大遗址风貌的现实表达，不失是一种对诗歌和遗址环境审美的双重体验。

本节从古代诗词歌赋等文学作品中寻找诗人或古人对遗址风貌的描述，再从中探究有关关中一带遗址历史风貌的"诗篇"，希望为风景园林规划和景观设计提供借鉴和参考。

一、历代诗人笔下古迹的样子

检索和查阅流传下来的诗词歌赋中有关"古迹、遗迹、故城、遗址"等篇章时，不难发现诗人笔下的古迹有以下两个共同特征：其一，咏怀这些古迹时，不论是诗人身临其境有所感怀，还是诗人借眼前景物所引发的对古迹的想象，均在时间设定上，以"秋季"和"日暮"最多。诸如："石门无旧径，披榛访遗迹。时逢山水秋，清辉如古昔。"[①]"野禽悲灌木，落日吊清风。后学攀遗址，秋山闻草虫。"[②]"日下空庭暮，城荒古迹馀。"[③]"晴川历历汉阳树，芳草萋萋鹦鹉洲。日暮乡关何处是？烟波江上使人愁。"[④]"古迹使人感，琴台空寂寥。静然顾遗尘，千载如昨朝。"[⑤]"一寻遗迹到仙乡，云鹤沈沈思渺茫。……薄暮欲归仍伫立，菖蒲风起水泱泱。"[⑥]"战国城池尽悄然，昔人遗迹遍山川。笙歌罢吹几多日，台榭荒凉七百年。蝉响夕阳风满树，雁横秋岛雨漫天。堪嗟世事如流水，空见芦花一钓船。"[⑦]。

秋季是四季中色彩最斑斓的季节，同时也是万物开始衰退、气候开始变凉的季节；日暮是一日中天际色彩最丰富的时刻，同时也是万物归巢、劳作收工的时刻，它们都是象征事物走向衰退或停息的意象。因此，诗人在秋季之时、日暮之下仿古、思古、怀古，最能体现历史悲凉与沧桑的意境。其二，诗人笔下古迹的风貌以"野""荒""空"为整体意象，诸如："宫殿六朝遗古迹，

① （唐）白居易. 游石门涧.
② （唐）储嗣宗. 过王右丞书堂二首.
③ （唐）李白. 秋日与张少府、楚城韦公藏书高斋作.
④ （唐）崔颢. 黄鹤楼.
⑤ （唐）高适. 同群公秋登琴台.
⑥ （唐）李建勋. 题魏坛二首.
⑦ （唐）栖一. 武昌怀古.

衣冠千古漫荒丘。"①"一川留古迹，多代仰高风。树折巢堕鸟，阶荒草覆虫。"②"古迹荒基好叹嗟，满川吟景只烟霞。"③"唯留古迹寒原在，碧水苍苍空寂寥。"④"三十世皇都，萧条是霸图。片墙看破尽，遗迹渐应无。"⑤

无论是故国城池，还是陵墓坟冢，呈现在诗人眼前或脑海中均以不复繁华、孤寂潦倒的图景，眼前一片荒草古木、残碑石刻淹没其中，但同时又有一种对凄美的欣赏和自然生态、虫鸣鸟栖的生机寓意。诸如："莺啭商郊百草新，殷汤遗迹在荒榛。"⑥"古树藏龙蛇，荒茅伏狐兔。"⑦"井田唯有草，海水变为桑。"⑧"窜逐留遗迹，悲凉见此心。……无复甘棠在，空馀蔓草深。"⑨

二、诗人眼中"关中"之景观风貌

关中自古为易守难攻之兵家重地，为依山傍水、土地肥沃之帝都佳选。"关中"的称呼始于战国时期，一种说法是与四座"关隘"密切相关，是指处于四个重要关口（东有函谷关，后被潼关替代；西有大散关；南有武关；北有萧关）之间的一块区域。另一种说法是，从战国七雄之秦国看来，以函谷关为界，函谷关以东均是关外，函谷关之内（以西）称关中，即秦国所在。无论哪种说法，"关中"地名的真实来源已不重要，重要的是该地名体现了这一带的地理特点和战略地位，它也是战国之后秦、汉、唐等的主要政权的中心之地。古代诗词中谈及这一带的城市或地理名词主要有咸阳、长安、渭城、秦地、灞水、渭水等，而如今对关中的定位，已经是陕西省相对于陕北、陕南来说对陕西中部的称呼，具体包括秦岭以北，子午岭、黄龙山以南，陇山以东，潼关以西的区域，涵括西安市、咸阳市、宝鸡市、渭南市、铜川市、杨凌区这"五市一区"所包含的地理范围。潼关以西的部分区域（弘农地区）已经不属陕地，划归豫地。

关中一带的城市自古以来在诗人眼中是什么样的景象呢？⑩先从几位诗人俯视的角度去感受一下长安、咸阳的气魄。储光羲

①（唐）唐彦谦.金陵怀古.
②（唐）许棠.经故杨太尉旧居.
③（宋）孙元晏.乌衣巷.
④（唐）刘沧.过铸鼎原.
⑤（唐）崔涂.过洛阳故城.
⑥（唐）胡曾.咏史诗·商郊.
⑦（唐）孟云卿.邺城怀古.
⑧（唐）王绩.过汉故城.
⑨（唐）张九龄.陪王司马登薛公逍遥台.
⑩（唐）李贺.舞曲歌辞·章和二年中.

登上秦岭作:"回首望泾渭,隐隐如长虹。九嵏合苍芜,五陵遥瞳朦。鹿游大明殿,雾湿华清宫。……林木被繁霜,合沓连山红。鹏鹗励羽翼,俯视荆棘丛。"[1]岑参登上慈恩寺塔时眺望长安,看到的是:"连山若波涛,奔凑似朝东。青槐夹驰道,宫馆何玲珑。秋色从西来,苍然满关中。五陵北原上,万古青濛濛。"[2]许浑登上咸阳城东楼看到的是:"一上高城万里愁,蒹葭杨柳似汀洲。溪云初起日沈阁,山雨欲来风满楼。鸟下绿芜秦苑夕,蝉鸣黄叶汉宫秋。"[3]袁朗登上长安城南少陵原旁的坡地眺望京城是一派"帝城何郁郁,佳气乃葱葱"[4]的气势。权德舆拜谒昭陵路过咸阳原上的田野望到的是:"涂涂沟塍雾,漠漠桑柘烟。荒蹊没古木,精舍临秋泉。"[5]陈上美过咸阳感怀:"秦苑有花空笑日,汉陵无主自侵云。古槐堤上莺千啭,远渚沙中鹭一群。"[6]常建行进在长安古道时感怀:"道傍多古墓。萧条愁杀人,蝉鸣白杨树。"[7]刘沧在醴泉县楼上看到的是"绿芜寒野静中分。人行直路入秦树,雁截斜阳背塞云。渭水自流汀岛色,汉陵空长石苔纹。秋风高柳出危叶"[8],来到咸阳原上看到的是"渭水故都秦二世,咸原秋草汉诸陵。天空绝塞闻边雁,叶尽孤村见夜灯"[9]。许景先眼中的长安城是"秦城连凤阙,汉寝疏龙殿",城外是"郊畿郁葱茜。……鼓钟西接咸阳观,苑囿南通鄠杜田"[10]。韦应物眼中的长安是"汉家宫殿含云烟,两宫十里相连延"[11]。王昌龄眼中的关中是"千春荐陵寝,永永垂无穷。京都不再火,泾渭开愁容"。周朴眼中的秦代咸阳古城是"荒郊一望欲消魂,泾水萦纡傍远村。牛马放多春草尽,原田耕破古碑存。云和积雪苍山晚,烟伴残阳绿树昏。数里黄沙行客路,不堪回首思秦原"[12]。沈佺期也感叹秦都咸阳:"版筑林光尽,坛场雷听疏。野桥疑望日,山火类焚书。唯有骊峰在,空闻厚葬余。"[13]

当诗人的视角从俯瞰远眺转为平视细查,长安城的建筑与草木繁华在几百年的风雨洗礼中也由一次又一次的盛世繁华最终走向沉寂荒芜。西晋的左思感怀长安城:"济济京城内,赫赫王侯居。冠盖荫四术,朱轮竞长衢。"[14]初唐卢照邻笔下的长安是街道通达、

[1] (唐)储光羲. 登秦岭作,时陷贼归国.
[2] (唐)岑参. 与高适、薛据登慈恩寺浮图.
[3] (唐)许浑. 咸阳城东楼.
[4] (唐)袁朗. 洗掾登城南坂望京邑.
[5] (唐)权德舆. 拜昭陵过咸阳墅.
[6] (唐)陈上美. 咸阳有怀.
[7] (唐)常建. 古意.
[8] (唐)刘沧. 秋日登醴泉县楼.
[9] (唐)刘沧. 咸阳怀古.
[10] (唐)许景先. 奉和御制春台望.
[11] (唐)韦应物. 长安道.
[12] (唐)周朴. 春日秦国怀古.
[13] (唐)沈佺期. 咸阳览古.
[14] (西晋)左思. 咏史八首·其四.

第五章　关中地区大遗址绿化景观风貌控制

贵胄出入，皇城内"百丈游丝争绕树，一群娇鸟共啼花。啼花戏蝶千门侧，碧树银台万种色"，皇城外"挟弹飞鹰杜陵北，探丸借客渭桥西。……弱柳青槐拂地垂，佳气红尘暗天起"①。唐中期时长安城在刘禹锡眼中是"长安百花时，风景宜轻薄。……繁紫韵松竹，远黄绕篱落。……满庭荡魂魄，照庑成丹渥。烂熳簇颠狂，飘零劝行乐。……唯有安石榴，当轩慰寂寞"②。晚唐黄滔眼中的关中已然是"迹寓枯槐曲，业芜芳草川。花当落第眼，雨暗出城天。层阁浮云外，何人动管弦"③。时过境迁，北宋吴激来到长安看到的是"佳气犹能想郁葱，云间双阙峙苍龙。春风十里霸陵树，晓月一声长乐钟。小苑花开红漠漠，曲江波涨碧溶溶。眼前叠嶂青如画，借问南山共几峰"④，比起前朝似乎少了份人气和热闹。明代唐之淳到长安游览看到的是"葡萄引蔓青缘屋，苜蓿垂花紫满畦。雁塔雨痕迷鸟篆，龙池柳色送莺啼。前朝冠盖多黄土，翁仲凄凉石马嘶"⑤。

长安城之外的地方什么样子呢？先看诗中描述的长安城东灞桥的景致。王维送别友人行至长安城东郊看到的是"麦渐渐，雉子斑。槐阴阴，到潼关"的场景。⑥除了麦田与槐荫道，长安城东灞河一带自古就是杨柳依依的风情，灞桥送别自汉代就有折柳的习俗，唐时最盛，唐宋之后一直有延续。古诗词中仅咏柳的诗篇不下四百篇，多数都与送别有关，这其中不乏描写灞桥或灞水边折柳送别亲友的情景。刘希夷的一首《采桑》不仅描绘了采桑女子的容貌和神态，还描绘出一幅"杨柳送行人，青青西入秦。……盈盈灞水曲，步步春芳绿"⑦之长安东郊灞河岸边的春景图。刘驾笔下是"相别灞水湄，夹水柳依依"⑧。戴叔伦赋"濯濯长亭柳，阴连灞水流。……赠行多折取，那得到深秋"⑨。罗隐写道："灞岸晴来送别频，相偎相倚不胜春。自家飞絮犹无定，争解垂丝绊路人。"⑩陆游遥想："东风里，有灞桥烟柳，知我归心。"⑪柳永感怀："参差烟树灞陵桥，风物尽前朝。衰杨古柳，几经攀折，憔悴楚宫腰。"⑫此外，还有沈彬的"岸柳萧疏野荻秋，都门行客莫回头。一条灞水清如剑，不为离人割断愁"⑬；黄滔的"莺

①（唐）卢照邻.长安古意.
②（唐）刘禹锡.百花行.
③（晚唐）黄滔.关中言怀.
④（北宋）吴激.长安怀古.
⑤（明）唐之淳.长安留题.
⑥（唐）王维.送李睢阳.
⑦（唐）刘希夷.采桑.
⑧（唐）刘驾.送友下第游雁门.
⑨（唐）戴叔伦.赋得长亭柳.
⑩（唐）罗隐.柳.
⑪（唐）王昌龄.郑县宿陶太公馆中赠冯六元二.
⑫（北宋）柳永.少年游·参差烟树灞陵桥.
⑬（唐）沈彬.都门送别.

声历历秦城晓，柳色依依灞水春。明日蓝田关外路，连天风雨一行人"①……诗句均以描绘灞柳之景表达送别时的挽留之情。

再看长安城西的渭城。除却长安城东灞水之柳，城西渭城的柳也是送别、游赏时诗人歌咏的对象。刘克庄写道："渭城柳，争攀折。"②王灼曰："只有古今情不尽，渭城杨柳几春风。"③谭用之看到渭城春色咏道："秦树朦胧春色微，香风烟暖树依依。……折柳且堪吟晚槛，弄花何处醉残晖。"④元好问感怀渭城之柳："万古垂杨，都是折残枝。"⑤崔颢笔下咸阳渭城的春光是："万户楼台临渭水，五陵花柳满秦川。"⑥李白笔下的渭城春光是："梨花千树雪，杨叶万条烟。"⑦独孤及作诗咏叹"渭城桃李千树雪"⑧。王维笔下的渭城雨后是"客舍青青柳色新"⑨。李贺对关中郊野景致咏道："云萧索，风拂拂，麦芒如簪黍和粟。……健犊春耕土膏黑，菖蒲丛丛沿水脉。……游春漫光坞花白，野林散香神降席。"

①（唐）黄滔．采下第东归，留辞刑部郑郎中．
②（宋）刘克庄．满江红·嫌杀双轮．
③（宋）王灼．题李伯时渭城送客图用知几韵．
④（宋）谭用之．渭城春晚．
⑤（金元）元好问．江城子·旗亭谁唱渭城诗．
⑥（唐）崔颢．渭城少年行．
⑦（唐）李白（一说岑参）．送别（送杨子）．
⑧（唐）独孤及．同岑郎中屯田韦员外花树歌．
⑨（唐）王维．渭城曲．

三、关中"陵墓"之景观风貌

关中地区被称作"东方帝王谷"。据民间统计，有迹可寻的帝王陵寝有七十二座，如果将这些众多的陵寝墓葬通过旅游线路或生态廊道路线的规划串联起来，形成一条或几条展示文化遗产、关中地景、人文风情、生态绿色的多功能廊道，无疑会给这一带的环境改善、生态修复与人文旅游经济发展带来积极影响和重要推动作用。

这些不同朝代的帝王陵寝如今风貌也不尽相同，有的还处于偏远的山区或郊县，环境风貌尚能保持野态自然，不过可进入性和参与性较差；有的处于村落之间或邻近村落，环境风貌受损程度不一；有的早就纳入全国重点文物保护单位受到保护，且部分已然发展成为景区，还有部分纳入国家遗址公园建设体系，与城市生活发生着越来越密切的关系。关于陵寝类大遗址环境应该呈现或展示什么样子的风貌，这一点已经在本章第一节第四部分详细讨论过，在此不赘述。现实情况是，不论现阶段的保存和利用状态处于什么样子，其环境风貌都大致趋同，似乎人们对陵寝或墓葬类遗址的环境景观有着共同的认知，即松柏成林——一定要有松柏，且能够形成阵列状、林状或规则的对称种植。只有看到这些景观，仿佛才能确认自己已经身处陵区。正是这种认识，所以在陵区或墓葬类环境中，营造神圣、肃穆、压抑甚至恐怖的环境氛围，被设计师或建设者们认为是正确的、正常的、必不可少的，甚至也是遵循礼制的。可是，作为设计师的我们应该反思，当陵区经过千百年的洗礼，其最初的功能、形制、布局以及所谓的礼制、禁忌等，已经逐渐消亡或被弱化，呈现在今人眼前的只是一座遗迹或文物，尤其是这座文物已经或将被开放为遗址公园时，它便获得了新生，便有了在新世界、新环境中的新生命，设计师应当想办法在保证文物本体安全的前提下，尽可能将其合理、巧妙而充分地进行新的诠释和解读，让市民或游客既能够来到陵寝拜谒、增加历史人文知识，又能够在遗址环境里感受空间的尺度、欣赏环境风貌的美感、体验周边村落的民风民情，甚至还要让游客有放声长啸、尽情奔跑、摘果采花的冲动……这样的陵寝墓葬环境的设计和功能赋予，才有与城市发展和市民生活"生生与共"的契机（值得肯定的是，杜陵陵邑区目前开放为遗址公园，其环境风貌与功能赋予是比较成功的案例）。其实，让陵区环境与文物保护融入城市生活并不是作者个人观点，勤劳的关中百姓早已经开始实践，有多少高冢、墓碑成为矗立在麦田里的守望者，农人们春播秋收地忙碌着并不忌惮脚下这片土地里埋藏着皇帝和他的佳人、臣子；爱好郊游的城里人也很青睐这里，时不时登上帝王封土之上极目远眺，还会对大大小小的坟头（陪葬封土）议论长短，抑或是在封土旁的荒草地里野餐、放风筝。其实古人早已是这样做了，不妨看一下唐诗中的描写：后代陵邑区的居民早已在前朝的陵区耕田种植，形成了一幅幅田园风光图；诗人和闲人早已把汉代陵区当作凭吊怀古、登高望远、游秋观胜的去处。以诗为证：

咸阳宫阙古皇都，楚炬烟收霸业徂。腻水未容诬鸟鼠，秃山先已祸鱼龟。一戎自溯归周索，三尺谁知入汉图。闻道前朝陵寝在，高原登望尽秋芜。——（清）周煌《海山存稿·咸阳怀古》

征战初休草又衰，咸阳晚眺泪堪垂。去路全无千里客，秋田不见五陵儿。秦家故事随流水，汉代高坟对石碑。回首青山独不语，羡君谈笑万年枝。——（唐）李嘉祐《晚发咸阳》

南登杜陵上，北望五陵间。秋水明落日，流光灭远山。——（唐）李白《杜陵绝句》

送君灞陵亭，灞水流浩浩。上有无花之古树，下有伤心之春草。我向秦人问路歧，

云是王粲南登之古道。——（唐）李白《灞陵行送别》

延陵称贵邑，季子有高踪。古迹传多代，仙山管几峰。微泉声小雨，异木色深冬。去毕三年秩，新诗箧不容。——（唐）李频《送延陵韦少府》

长安恶少出名字，楼下劫商楼上醉。天明下直明光宫，散入五陵松柏中。——（唐）王建《羽林行》

夹城门向野田开，白鹿非时出洞来。日暮秦陵尘土起，从东外按使初回。——（唐）王建《外按》

绿野扶风道，黄尘马嵬驿。路边杨贵人，坟高三四尺。——（唐）刘禹锡《马嵬行》

汉陵秦苑遥苍苍，陈根腐叶秋萤光。夜空寥寂金气净，千门九陌飞悠扬。——（唐）刘禹锡《秋萤引》

路傍佳树碧云愁，曾侍金舆幸驿楼。草木荣枯似人事，绿阴寂寞汉陵秋。——（唐）温庭筠《题端正树》

高秋咸镐起霜风，秦汉荒陵树叶红。七国斗鸡方贾勇，中原逐鹿更争雄。南山漠漠云常在，渭水悠悠事旋空。立马举鞭遥望处，阿房遗址夕阳东。——（唐）刘兼《咸阳怀古》

汉家天马出蒲梢，苜蓿榴花遍近郊。……茂陵松柏雨萧萧。——（唐）李商隐《茂陵》

无奈逝川东去急，秦陵松柏满残阳。——（唐）吴融《华清宫二首》

赚得武皇心力尽，忍看烟草茂陵秋。——（唐）吴融《王母庙》

乡思旋生芳草见，客愁何限夕阳知。秦陵无树烟犹锁，汉苑空墙浪欲吹。——（唐）吴融《赴职西川过便桥书怀寄同年》

不见咸阳道，烟草茂陵荒。——（宋）刘一止《水调歌头·千古严陵濑》

四、关中"原"之景观风貌

关中平原地区夹在秦岭和黄土高原之间，总体上算是地势平坦，但不是一马平川。沿渭河两岸分布着许多大大小小的台塬（表5.5），其海拔高出河流冲击的阶地，地势平坦、土壤疏松且肥沃，适合耕作，自古就是先民发展农耕、选址建城、屯兵练兵的佳地。不过，古时的台塬地貌与今天的地形地貌已然不尽相同。

诸如周原。周人时期的周原完整而平坦，与今日千沟万壑的地貌大不相同。周时的周原东到今天的武功，西到今天的宝鸡，是岐山南面、渭河北面的一块广阔的平原。

关中地区渭河沿线主要台塬及其分布 表5.5

序号	所属行政区	台塬名称（别称/补充说明）
1	西安—咸阳一带	铜人原（洪庆原）、龙首原、白鹿原（霸陵原）、乐游原、少陵塬（杜陵塬、鸿固原）、凤栖原（鸿固原）、神禾原、细柳原、咸阳原（五陵原）、毕原、八里原（风凉原）、高阳原等
2	西安市高陵区	白蟒原（奉正原）等
3	西安市临潼区	普陀原（白蟒原东部入临潼境）、凤凰原（清虚原）、种金原、新丰原（青原、光明原）、零原、铁炉原等
4	三原县	丰原、孟候原、白鹿原（非西安白鹿原）等
5	泾阳县	西北原（舆车原）、南原（咸阳原入泾阳境）、谢甲原（丰稔原）、铠甲原等
6	蓝田县	白鹿原（西安白鹿原蓝田境）等
7	阎良区—三原、富平交界带	荆山原
8	渭南市	渭南西原（三张原、新丰原入渭南境）、渭南东原（长寿原、长稔原、丰原、崇凝原）等
9	蒲城县	南原（紫荆原）等
10	大荔县	镰山原等
11	韩城市	南原、泌惠原、龙亭原、英山原、戈家原、少梁原等
12	富平县	浮原、南原、吕村原、中山原、王寮原等
13	宝鸡市	周原、五丈原、蟠龙原（贾村原）、冯家原、马家原、碛石长坡原、紫原、八鱼原、长乐原、和尚原（金陵原）、庄子原、三畤原等

如《诗经·小雅·南山有台》："南山有台（莎），北山有莱（藜）。……南山有桑，北山有杨。……南山有杞（枸杞），北山有李。……南山（即秦岭）有栲，北山（今岐山）有杻（菩提）。……南山有枸（枳椇），北山有楰（苦楸）。……"又如《诗经·大雅·绵》："周原膴膴，堇荼如饴。"这些都描述了周原是土地肥美、草木茂盛、适合农耕的理想之地，因此周人的先民选择迁徙此地，作为灭商之前的生活聚集地。此外，细柳原是汉文帝时的周亚夫训练军队（细柳营）之地，咸阳原是汉唐皇家陵邑之地，龙首原是大唐建造宫城宫殿的龙脉之地，乐游原自古就是京兆官宦子弟、文人墨客游春、揽胜、登高望远之地……唐诗中有很多写"原"的诗句，据作者粗略统计，其中"乐游原""咸阳原""五陵原""少陵原""杜陵""灞陵""灞上""北原"出现较高频率，本书将唐诗中一些关于关中地区"原"的描写诗句罗列如下，供读者查阅品鉴：

五陵佳气晚氤氲，霸业雄图势自分。秦地山河连楚塞，汉家宫殿入青云。未央树色春中见，长乐钟声月下闻。无那杨华起愁思，满天飘落雪纷纷。——（唐）李频《乐游原春望》

乐游原上望，望尽帝都春。始觉繁华地，应无不醉人。云开双阙丽，柳映九衢新。爱此频来往，多闲逐此身。——（唐）刘得仁《乐游原春望》

独上乐游园，四望天日曛。东北何霭霭，宫阙入烟云。爱此高处立，忽如遗垢氛。耳目暂清旷，怀抱郁不伸。下视十二街，绿树间红尘。——（唐）白居易《登乐游园望》

万树鸣蝉隔岸虹，乐游原上有西风。羲和自趁虞泉宿，不放斜阳更向东。——（唐）李商隐《乐游原》

箫声咽，秦娥梦断秦楼月。秦楼月，年年柳色，灞陵伤别。乐游原上清秋节，咸阳古道音尘绝。音尘绝，西风残照，汉家陵阙。——（唐）李白《忆秦娥·箫声咽》

秦山曾共转，秦云自舒卷。古来争雄图，到此多不返。野狖穴孤坟，农人耕废苑。川长波又逝，日与岁俱晚。夜入咸阳中，悲吞不能饭。——（唐）马戴《经咸阳北原》

宦游三楚外，家在五陵原。凉夜多归梦，秋风满故园。——（唐）皎然《和裴少府怀京兄弟》

绵绵渺渺楚云繁，万里西归望国门。禅子初心易凄断，秋风莫上少陵原。——（唐）皎然《送僧之京师》

闲寻鄠杜看修竹，独上风凉望古原。高逸诗情无别怨，春游从遣落花繁。——（唐）皎然《送如献上人游长安》

少陵最高处，旷望极秋空。君山喷清源，脉散秦川中。……东流滔滔去，沃野飞秋蓬。——（唐）吕温《登少陵原望秦中诸川太原王至德妙用有水术因用感叹》

南登少陵岸，还望帝城中。帝城何郁郁，佳气乃葱葱。金凤凌绮观，璇题敞兰宫。复道东西合，交衢南北通。——（唐）袁朗《和洗掾登城南坂望京邑》

南登杜陵上，北望五陵间。秋水明落日，流光灭远山。——（唐）李白《杜陵绝句》

离离原上草，一岁一枯荣。野火烧不尽，春风吹又生。远芳侵古道，晴翠接荒城。又送王孙去，萋萋满别情。——（唐）白居易《赋得古原草送别》

花菊引闲行，行上西原路。原上晚无人，因高聊四顾。南阡有烟火，北陌连墟墓。村邻何萧疏，近者犹百步。——（唐）白居易《西原晚望》

鸣鞭晚日禁城东，渭水晴烟灞岸风。都傍柳阴回首望，春天楼阁五云中。——（唐）纪干著《灞上》

征骑少闲日，绿杨无旧阴。水侵秦甸阔，草接汉陵深。紫阁曾过处，依稀白鸟沈。——（唐）崔涂《灞上》

千年胜概咸原上，几代荒凉绣岭西。碧吐红芳旧行处，岂堪回首草萋萋。——（唐

末至北宋）谭用之《再游韦曲山寺》

通过这些诗歌中对"原"的景致及人的活动的描述，我们可以看出那时关中一带的"原"是登高望远、郊游踏青的好去处。原上和原下风光不同：原上视野开阔，花木丛生，野趣盎然，且在秋季西风四起之时，让游者感怀万千；原下则是气象万千，或是刘得仁笔下的"望尽帝都春……云开双阙丽，柳映九衢新"[①]的春意，抑或是袁朗眼中的"帝城何郁郁，佳气乃葱葱……复道东西合，交衢南北通"[②]的宏大，抑或是白居易所看到的"东北何霭霭，宫阙入烟云。……下视十二街，绿树间红尘"[③]的气势，还有吕温所写的"旷望极秋空……沃野飞秋蓬"[④]的野旷。关中很多大遗址散落在这些大大小小的"原"上，原的景观风貌对大遗址整体景观影响很大，"原"的环境风貌就是大遗址的背景环境。保护大遗址及其环境，就要保护"原"的地形风貌、一草一木以及原上居民的生活形态，这些都是让大遗址发挥魅力的重要资源。

五、关中"苑"之景观风貌

关中自古是皇家都城之地，少不了离宫别苑，从先秦到唐代，留名于世的园林不胜枚举，今发现其遗址、遗迹的宫苑数量在全国也是首屈一指，例如周文王的灵台、灵沼，秦汉上林苑，秦咸阳宫，汉建章宫、扶荔宫、阿房宫、甘泉宫、未央宫，唐大明宫、兴庆宫、华清宫、九成宫、芙蓉苑等。而其中，最能代表关中皇家园林的当属上林苑。上林苑自秦至西汉大约存世二百四十多年，是秦汉时期最著名也是最大的皇家园林，其幅员辽阔，囊括了今天西安市的大部分范围。据有关学者考证，其鼎盛时期的范围，北起渭水以南，南至秦岭，东南可达今之蓝田县西南，西至周至县东，西北达今之兴平市东田阜一带，东至灞河东岸；可谓巍峨秦岭矗其南，八水逶迤穿其间，丘原连绵起伏其上。上林苑内草木茂盛，宫室星罗棋布，佳卉蔬果培育其中，好一幅自然、生态、

①（唐）刘得仁. 乐游原春望.
②（唐）袁朗. 和洗掾登城南坂望京邑.
③（唐）白居易. 登乐游园望.
④（唐）吕温. 登少陵原望秦中诸川太原王至德妙用有水术因用感叹.

繁荣的画卷。至今，关中一带的很多秦汉时期的遗址均位于秦汉时期的上林苑之中，诸如秦阿房宫遗址、建章宫遗址、扶荔宫遗址、长杨宫遗址等。

可以想象，秦汉时期的上林苑犹如一大块绿肺环绕着都城，茂盛的植被、密布的河水、散布的池沼、多样的水禽鸟兽，实在是令今人向往的理想家园。今天的上林苑范围内大多是高楼林立、桥梁交错、村舍良田、荒野遗迹，若干主要大遗址虽进行了环境整治和景观营建，但也鲜有秦汉时的生态质朴气息抑或是遗址地该有的古朴、自然、野趣风貌，更多是增加了一些桃红柳绿、鲜花草地、水池雕塑等世俗的景致罢了。时过境迁，气候也发生了很大变化，上林苑已不复存在，更不可能恢复如初，也没必要一定要将遗址地历史环境真实展示，但是，至少在此区域内的城市风貌及遗址环境要有秦汉气息，要有秦汉上林苑文化景观的适当写意式展示，要有能够勾起世人对美好生态环境、园林环境的向往和追求。

本书作者从以下诗词中摘取若干涉及关中皇家宫苑的诗篇，以供读者品鉴，希望有助于景观规划设计师从中汲取灵感，凝练符合关中地区城市及遗址区环境的整体风貌：

秩秩斯干，幽幽南山。如竹苞矣，如松茂矣。……如跂斯翼，如矢斯棘，如鸟斯革，如翚斯飞，君子攸跻。殖殖其庭，有觉其楹。哙哙其正，哕哕其冥。君子攸宁。——《诗经·小雅·斯干》

周原膴膴，堇荼如饴。……柞棫拔矣，行道兑矣。——《诗经·大雅·绵》

王在灵囿，麀鹿攸伏。麀鹿濯濯，白鸟翯翯。王在灵沼，于牣鱼跃。——《诗经·大雅·灵台》

左苍梧，右西极。丹水更其南，紫渊径其北。终始灞浐，出入泾渭；酆镐潦潏，纡余委蛇，经营乎其内。荡荡乎八川分流，相背而异态。东西南北，驰骛往来，出乎椒丘之阙，行乎洲淤之浦，经乎桂林之中，过乎泱漭之野。……揵以绿蕙，被以江蓠，糅以蘪芜，杂以留夷。布结缕，攒戾莎，揭车衡兰，稾本射干，茈姜蘘荷，葴持若荪，鲜支黄砾，蒋苎青薠，布濩闳泽，延曼太原。离靡广衍，应风披靡，吐芳扬烈，郁郁菲菲，众香发越，肸蚃布写，晻薆咇茀。……于是乎卢橘夏熟，黄甘橙楱，枇杷橪柿，亭奈厚朴，梬枣杨梅，樱桃蒲陶，隐夫薁棣，答沓离支，罗乎后宫，列乎北园。崒丘陵，下平原，扬翠叶，扤紫茎，发红华，垂朱荣，煌煌扈扈，照曜钜野。沙棠栎槠，华枫枰栌，留落胥邪，仁频并闾，欃檀木兰，豫章女贞，长千仞，大连抱，夸条直畅，实叶葰楙，攒立丛倚，连卷欐佹，崔错癹骫，坑衡閜砢，垂条扶疏，落英幡纚。——（西汉）司马相如《上林赋》

秦王宫阙霭春烟，珠树琼枝近碧天。御气馨香苏合启，帘光浮动水精悬。霏微罗縠

第五章　关中地区大遗址绿化景观风貌控制

随芳袖，宛转鲛鲻逐宝筵。从此咸阳一回首，暮云愁色已千年。——（唐）陈标《秦王卷衣》

天宝承平奈乐何，华清宫殿郁嵯峨。朝元阁峻临秦岭，羯鼓楼高俯渭河。玉树长飘云外曲，霓裳闲舞月中歌。只今惟有温泉水，鸣咽声中感慨多。——（唐）张继《华清宫》

冷日微烟渭水愁，华清宫树不胜秋。霓裳一曲千门锁，白尽梨园弟子头。——（唐）孟迟《过骊山》

十二琼楼锁翠微，暮霞遗却六铢衣。桐枯丹穴凤何去，天在鼎湖龙不归。帘影罢添新翡翠，露华犹湿旧珠玑。君王魂断骊山路，且向蓬瀛伴贵妃。——（唐末至五代）徐夤《华清宫》

大明宫殿郁苍苍，紫禁龙楼直署香。九陌华轩争道路，一枝寒玉任烟霜。须听瑞雪传心语，莫被啼猿续泪行。共说圣朝容直气，期君新岁奉恩光。——（唐）杨巨源《奉寄通州元九侍御》

楚塞金陵靖，巴山玉垒空。万方无一事，端拱大明宫。雪霁长杨苑，冰开太液池。宫中行乐日，天下盛明时。柳色烟相似，梨花雪不如。春风真有意，一一丽皇居。月上宫花静，烟含苑树深。银台门已闭，仙漏夜沉沉。九重青琐闼，百尺碧云楼。明月秋风起，珠帘上玉钩。——（唐）令狐楚《宫中乐五首》

四邻侵我我从伊，毕竟须思未有时。试上含元殿基望，秋风秋草正离离。——（唐）杨玢《批子弟理旧居状》

银烛熏天紫陌长，禁城春色晓苍苍。千条弱柳垂青琐，百啭流莺绕建章。剑佩声随玉墀步，衣冠身惹御炉香。共沐恩波凤池上，朝朝染翰侍君王。——（唐）贾至《早朝大明宫呈两省僚友》

紫殿俯千官，春松应合欢。御炉香焰暖，驰道玉声寒。乳燕翻珠缀，祥乌集露盘。宫花一万树，不敢举头看。——（唐）窦叔向《春日早朝应制》

夜色尚苍苍，槐阴夹路长。听钟出长乐，传鼓到新昌。——（唐）白居易《行简初授拾遗，同早朝入阁，因示十二韵》

月堤槐露气，风烛桦烟香。双阙龙相对，千官雁一行。——（唐）白居易《早朝》

树叶初成鸟护窠，石榴花里笑声多。……宫花不共外花同，正月长生一半红。……水中芹叶土中花，拾得还将避众家。……树头树底觅残红，一片西飞一片东。自是桃花贪结子，错教人恨五更风。——（唐）王建《宫词一百首》

五云楼阁凤城间，花木长新日月闲。三十六宫连内苑，太平天子住昆山。……龙池九曲远相通，杨柳丝牵两岸风。……立春日进内园花，红蕊轻轻嫩浅霞。……早春杨柳引长条，倚岸沿堤一面高。……内庭秋燕玉池东，香散荷花水殿风。阿监采菱牵锦缆，月明犹在画船中。……三月金明柳絮飞，岸花堤草弄春时。……殿前供御频宣索，追入花间一阵香。白藤花限白银花，阁子门当寝殿斜。……三月樱桃乍熟时，内人相引看红枝。……杨柳岸长春日暮，傍池行困倚桃花。……杨柳阴中引御沟，碧梧桐树拥朱楼。……牡丹移向苑中栽，尽是藩方进入来。未到末春缘地暖，数般颜色一时开。……种得海柑才结子，乞求自送与君王。——（五代）花蕊夫人《宫词》

六、总结

通过以上古代诗歌中描述的有关古迹、遗址、关中城市、陵寝、原及苑的意象和景致，本章总结如下：

（1）大遗址要有大气象。作为遗址的背景，大遗址景观风貌要能反映关中地理地貌的大环境，诸如秦岭、台塬、渭水、灞水、沣水等。其实现的基本条件是要保护好关中一带的山水形胜，控制和阻止一切有损于山水地貌、名胜古迹、古树名木、有特色的村落等开发、建设、生产生活带来的破坏活动。其实现途径，就是要营造从大遗址区域作为站点和视角出发的开敞型空间和通透的景观视线。

（2）大遗址要有大格局。即大遗址要以开放的态度积极融入城市生活，既要有对文物的保护和历史的尊重，还要有对文物的展示和文化的传承，也要有对城市发展和市民生活的包容和需求的适当满足，更要能对未来城市形象和生活品质的拓展发挥积极作用。因此，在这种开放、包容的大格局下，大遗址环境与景观应在不破坏、不影响文物安全的前提下，做到不拘泥于传统与历史、不局限于单一的定位与功能，但也不能照搬城市景观或外来模式，要有打破传统、积极创新的环境与景观营造理念与模式，确立一种适合关中大遗址环境、识别度较高的景观风貌。

（3）大遗址要能包容小情怀。即满足前来大遗址拜谒、游玩、赏景的游人或居民在遗址空间环境中的一些个人小愿望、小需求，而这些愿望和需求往往是城市绿地或小区游园等很难满足的，但又十分具有乐趣，能体现人性和参与感的需求。诸如采摘一些野花野草或枝头野果、捕捉花草间飞舞的蝴蝶、进入花田或麦田深处尽情地拍照、在草地上放风筝或追逐奔跑、爬一棵低矮的歪脖树、在林间拉一个吊床或搭一顶帐篷午休，等等。我们近两代人，尤其是在城市长大的人，从小接受的教育是爱护花草和大自然，诸如不攀折树木、不踩踏草坪、不采摘花朵等，因此我们十分缺乏真正意义上的自然教育或生态教育，并认为在草坪上踩几下就是不道德，甚至会把草踩死，还会认为偷偷爬树的孩童十分没有家教，采摘一些树枝上果实的人是没有公德的，殊不知这是人类与生俱来的天性。对自然的好奇和渴望接触并了解世界万物是一个人成长的必经之路，只有摘了野花野果，才会知道花有刺、果很酸涩；只有爬上了树，才知道树干和树枝的硬度和韧性，也才能掂量着前行；只有在草地上奔跑过的孩子才知道草的柔软和韧性，与此同时也知道了草地中还隐藏着很多可爱或可怕的昆虫；只有在草坪上平躺过的人们，才会注意到城市上空蓝天白云之间还有盘旋的鹰鸷。所以，大遗址的环境营造和功能定位中，要有让人们放松和适当放纵自我的空间，去满足人们的这种小情怀。

（4）大遗址要有古风和野趣。即遗址环境氛围或风格的营造上要有古风古韵。对于关中来讲，本书认为位于宝鸡一带的遗址要有先秦或周人的遗风；咸阳一带的都城遗址要有秦风的朴素与沧桑，陵寝墓葬类遗址要有汉唐之风韵。位于西安一带的各类遗址整体上要体现与遗址属性和利用模式相匹配的风格，诸如远离市区的遗址可以根据遗址年代建成郊野风格的遗址公园；位于近郊的遗址可以有麦田、果园、柳林、草地等，可为游人踏青、采百草、折柳、放风筝、登高望远等活动提供便利，借此传承汉唐之风的景观风貌；位于市区的遗址可以通过利用其建控地带或环境协调区的景观营造以一种"低姿态"或"潜移默化"式的景观风貌，有机融入城市景观，可以是古风，也可以有野趣。在绿化选种方面一定要是自古以来就有深厚文化底蕴的植物或是本土野生植被，这样的古风与野趣十足的遗址环境可以成为市民身边的文化休闲公园或植物科普乐园。

（5）大遗址要有关中味儿。即在大遗址环境营造与景观建设中，要能够从植物的选种、铺装的材料、环境设施及小品景致的造型中充分挖掘地方材料和元素，不求名贵或新颖，只需在乡土的基础上融入艺术和审美，达到一种粗而不糙、简单质朴的风格面貌。诸如绿化选种，不追求名木和佳卉，寥寥几株老柿树胜过法国梧桐一排排，几丛芒草荻花胜过月季花海，离离之原上野草胜过青青人工绿茵。比起紫薇花，石榴更有"关中味儿"；比起雪松，油松更有"关中味儿"；比起梅桦桂朴，槐柳榆杨更有"关中味儿"；比起薰衣草花海或向日葵花田，遍地的怀风（苜蓿）和薇草（野豌豆）更有"关中味儿"。

希望以上内容对关中一带大遗址环境的保护、整治与景观营造有所帮助。在绿化景观的规划设计中，相关研究者可以从古诗词的意象、意境中汲取灵感，赋予关中大遗址环境及其背景更加有韵味、内涵、美感、古风、大气、沧桑的景观风貌。

第六章 关中地区大遗址绿化选种建议

大遗址的绿化需要分区域、按功能来选种和配置。选种方面，需要从适合关中地区气候条件的百余种绿化植物中选取符合遗址历史属性和景观风貌特征的树种，这就要求对每一处大遗址的历史景观和文化内涵进行深入挖掘，寻求最适合的树种。配置方面，需要结合遗址功能分区与绿化植被在遗址及其环境中所承担的角色而进行合理的树种搭配和空间布局，使其疏密有度、高低有据、搭配有因。正如前面章节所述，绿化在大遗址或遗址公园中承担的角色和功能是多种多样的：有时候是视觉焦点或环境阐释的主角，有时候是作为背景或障景的配角，有时候是作为保护、展示或标识的构筑材料，有时候是烘托遗址氛围或营造意境的环境肌理……仅了解绿化在大遗址所承担的功能和角色还远远不够，熟悉每一种景观植物以及善于应用它们的优势为环境服务，才算是掌握了大遗址绿化设计工作的核心要义。

绿化设计所采取的主要元素——植物，不同于景观设计或环境设计中的其他元素，诸如建筑、构筑物、景观小品、硬质铺装、地形、山石等非生命元素——一旦确定和建成便不会改变其形态和体量，甚至是颜色和质感。绿化植物是有生命的活体，但凡涉及有生命的元素，其设计必须以遵循生命的生理特性和生态习性为前提，再按场地的性质和需求进行设计，大遗址的绿化亦是如此，且远比尊重生命和场地更为复杂。正如我国风景园林行业泰斗级学者孙筱祥教授所言："风景园林学是用有生命的材料和与植物群落、自然生态系统有关的材料进行设计的艺术和科学的综合学科……一个主持城市园林绿地系统规划工作的总园林师，如果不掌握 3000 种以上活的高等植物，是难以胜任总园林师或主持这项工作的。"

此外，大遗址及其环境作为景观设计的场地或对象，相对于城市绿地，具有更复杂的考虑因素和限制因素，以及面临更多极具挑战性的难题。它不仅要像城市绿地那样需要考虑区域的生态环境和社会效益，更要保障大遗址文化遗存的双重安全——物理安全和文化安全（如第三章第一节所述），也要兼顾城市文化形象和周边民众利益，甚至还要肩负对民众环境审美的培育。作者认为，一位对历史古迹充满热爱和探索精神、对大自然中的动植物怀有关爱和生态审美情趣的景观设计师，才能真正关注大遗址的未来，真正有责任、有情怀、有见地地提出一些对大遗址保护与环境营造有建设性的思路和策略。

本章按照大遗址的不同功能分区及植物所承担的不同角色和功能，将大遗址绿化分为六个类型，即：遗址本体保护性植被、遗址本体标示性植被、遗址历史环境展示型种植、遗址环境氛围营造型种植、遗址公共游憩空间的功能型种植、遗址边界标识性与过渡型种植。下文将依次分节讨论每一类绿化的功能、环境营造要点及选种条件，并以列表的形式建议了一些适合该类型的绿化植物种类及其规格等。本书附录部分将本章所列举的植物汇总到一张总表中，并标注了每种植物在大遗址绿化中的适用区域和功能及其根系、耐旱、耐寒等特性，方便读者查询（参见附录三）。

第一节　遗址本体保护性植被

一、遗址本体保护性植被的适用对象

关中地区大多以土遗址为主，尤其是陵寝类、城址类以及宫殿建筑类遗址，遗址暴露于地面部分的封土、夯土台等水土流失和人为因素等破坏严重，大多土遗址保存条件堪忧，虽然已经有一些有条件的大遗址对遗址本体采取了人工绿化措施，但仍存在因绿化植物根系生长发育而带来的潜在危害。因此，针对关中地区暴露的土遗址，考虑到遗址本体的保存和展示，绿化措施是一种较经济且有效的保护措施，但并不是绝对可靠和唯一的保护办法，它需要依据遗址本体物理安全的评估，采取保守、可逆的绿化方法。

二、绿化保护措施与选种条件

用绿化的手段保护遗址本体，有两类保护措施，一类是为防止遗址本体因长期裸露而造成的水土流失等自然力的迫害，需要覆盖一定厚度的新土层用以种植绿化植物，以形成一层绿植保护外衣使遗址本体免受自然力的破坏；另一类是为了防止遗址本体因踩踏、盗挖取土等人为破坏而在本体四周一定范围内种植一定高度的隔离型绿化植物，以阻挡人的进入行为（但不必遮挡人的视线）而采取的一种绿化形式，起到暗示、警示、隔离的作用。

绿化种植最重要的考虑因素是选种问题，第一类遗址本体保护性植被仅仅是保护遗址本体的材料，需要对本体物理安全负责，植物本身的生物学特性作为主要因素考虑，而无需过分关注人附加于植物本身的美观性、文化寓意及地域性等特征。简而言之，遗址本体保护性植被的选种，首要满足条件是：浅根系、耐干旱，在同时满足上述首要条件的前提下，其次考虑植物的成景速度和生长高度，再考虑其整体景观效果，最后考虑季相变化和维护成本。综合以上考量因素，草本植物在满足上述条件方面占据绝对优势，尤其是禾本科植物优势更为明显，它们在关中地区分布广泛、种类多且生命力旺盛。第二类保护措施的绿化选种需要满足的条件是：低矮、枝叶密集且最好为常绿、带刺、耐修剪类型的灌木，类似于绿篱的选种，但不需要像城市绿篱一样修剪整齐且高度统一，且最好与城市绿篱在选种和风貌上有区别，突出野趣、乡土、自然风貌。

三、保护性植被绿化种类建议

根据对关中地区大遗址类现状植被的调研，包括自然野生群落和人工种植的群落，作者总结出一些适合关中地区大遗址本体保护的植被种类，以期为今后大遗址本体的保护性绿化提供参照（表6.1）。

关中地区大遗址保护性植被选种建议表 表6.1

序号	植物名称及相关信息		植物性状及设计高度（H）		图像参考
1	中文学名：野牛草		生理形态：多年生，$H=5\sim 25$cm		
	拉丁名：*Buchloe dactyloides*				
	科级所属：禾本科羊茅属		生态习性：耐旱、耐盐碱、抗病害能力强		
	适用对象：遗址本体保护型绿化		设计高度：保持自然株高		
2	中文学名：糙隐子草		生理形态：多年生，$H\leq 30$cm		
	拉丁名：*Cleistogenes squarrosa (Trin.) Keng*				
	科级所属：禾本科隐子草属		生态习性：耐寒、耐旱、耐盐碱		
	适用对象：遗址本体保护型绿化		设计高度：保持自然株高		
3	中文学名：蓝羊茅		生理形态：多年生，$H\leq 40$cm		
	拉丁名：*Festuca glauca Vill.*				
	科级所属：禾本科野牛草属		生态习性：常绿、耐寒、耐旱		
	适用对象：遗址本体保护型绿化		设计高度：保持自然株高		

续表

序号	植物名称及相关信息		植物性状及设计高度（H）		图像参考
4	中文学名：狗牙根		生理形态：多年生，$H \leq 30$cm；根茎蔓延力很强，能固堤保土		
	拉丁名：*Cynodon dactylon (L.) Pers.*				
	科级所属：禾本科狗牙根属		生态习性：耐旱		
	适用对象：遗址本体保护型绿化		设计高度：保持自然株高		
5	中文学名：冰草		生理形态：多年生，$H=20 \sim 70$cm		
	拉丁名：*Agropyron cristatum (L.) Gaertn.*				
	科级所属：禾本科冰草属		生态习性：耐寒、耐旱		
	适用对象：遗址本体保护型绿化		设计高度：修剪高度 20 ~ 40cm		
6	中文学名：结缕草		生理形态：多年生，$H=10 \sim 20$cm		
	拉丁名：*Zoysia japonica Steud*				
	科级所属：禾本科结缕草属		生态习性：耐旱、耐盐碱、耐贫瘠、病虫害少		
	适用对象：遗址本体保护型绿化		设计高度：保持自然株高		
7	中文学名：须芒草		生理形态：多年生，$H=20 \sim 70$cm		
	拉丁名：*Andropogon yunnanensis Hack.*				
	科级所属：禾本科须芒草属		生态习性：耐旱、耐贫瘠		
	适用对象：遗址本体保护型绿化		设计高度：修剪高度 20 ~ 40cm		
8	中文学名：白茅		生理形态：多年生，$H=30 \sim 80$cm		
	拉丁名：*Imperata cylindrica (L.) Beauv.*				
	科级所属：禾本科白茅属		生态习性：耐旱、耐涝、耐瘠薄		
	适用对象：遗址本体保护型绿化		设计高度：修剪高度 30 ~ 50cm		

续表

序号	植物名称及相关信息		植物性状及设计高度（H）	图像参考
9	中文学名：草地早熟禾		生理形态：多年生，$H=50\sim 90cm$	
	拉丁名：*Poa pratensis L.*			
	科级所属：禾本科早熟禾属		生态习性：耐旱、耐寒、耐修剪	
	适用对象：遗址本体保护型绿化		设计高度：修剪高度 30～50cm	
10	中文学名：早熟禾		生理形态：一年生，$H=6\sim 30cm$	
	拉丁名：*Poa annua L*			
	科级所属：禾本科早熟禾属		生态习性：耐旱、耐寒	
	适用对象：遗址本体保护型绿化		设计高度：保持自然株高	
11	中文学名：知风草		生理形态：一年生，$H=30\sim 110cm$	
	拉丁名：*Eragrostis ferruginea* (Thunb.) Beauv.			
	科级所属：禾本科画眉草属		生态习性：耐旱	
	适用对象：遗址本体保护型绿化		设计高度：修剪高度 30～50cm	
12	中文学名：野燕麦		生理形态：一年生，$H=60\sim 120cm$	
	拉丁名：*Avena fatua L.*			
	科级所属：禾本科燕麦属		生态习性：耐旱、耐贫瘠	
	适用对象：遗址本体保护型绿化		设计高度：修剪高度 50～60cm	
13	中文学名：牛筋草		生理形态：一年生，$H=10\sim 90cm$	
	拉丁名：*Eleusine indica (L.) Gaertn.*			
	科级所属：禾本科䅟属		生态习性：耐旱、耐寒，根系发达	
	适用对象：遗址本体保护型绿化		设计高度：修剪高度 10～30cm	
14	中文学名：鹅观草		生理形态：一年生，$H=30\sim 100cm$	
	拉丁名：*Roegneria kamoji Ohwi*			
	科级所属：禾本科鹅观草属		生态习性：耐旱、耐寒	
	适用对象：遗址本体保护型绿化		设计高度：修剪高度 30～50cm	
15	中文学名：芨芨草		生理形态：多年生，$H=50\sim 250cm$	
	拉丁名：*Achnatherum splendens* (Trin.)Nevski			
	科级所属：禾本科芨芨草属		生态习性：耐旱、耐盐碱、根系强大	
	适用对象：遗址本体保护型绿化		设计高度：修剪高度 50～60cm	

续表

序号	植物名称及相关信息		植物性状及设计高度（H）	图像参考
16	中文学名：野古草		生理形态：多年生，H=60～110cm	
	拉丁名：*Arundinella anomala Steud.*			
	科级所属：禾本科野古草属		生态习性：耐旱、耐贫瘠、固土力强、固堤护坡	
	适用对象：遗址本体保护型绿化		设计高度：修剪高度40～60cm	
17	中文学名：细茎针茅		生理形态：常绿，多年生，H=30～50cm	
	拉丁名：*Stipa tenuissima.*			
	科级所属：禾本科针茅属		生态习性：耐旱、耐半阴	
	适用对象：遗址本体保护型绿化		设计高度：保持自然株高	
18	中文学名：细柄茅		生理形态：多年生，H=20～60cm	
	拉丁名：*Ptilagrostis mongholica (Turcz. ex Trin.) Griseb.*		生态习性：耐旱、耐寒、耐贫瘠	
	科级所属：禾本科细柄茅属		设计高度：保持自然株高	
	适用对象：遗址本体保护型绿化			
19	中文学名：狼尾草		生理形态：多年生，H=30～120cm	
	拉丁名：*Pennisetum alopecuroides (L.)Spreng.*			
	科级所属：禾本科狼尾草属		生态习性：耐旱、耐寒、耐半阴、耐涝、无病虫害	
	适用对象：遗址本体保护型绿化		设计高度：修剪高度30～60cm	
20	中文学名：虎尾草		生理形态：一年生，H=10～75cm	
	拉丁名：*Chloris virgata Sw.*			
	科级所属：禾本科虎尾草属		生态习性：耐旱、耐寒、耐贫瘠	
	适用对象：遗址本体保护型绿化		设计高度：修剪高度10～60cm	
21	中文学名：酸枣		生理形态：落叶灌木或小乔木，多刺，H=100～400cm	
	拉丁名：*Ziziphus jujuba Mill. var. spinosa (Bunge) Hu ex H. F. Chow.*			
	科级所属：鼠李科枣属		生态习性：耐旱、耐寒、耐碱	
	适用对象：遗址本体隔离型绿化		设计高度：修剪高度80～90cm	

续表

序号	植物名称及相关信息		植物性状及设计高度（H）	图像参考
22	中文学名：火棘		生理形态：常绿灌木或小乔木，多刺，H=100～300cm	
	拉丁名：*Pyracantha fortuneana(Maxim.) Li.*			
	科级所属：蔷薇科火棘属		生态习性：耐旱、耐寒、耐碱	
	适用对象：遗址本体隔离型绿化		设计高度：修剪高度80～90cm	
23	中文学名：构树		生理形态：落叶乔木，浅根系，H>300，常见有野生灌丛状	
	拉丁名：*Broussonetia papyrifera*			
	科级所属：桑科构属		生态习性：耐旱、耐贫瘠、滞尘	
	适用对象：遗址本体隔离型绿化		设计高度：构丛，修剪高度<150cm	
24	中文学名：枸橘		生理形态：落叶小乔木，浅根系，H<500cm，多刺，常用作绿篱	
	拉丁名：*Poncirus trifoliata (L.) Raf.*			
	科级所属：芸香科枳属		生态习性：耐旱、耐贫瘠、滞尘	
	适用对象：遗址本体隔离型绿化		设计高度：灌丛状绿篱，修剪高度<150cm	
25	中文学名：花椒		生理形态：落叶小乔木，浅根系，H<700cm，多刺，民间常作绿篱	
	拉丁名：*Zanthoxylum bungeanum Maxim.*			
	科级所属：芸香科花椒属		生态习性：耐旱、耐寒、抗病害能力强	
	适用对象：遗址本体隔离型绿化		设计高度：灌丛状绿篱，修剪高度<150cm	
26	中文学名：刺槐		生理形态：落叶乔木，浅根系，H>900cm，多刺，常做灌丛状	
	拉丁名：*Robinia pseudoacacia Linn.*			
	科级所属：豆科刺槐属		生态习性：耐旱、喜光、不耐涝	
	适用对象：遗址本体隔离型绿化		设计高度：刺槐苗做灌丛状绿篱种植，修剪高度<150cm	
27	中文学名：紫穗槐		生理形态：落叶灌木，浅根系，H<400cm，多刺，常做灌丛状	
	拉丁名：*Amorpha fruticosa Linn.*			
	科级所属：豆科紫穗槐属		生态习性：耐旱、耐寒、耐贫瘠	
	适用对象：遗址本体隔离型绿化		设计高度：修剪高度80-120cm	

第六章 关中地区大遗址绿化选种建议

续表

序号	植物名称及相关信息		植物性状及设计高度（H）		图像参考
28	中文学名：沙棘		生理形态	落叶灌木，浅根系，$H<150cm$，多刺	
	拉丁名：*Hippophae rhamnoides Linn.*				
	科级所属：胡颓子科沙棘属		生态习性	耐旱、耐寒、耐贫瘠	
	适用对象：遗址本体隔离型绿化		设计高度	修剪高度120–150cm	
29	中文学名：胡枝子		生理形态	落叶灌木，$H<300cm$	
	拉丁名：*Lespedeza bicolor Turcz.*				
	科级所属：豆科胡枝子属		生态习性	耐旱、耐寒、耐贫瘠、耐盐碱	
	适用对象：遗址本体隔离型绿化		设计高度	修剪高度120–150cm	
30	中文学名：铺地柏		生理形态	匍匐常绿小灌木，浅根系，$H<70cm$	
	拉丁名：*Sabina procumbens (Endl.) Iwata et Kusaka.*				
	科级所属：柏科圆柏属		生态习性	耐旱、耐寒、耐阴、耐盐碱	
	适用对象：遗址本体隔离型绿化		设计高度	保持自然株高	
31	中文学名：中华枸杞		生理形态	小灌木，多分枝，有棘刺，$H<100cm$	
	拉丁名：*Lycium chinense Mill.*				
	科级所属：茄科枸杞属		生态习性	耐旱、耐寒、忌水涝	
	适用对象：遗址本体隔离型绿化		设计高度	保持自然株高	
32	中文学名：假豪猪刺		生理形态	常绿灌木，茎叶多刺，$H=100-200cm$	
	拉丁名：*Berberis soulieana Schneid.*				
	科级所属：小檗科小檗属		生态习性	耐旱、耐寒、耐贫瘠	
	适用对象：遗址本体隔离型绿化		设计高度	修剪高度120–150cm	

注：本表中的植物图片绝大多数来源于中国植物志（http://www.iplant.cn）、鸟网（https://www.birdnet.cn）、百度图片（https://image.baidu.com）及其他平台，网站中的植物图片由摄影师、专业人士、自然爱好者及广大网友提供，因数量众多，不能与作者逐一联系，在此一并感谢。因排版需要，本书作者对原图片进行了局部剪裁，仅保留与植物相关的信息，仅作为科普植物形态使用，不代表作者研究成果，特此说明，再次向图片作者以及相关网站平台致谢！

第二节 遗址本体标识性植被

一、遗址本体标识性植被的适用对象

标识性展示是针对已经发掘勘探完成且已回填、无地上遗存的遗迹，为了便于向公众展示遗址遗迹的轮廓、高度或其他有价值的信息，利用有别于遗址附近其他建筑或地面材质的材料进行覆盖的一种展示方法，这些覆盖材料可以是碎石、片岩、石块、玻璃、金属、植物等，其中植物标识较为普遍，具有识别性强、观感好、增加绿视率等优势。目前，关中地区植物标识性展示主要用于墓葬回填、城墙、城池、建筑基址等。

二、标识性植被种植形式与选种条件

用植物来标识和展示遗址本体，需要在遗址回填层之上再覆盖一定厚度的种植土，在种植土之上进行绿化。覆土的厚度应考虑遗迹本身的体量和高度等，应根据遗址发掘的数据来确定覆土的厚度，如无地上遗存的城墙类遗址本体，可以有较高的覆土厚度。通过植物的高度来模拟城墙的形态，而无封土或其他地上遗存的墓葬类遗址的覆土应与地面水平保持相当或略高于地面，通过低矮植物的种植来标识墓葬的轮廓等。另外，如遗址本体之上不适合覆土绿化标识，也可采用在遗址本体四周外扩一定范围内进行标识展示。

需要指出的是，标识性植被应具备可逆性、较强的识别性、形态能长时间保持稳定性这三个重要特点。可逆性主要体现在种植方式上，需要在覆土层以下铺设阻根层，保证植物根系生长不穿透阻根层，在需要再次发掘勘探时可以移动植物且不破坏遗址本体；或者，选择铺设草卷或选择根系浅且低矮的草本植物进行标识，均能实现可逆。较强的识别性主要体现在植物选种上，所选植物的色彩、质感要能区别于周边植被，让观者能够快速分辨出不同，诸如植物的叶色、花色或整株质感、疏密度等，这些都是区别植物整体特征的关键要素。形态的稳定性主要体现在植物生长发育较慢、不徒长或不落叶，这样就可以长时间保证相对稳定的外观，大大减少修剪维护成本。此外，作为标识性植被，必要时还需要对植物进行定型，限制其高度和轮廓体态，针对这种情况，耐修剪也是一个选择条件。综合以上三个要点所需求的条件，本书认为，具有异色叶或异色

干茎或具有醒目特征的花、叶、果的草本植物或低矮灌木、耐修剪且生长慢的常绿灌木或乔木比较适合遗址本体的植物标识性展示。

三、标识性植被绿化种类建议

根据上述作为标识性植物的选择条件，考虑到关中地区的自然气候条件及常见的景观植物种类，本书推荐一些适合关中地区遗址本体标识性展示的植被种类，以期为今后大遗址本体的标识性绿化提供参照（表6.2）。

关中地区大遗址标识性植被选种建议表　　　　　表6.2

序号	植物名称及相关信息		植物优势特性及设计规格	图像参考
1	中文学名：蓝冰柏		优势特性：常绿乔木、鳞叶蓝绿色、树形直立、枝叶紧凑；耐旱、耐寒、耐贫瘠、耐修剪	
	拉丁名：*Cupressus arizonica var. glabra* 'Blue Ice'			
	科级所属：柏科柏木属			
	标识对象：城墙、建筑基址四周标识		设计规格：高密度种植成树墙或绿篱状；树墙高度建议修剪保持在200～250cm，绿篱高度建议修剪保持在80～120cm	
2	中文学名：金叶桧		优势特性：常绿乔木、根系浅，初生鳞叶金黄色，整株金翠相间，树形直立；耐旱、耐寒、耐修剪	
	拉丁名：*Sabina chinensis (L.) Ant. var. chinensis* 'Aurea'			
	科级所属：柏科圆柏属			
	适用对象：城墙、建筑基址四周标识		设计规格：高密度种植成树墙或绿篱状；树墙高度建议修剪保持在300～500cm，绿篱高度建议修剪保持在120～150cm	
3	中文学名：洒金柏		优势特性：常绿灌木、叶黄绿色、树形直立；耐旱、耐贫瘠、抗污染能力强、耐修剪	
	拉丁名：*Platycladus orientalis (L.) Franco cv. Aurea Nana*			
	科级所属：柏科侧柏属			
	适用对象：城墙、建筑基址四周标识		设计规格：高密度种植成矮篱或中篱；高度建议修剪保持在50～100cm	

续表

序号	植物名称及相关信息		植物优势特性及设计规格	图像参考
4	中文学名：铺地柏		优势特性：匍匐状常绿小灌木，浅根系，低矮；耐旱、耐寒、耐阴、耐贫瘠、耐盐碱	
	拉丁名：*Sabina procumbens* (Endl.) Iwata et Kusaka.			
	科级所属：柏科圆柏属			
	适用对象：建筑基址、墓葬坑等标识		设计规格：保持自然高度地被式种植；密植、不裸露土壤	
5	中文学名：金光绒柏（橘黄崖柏）		优势特性：常绿小灌木，浅根系，低矮；鳞叶橘黄色，醒目；病害少、生长慢、稍耐寒	
	拉丁名：*Thuja occidentalis* 'Rheingold'			
	科级所属：柏科属扁柏属			
	适用对象：建筑基址、墓葬坑等标识		设计规格：保持自然高度地被式种植；密植、不裸露土壤；适合少量配置、越冬需保护措施	
6	中文学名：紫叶小檗		优势特性：落叶灌木、叶暗红色，枝叶密实带刺、春季黄花、秋季红果，是著名的刺篱、果篱、花篱；耐旱、耐寒、耐修剪	
	拉丁名：*Berberis thunbergii* var. *atropurpurea* Chenault			
	科级所属：小檗科小檗属			
	适用对象：城墙、建筑基址标识		设计规格：高密度种植成矮篱或中篱；高度建议修剪保持在50～100cm，切勿修剪成球状	
7	中文学名：金叶莸		优势特性：落叶灌木，叶金黄色；耐旱、耐贫瘠、较耐寒、耐修剪	
	拉丁名：*Caryopteris* × *clandonensis.* 'Worcester Gold'			
	科级所属：马鞭草科莸属			
	适用对象：建筑基址、墓葬坑等标识		设计规格：地被式密植；保持自然高度50～60cm	
8	中文学名：银香科科（水果蓝）		优势特性：常绿小灌木或半灌木，整株被白色绒毛、呈现灰蓝色；耐旱、耐贫瘠、较耐寒、耐修剪	
	拉丁名：*Teucrium fruticans* L			
	科级所属：唇形科香科科属			
	适用对象：建筑基址、墓葬坑等标识		设计规格：地被式密植，保持修剪高度50～70cm；密植	

第六章 关中地区大遗址绿化选种建议

续表

序号	植物名称及相关信息		植物优势特性及设计规格	图像参考
9	中文学名：红花檵木		优势特性：常绿灌木或小乔木，叶色暗红，花紫红色；耐旱、耐贫瘠、较耐寒、耐修剪	
	拉丁名：*Loropetalum chinense var. rubrum*			
	科级所属：金缕梅科檵木属			
	适用对象：建筑基址、墓葬坑等标识		设计规格：地被式密植，保持修剪高度60～80cm；密植	
10	中文学名：平枝栒子		优势特性：半常绿匍匐灌木，植株矮小、果实鲜红色，秋季叶色变红、醒目；耐旱、耐贫瘠、较耐寒、不耐水涝	
	拉丁名：*Cotoneaster horizontalis Decne*			
	科级所属：蔷薇科栒子属			
	适用对象：建筑基址、墓葬坑等标识		设计规格：地被式密植，保持植株自然高度和状态	
11	中文学名：雀舌黄杨		优势特性：常绿灌木，叶片狭长、繁密，整株质感较黄杨细腻；耐旱、较耐寒、耐修剪	
	拉丁名：*Buxus bodinieri Levl.*			
	科级所属：黄杨科黄杨属			
	适用对象：建筑基址、墓葬坑等标识		设计规格：地被式密植，保持修剪高度40～80cm	
12	中文学名：血草		优势特性：多年生草本，叶血红色；耐旱、耐贫瘠、较耐寒	
	拉丁名：*Imperata cylindrical 'Rubra'*			
	科级所属：禾本科白茅属			
	适用对象：墓葬坑、城墙、建筑基址等标识		设计规格：地被式种植，密植；保持自然高度30～50cm	
13	中文学名：佛甲草		优势特性：多年生草本，植株呈黄绿或嫩绿色，较醒目；耐旱、耐寒、耐贫瘠	
	拉丁名：*Sedum lineare Thunb.*			
	科级所属：景天科景天属			
	适用对象：城墙、建筑基址等标识		设计规格：地被式种植，密植；保持自然高度10～20cm	

续表

序号	植物名称及相关信息		植物优势特性及设计规格	图像参考
14	中文学名：矮麦冬		优势特性：多年生常绿草本，植株墨绿色，矮小；耐旱、耐寒、耐阴	
	拉丁名：*Ophiopogon japonicus var.nana*			
	科级所属：百合科沿阶草属			
	适用对象：城墙、建筑基址等标识		设计规格：地被式种植，密植；保持自然高度5~10cm	
15	中文学名：蓝羊茅		优势特性：多年生常绿草本，叶蓝绿色；耐旱、耐寒、耐贫瘠	
	拉丁名：*Festuca glauca Vill.*			
	科级所属：禾本科羊茅属		设计规格：地被式或镶边式种植，密植；保持自然高度30~40cm，忌低洼处种植	
	适用对象：建筑基址、墓葬坑等标识			
16	中文学名：银叶菊		优势特性：多年生常绿草本，全株银白色；耐旱、较耐寒	
	拉丁名：*Jacobaea maritima (L.) Pelser & Meijden*			
	科级所属：菊科千里光属		设计规格：地被式种植，密植；保持自然高度50~60cm	
	适用对象：建筑基址、墓葬坑等标识			
17	中文学名：拂子茅		优势特性：多年生草本，全株银白色；耐旱又耐湿、耐寒、抗盐碱；花序如羽、十分醒目	
	拉丁名：*Calamagrostis epigeios (L.) Roth*			
	科级所属：禾本科拂子茅属			
	适用对象：墓葬坑、沟渠遗址等标识		设计规格：地被式种植，密植；保持自然高度60~80cm	
18	中文学名：小盼草		优势特性：多年生草本，全株银白色；耐旱又耐湿、耐寒、耐盐；穗状花序悬垂茎端、轻盈而奇趣	
	拉丁名：*Chasmanthium latifolium*			
	科级所属：禾本科北美穗草属			
	适用对象：墓葬坑、沟渠遗址等标识		设计规格：地被式种植，密植；保持自然高度50~100cm	

续表

序号	植物名称及相关信息		植物优势特性及设计规格	图像参考
19	中文学名：紫叶狼尾草		优势特性：多年生草本，叶暗紫色；耐旱又耐湿、耐寒、耐半阴、耐贫瘠	
	拉丁名：*Pennisetum × advena* 'Rubrum'			
	科级所属：禾本科			
	适用对象：建筑基址、墓葬坑、沟渠遗址等标识		设计规格：地被式种植，密植；保持自然高度 30～120cm	
20	中文学名：棕红薹草		优势特性：多年生草本，常绿，叶棕色或枯黄色；耐湿、耐寒、耐盐碱、耐半阴	
	拉丁名：*Carex buchananii* Berggr			
	科级所属：莎草科薹草属			
	适用对象：建筑基址、墓葬坑、沟渠遗址等标识		设计规格：地被式密植；保持自然高度 30～50cm	
21	中文学名：蓝冰麦		优势特性：多年生草本，叶灰蓝色，秋季变黄；耐旱、耐寒、抗污染，鲜有病虫害	
	拉丁名：*Sorghastrum nutans* 'Sioux Blue'			
	科级所属：禾本科印第安草属			
	适用对象：建筑基址、墓葬坑等标识		设计规格：地被式或镶边式种植，密植；保持自然高度 40～50cm	

注：本表中的植物图片绝大多数来源于中国植物志（http://www.iplant.cn）、鸟网（https://www.birdnet.cn）、百度图片（https://image.baidu.com）及其他平台，网站中的植物图片由摄影师、专业人士、自然爱好者及广大网友提供，因数量众多，不能与作者逐一联系，在此一并感谢。因排版需要，本书作者对原图片进行了局部剪裁，仅保留与植物相关的信息，仅作为科普植物形态使用，不代表作者研究成果，特此说明，再次向图片作者以及相关网站平台致谢！

第三节 遗址历史环境展示型种植

一、历史环境展示的意义

大遗址保护在中国近十几年的实践中已经形成了极具特色的保护与利用模式，集"保护、展示、利用"为一体的动态、可持续、有机融入城市生活的大遗址保护模式已经越来越被众多大遗址保护单位及当地政府所重视和积极尝试。本节所讨论的"遗址历史环境"属于大遗址的重要"展示"内容，也是确定遗址景观风貌和营造遗址背景环境的必要参考依据，尤其是要建设集"科研、教育、游憩"多功能的考古遗址公园，遗址历史环境的研究与展示就显得尤为重要。此外，一些宫殿园林类遗址、大型古人类文化遗址的保护与展示中，历史环境更是不可或缺的研究对象和展示内容。

二、历史环境的展示方法

对大遗址历史环境的展示并不代表着有必要将历史环境全面重建和恢复，更不可能进行全面重建和恢复，因为大遗址的现状环境极具复杂性，既涉及自然环境，又涵括人工环境；既有存续的不同时期的历史环境的遗留，又伴随现代环境的不断生成，根本不可能也不必要对历史环境进行全面的展示和恢复。

植被是历史环境的重要组成，因气候变迁、物种消失和土地利用状况的改变，以及相关考古资料的缺失，完全地恢复历史植被环境是一项几乎不能完成的任务，也无完全恢复的必要。

1997年英国发表《风暴之后：英国遗产对风暴中损害的历史公园的修复资助成果》的报告，该报告指出除了遗址园林之外，将园林景观恢复到原貌本身就是悖论，但又必须尊重历史价值的稀缺性，充分考虑历史布局和植物的生长周期关系，这是一种面向未来的保护方式[42]。但是，历史环境又不能被忽略，它的重要性不言而喻，因此只要把握和确定展示的度与展示形式，让历史环境在现实环境中既有存在感，又不限制当前环境的发展既有历史环境元素的体现，又不显得是在"造假"而使观者混淆古今，这才是历史环境展示的价值和意义所在。

在本书第三章第二节中，笔者根据不同情况，已经提出了四种相对应的历史环境的展示的方式，在此不再详细阐述，仅做简要介绍。

（一）原状保护性展示

对于适合留存或遗存至今的历史植被（即植物遗产，如古树名木、老树等），必须制定严格的保护措施和养护办法，通常做法与城市古树名木保护管理办法保护一致。有条件的保护单位，还应给植物遗产开辟专门的展示视线廊道，净化或简化其背景元素，塑造为主景形象或成为一定范围内的视觉焦点。

（二）原址写实恢复展示

在经过考证确定历史上就存在植被的区域，且这些植被物种得以存续至今的，就在该历史植被所考证的区域按照历史上的种类、分布及风貌进行恢复性种植，以展示其历史风貌。这属于写实性恢复历史植被，能够比较客观地反映历史上植被分布等真实情况，但是这一点需要有更准确和翔实的历史数据支撑，较难实现。

（三）写意恢复展示

写意恢复是选取代表性强的某种或几种植物种类在原址或其附近进行局部恢复或意境式的恢复，在数量、面积、具体位置方面要求不严，此类恢复手段较为可行。

（四）易地模拟展示

选择合适的区域对历史上原有位置存在的植被进行异位模拟展示。所谓模拟，即原有历史植被种类至今不存在，或是原有历史植被的名称至今无法考证其今用名，或是原有植被的种类至今已不适合当前的气候环境条件等特殊原因，故而用"相似种替换""植物模型代替植物本身""不拘泥历史植物种类而仅模拟历史植被的整体风貌"等多种展示手法。综上，对历史植被的模拟展示并不局限于实地、实物、实景的种植或营造。

三、适合不同属性或类型的大遗址历史环境展示型树种

利用植物对大遗址历史环境进行展示的关键在于如何选取植物，其次是这些植物通过什么样的配置和布局方式进行展示。关于如何选取植物，主要依据有四：其一是依据考古发现得出的结论，其二是依据历史文献资料中记录，其三是依据遗址现状植被遗产情况，其四是参考有价值的诗词歌赋等描述和地方民俗及传说。关于如何配置和布局，主要取决于不同的展示方法、现状用地具体情况以及植物本身的规格和体量。

根据上述考虑因素和条件，参考关中地区不同类型且具有代表性大遗址目前的考古发现及文献资料研究成果，以及有关周、秦、汉、唐四个主要时期关中一带的主要植被种类及园林营建中植物配置情况的研究成果，考虑到关中地区现在的自然气候条件及常见的景观植物种类，本书推荐一些适合关中地区大遗址历史环境展示型植被种类，以期为今后该地区大遗址历史环境的展示提供参考（表6.3）：

关中地区大遗址历史环境展示型植被选种建议表　　　　表6.3

序号	植物名称及相关信息		文化象征与配置、布局	图像参考
1	中文学名：槐/国槐		文化象征：《淮南子·时则训》载"九月，官候，其树槐"。先秦时期国之社树，"三公九卿"之三公代表树种，西周及后代都城主要绿化树种，相关历史资料记载中有"宫槐"的记载，唐时期长安城内主要街道称之为"青槐街"等	
	拉丁名：*Styphnolobium japonicum* (L.) Schott			
	古用名：槐			
	科级所属：豆科槐属			
	展示方式：写意恢复展示		配置、布局：①宫殿遗址区一株大规格孤植或三株规格相同、列队种植。②历史道路遗址两侧列队种植	
	建议应用对象：城址类、宫殿类大遗址			
2	中文学名：柳树		文化象征：先秦文学作品中离别、挽留、伤感的意象代表植物，唐代长安习俗的"折柳送别"中的主角，古人诗词中描写春天、离别的重要咏物对象，相关历史资料记载中有"宫柳"的记载，中国古典园林有着水边植柳的传统配置和审美意境等	
	拉丁名：*Salix babylonica*			
	古用名：杨柳、烟柳			
	科级所属：杨柳科柳属			
	展示方式：写意恢复展示		配置、布局：①沿宫墙、城池等列植。②著名典故、历史事件发生地、诗词描绘场所大规格单株种植或群植	
	建议应用对象：先秦遗址、城址类、宫殿类遗址			
3	中文学名：石榴		文化象征：张骞通西域将石榴从中亚引入中国。历史文献记载汉上林苑、骊山温泉宫等都有引种石榴，魏晋时拓展到私家园林，隋唐时种植地区扩大，后世被南北广泛引种培育，现已成为关中代表性乡土观赏果木、西安的市花。石榴传入中国之后成为祭献祖先和神灵的佳果，在祭祖仪式上摆放石榴果、在陵墓神道边种植石榴树等。此外，石榴多籽也引申出多子多福、丰收、幸福的象征	
	拉丁名：*Punica granatum L.*			
	古用名：安石榴、若榴			
	科级所属：石榴科石榴属			
	展示方式：写意恢复展示、易地模拟展示			
	建议应用对象：城址类、宫殿类大遗址		配置、布局：①沿陵墓神道旁群植或丛植。②著名典故、历史事件发生地、诗词描绘场所大规格单株种植或群植	

专篇：关中大遗址
第六章　关中地区大遗址绿化选种建议　131

续表

序号	植物名称及相关信息	文化象征与配置、布局	图像参考
4	名称：松（松类总称）（关中适生油松、白皮松、华山松等） 拉丁名：*Pinus Linn* 古用名：松、青松 科级所属：松科松属 展示方式：写意恢复展示，原址写实恢复展示 建议应用对象：陵寝类、宫殿类、园林类、城址类大遗址	文化象征：周时松为社木，作为树神而受祭祀和崇拜；松是周代最高等级的陵寝植树，也成为之后帝王陵寝的植树；松也是寺庙园林的惯用树种。松树象征君子高洁的品质，孤松象征孤傲、特立独行的君子；更是象征着中华民俗强烈的忧患意识和坚贞不屈、自强不息的精神 配置、布局：①沿陵墓神道旁群植或列植。②著名典故、历史事件发生地、诗词描绘场所单株造型松。③驿道、街道两侧列植	
5	名称：柏（柏类总称）（关中适生圆柏、刺柏） 拉丁名：*Sabina MiU./ Juniperus Linn.* 古用名：柏 科级所属：柏科圆柏属、刺柏属 展示方式：写意恢复展示，原址写实恢复展示 建议应用对象：陵寝类大遗址	文化象征：柏为商殷国之社木；与松的寓意和用途类同，松柏类多用于陵墓、祭祀建筑、寺庙、书院的周围，象征着长寿与永恒，用以烘托庄严肃穆的气氛。汉长安城街道两旁种植着茂盛的槐、榆、松、柏等行道树，蔽日成荫，"列柏树，常有野鸟数千栖宿其上"。《三辅黄图》卷一记载，长安城中"树宜槐与榆，松柏茂盛焉"。周秦汉唐等历代陵寝园林之景松柏常青、郁郁葱葱 配置、布局：①沿陵墓神道旁群植或列植。②著名典故、历史事件发生地、诗词描绘场所单株造型松。③驿道、街道两侧列植	
6	中文学名：桑 拉丁名：*Morus alba L.* 古用名：桑 科级所属：桑科桑属 展示方式：写意恢复展示、易地模拟展示 建议应用对象：先秦遗址、古文化遗存类、古人类聚落类遗址	文化象征：首先，桑是先秦时期宋国的社树，宋国以桑为社树是承袭商，商朝建立时"汤乃以身祷于桑林"，武王灭商殷"成汤之后于宋，以奉桑林"。其次，桑是古代重要的经济林树种，广泛种植，与梓树并称"桑梓"以代指故乡。此外，《诗经》中多篇描写桑来象征女性或爱情，《归园田居》描述了"鸡鸣桑树颠"的田园之乐，《过故人庄》描述了"把酒话桑麻"的田园生活，桑文化是一个不可或缺的重要内容 配置、布局：①群植来象征遗址历史环境中的桑林、桑社或一派农桑的环境背景。②大规格的单株种植，以展示历史环境中的社木	

续表

序号	植物名称及相关信息	文化象征与配置、布局	图像参考
7	中文学名：梓 拉丁名：*Catalpa ovata* G. Don 古用名：梓、楸 科级所属：紫葳科梓属 展示方式：写意恢复展示、易地模拟展示 建议应用对象：先秦遗址、古人类聚落遗址	文化象征：《淮南子·时则训》载"六月，官少内，其树梓"。梓亦是先秦社树，《尚书·逸篇》曰："大社唯松，东社唯柏，南社唯梓，西社唯栗，北社唯槐"；梓与桑并称"桑梓"以代指故乡。古人利用梓木、楸木制作棺椁、墓门、灵床等，而且是用于比较高等级的墓葬中，是身份和等级的象征。古时还用梓木、楸木制作乐器，古人制琴以泡桐属木材为面板，以梓属木板为背板，曰"桐天梓地"，用梓人比作人才，将书籍刊印称为"付梓"等 配置、布局：大规格的单株种植，以展示历史环境中的社木或代表故乡的象征性树木	
8	中文学名：楝 拉丁名：*Melia azedarach* L. 古用名：楝花、楝 科级所属：楝科楝属 展示方式：写意恢复展示 建议应用对象：先秦遗址、古文化遗存类、古人类聚落类遗址、宫殿类、园林类遗址	文化象征：《淮南子·时则训》载"七月，官库，其树楝"。《广群芳谱》载"俗人五月五日取楝叶佩之云佩恶也""蛟龙畏楝，故端午以叶包粽投江中祭屈原"；《花镜》："江南有二十四番花信风，梅花为首，楝花为终。"楝花因花期恰处农历春尽夏来之时，所以也多用来指示光阴似箭、逝者如斯 配置、布局：群植成林或大规格的单株孤植做主景树以展示历史环境	
9	名称：栎属一类的植物（关中适生栓皮栎、槲栎、麻栎等） 拉丁名：*Quercus* L. 古用名：柞、栎、栩、橡 科级所属：壳斗科栎属 展示方式：写意恢复展示 建议应用对象：先秦遗址、古文化遗存类遗址	文化象征：栎类的植物十分古老，有巢氏时的先民就巢居栎树、采食其果实；《淮南子·时则训》载"十二月，官狱，其树栎"。可见其在古时分布和应用的广泛性。《韩非子·五蠹》载："尧之王天下也，茅茨不剪，采椽不斫。"尧也用未加砍削的栎木做椽建造房屋，比喻尧帝生活简朴；先秦时期栎树被用作社树，祭祀活动都是在栎树下进行，并敲打乐器、载歌载舞，因此栎树就成为音乐的象征与指示物 配置、布局：大规格单株孤植做景观树，或群植成林营造历史景观氛围	

专篇：关中大遗址
第六章　关中地区大遗址绿化选种建议　133

续表

序号	植物名称及相关信息		文化象征与配置、布局	图像参考
10	中文学名：梅		文化象征：中国古代十二花神之一（正月花神）；象征坚贞、纯洁、高贵、不屈的品质；古人将其誉为"花魁"，比做"清客""清友"，将梅花称做"花御史"，列入"岁寒三友""四君子"。汉上林苑就有种植多种梅树的记载，是唐宋皇家园林、私家园林中较为普遍的观赏花木	
	拉丁名：*Armeniaca mume* Sieb.			
	古用名：梅			
	科级所属：蔷薇科杏属			
	展示方式：写意恢复展示			
	建议应用对象：宫殿类、园林类遗址、先秦遗址		配置、布局：群植成林以展示历史环境中的社木或代表故乡的象征性树木	
11	中文学名：李		文化象征：桃与李两种树木自古就相伴而生，有美人、美好的审美意象，如《诗·召南》："何彼襛矣，华如桃李。"《淮南子·时则训》载"三月，官乡，其树李"。古时普遍种植，既可食用，亦能观赏，因此较早引种于园林，汉上林苑就有植李、桃的记载。从汉代开始，李花与桃花齐名，桃李比作优秀的学子；清代李渔、明代文震亨评价李花品质素雅，不以色媚人	
	拉丁名：*Prunus salicina* Lindl.			
	古用名：李			
	科级所属：蔷薇科李属			
	展示方式：写意恢复展示			
	建议应用对象：宫殿类、园林类遗址、先秦遗址		配置、布局：群植成林以展示历史环境。《长物志·花木篇》中认为李花如女道士，适宜点缀在烟霞泉石之间	
12	中文学名：桃		文化象征：《淮南子·时则训》载"四月，官田，其树桃"。古代十二花神之一（三月花神）；在《诗经·桃夭》中以桃花喻年轻姑娘的容颜，以桃结实比喻新嫁女将生育，以桃叶比喻新娘的健美；桃花亦象征爱情，桃符、桃枝有驱灾辟邪之用，桃实象征长寿	
	拉丁名：*Amygdalus persica L.*			
	古用名：桃			
	科级所属：蔷薇科桃属			
	展示方式：写意恢复展示			
	建议应用对象：宫殿类、园林类遗址、先秦遗址		配置、布局：群植成林以展示历史环境。《长物志·花木篇》中认为桃宜种植在池边	
13	中文学名：杏		文化象征：杏树是中国本土原生物种，中国是世界最早种杏的国家，《夏小正·四月》所载"囿有见杏"是最早有关园林中种植杏的记载。《淮南子·时则训》载"二月，官仓，其树杏"。汉代上林苑植杏。"杏林"代指中华传统医学，"杏坛"是孔子讲学的地方，引申为教坛、讲台、教育界的雅称。杏花象征情爱、知己、故乡与死亡等主题	
	拉丁名：*Armeniaca vulgaris* Lam.			
	古用名：杏			
	科级所属：蔷薇科杏属			
	展示方式：写意恢复展示			
	建议应用对象：宫殿类、园林类遗址、先秦遗址		配置、布局：群植成林以展示历史环境，适合种植在坡地	

续表

序号	植物名称及相关信息	文化象征与配置、布局	图像参考
14	中文学名：杜梨 拉丁名：*Pyrus betulifolia* Bunge 古用名：甘棠、杜、棠、赤棠 科级所属：蔷薇科李属 展示方式：写意恢复展示 建议应用对象：衙署类、园林类遗址、先秦遗址	文化象征：《诗经·召南·甘棠》颂扬召公在召南（今陕西岐山县西南刘家塬一带）的德政，通过对甘棠树的赞美和爱护，后世用"甘棠遗爱"来歌颂已经离开为民做实事、受人民爱戴的已离开的官员。在《楚辞》中借甘棠寓意君子 配置、布局：大规格若干株或单株以主景角色种植以象征或标识历史环境	
15	中文学名：樱桃 拉丁名：*Cerasus spp.* 古用名：莺桃、含桃、会桃 科级所属：蔷薇科樱属 展示方式：写意恢复展示 建议应用对象：宫殿类、园林类遗址	文化象征：《礼记》载"天子乃以雏尝黍，羞以含桃，先荐寝庙"。樱桃是天子祭祀时进献的供果。汉上林苑植有樱桃。樱桃在唐代应制诗中被赋予雅正的象征及宫廷礼仪的庄重形象。在王建的宫词中，皇帝敕赐樱桃又被赋予了新的内涵，被赏赐樱桃成为社会地位的象征以及荣耀辉煌的代表 配置、布局：单株或群植成林以展示历史环境	
16	中文学名：香椿 拉丁名：*Toona sinensis* 古用名：大椿、椿 科级所属：楝科香椿属 展示方式：写意恢复展示 建议应用对象：先秦遗址、古人类聚落遗址	文化象征：《庄子·逍遥游》。"上古有大椿者；以八千岁为春；八千岁为秋。"因大椿长寿，古人用以比喻父亲。又有"椿萱并茂"以比喻父母都健在 配置、布局：单株或若干株组团种植以展示历史环境	
17	名称：杨属一类的植物（关中适生毛白杨、山杨、响叶杨等） 拉丁名：*Populus L.* 古用名：杨、摇风树、独摇 科级所属：杨柳科杨属 展示方式：写意恢复展示 建议应用对象：陵寝类、城址类遗址、先秦遗址	文化象征：《淮南子·时则训》载"正月，官司空，其树杨"。杨树是中国古老的乡土树种，约有2000多年的种植史，常用于山林营造。《齐民要术·种榆白杨》："白杨，一名高飞，一名独摇。性甚劲直，堪为屋材，折则折矣，终不曲挠。"以白杨来比喻不屈不挠，生命力顽强。《唐会要》载："白杨多悲风。萧萧愁杀人。意谓此特冢墓木也。"可见杨树有悲秋的审美意象，还被用作坟冢之树 配置、布局：群植为林带状，用以展示历史环境	

第六章 关中地区大遗址绿化选种建议

续表

序号	植物名称及相关信息	文化象征与配置、布局	图像参考
18	中文学名：梧桐 拉丁名：*Firmiana simplex (Linnaeus) W. Wight* 古用名：桐、梧桐、青桐 科级所属：梧桐科梧桐属 展示方式：写意恢复展示 建议应用对象：宫殿类、园林类遗址	文化象征：《诗经》："凤凰鸣矣，于彼高冈。梧桐生矣，于彼朝阳。"《庄子》："夫鹓鶵发于南海，而飞于北海；非梧桐不止。"北宋《邵氏闻见录》载："梧桐百鸟不敢栖，止避凤凰也。"《二如亭群芳谱》："梧桐一叶落，天下尽知秋。"以梧桐叶落比喻秋天；《诗经》："其桐其椅，其实离离，岂弟君子，莫不令仪。"以梧桐的姿态类比君子的高尚举止。在古代，梧桐常被用作庭院遮阴树 配置、布局：大规格若干株或单株主景种植以象征或标识历史环境	
19	中文学名：银杏 拉丁名：*Ginkgo biloba L.* 古用名：鸭脚树、平仲 科级所属：银杏科银杏属 展示方式：写意恢复展示 建议应用对象：陵寝类、宫殿类、寺观建筑类遗址	文化象征：银杏的寿命比松柏还长，被认为是神树而受祭拜。备受佛、道两教的尊崇，因其树姿雄伟、干形高大、浓荫冠盖、叶形秀美等特点常被尊崇为中国的菩提树，与宗教有一种天然的联系，因此寺观庙宇广植银杏树。银杏树形高大、冠盖浓荫广覆，被视为风水树而受人崇拜，种植在宅院、村落、坟园墓地 配置、布局：大规格若干株或单株以主景角色种植以象征或标识历史环境	
20	中文学名：泡桐 拉丁名：*Paulownia fortunei* 古用名：桐、椅桐 科级所属：玄参科泡桐属 展示方式：写意恢复展示 建议应用对象：先秦遗址、古人类聚落类遗址	文化象征：古人制琴以泡桐属木材为面板，以梓属木板为背板，曰"桐天梓地"。泡桐为我国栽培历史较早的用材树种之一，与人们生活密切相关。桐木适合做棺，在清代，桐木棺被认为是高等葬具。后因泡桐分布广、生长快、容易就地取材、价格低，因此，桐木为棺后来表示薄葬，而且有些典籍认为桐木易腐坏，以其为棺，用于惩罚有罪之人。古代母亲去世时孝子所执的木杖，用桐木削成 配置、布局：大规格若干株或单株以主景角色种植以象征或标识历史环境	
21	中文学名：枣 拉丁名：*Ziziphus jujuba Mill.* 古用名：枣 科级所属：鼠李科枣属 展示方式：写意恢复展示 建议应用对象：先秦遗址、古人类聚落类遗址	文化象征：枣是古代尤其是先秦时期重要的食用树种之一，《战国策》有"北有枣栗之利……足食于民"，指出枣在中国北方的重要作用。《淮南子·时则训》载"十一月，官都尉，其树枣"。枣树被广泛种植，民间视枣为木本粮食，亦有药用价值，具有驱邪祈福的寓意 配置、布局：大规格若干株或单株以主景角色种植以象征或标识历史环境	

续表

序号	植物名称及相关信息	文化象征与配置、布局	图像参考
22	中文学名：酸枣 拉丁名：*Ziziphus jujuba Mill. var. spinosa (Bunge) Hu ex H. F. Chow* 古用名：棘 科级所属：鼠李科枣属 展示方式：写意恢复展示 建议应用对象：先秦遗址、宫殿遗址、古人类聚落类遗址、陵寝遗址	文化象征：《周礼》："左九棘，孤卿大夫位焉，群士在其后；右九棘，公侯伯子男位焉，群吏在其后。"郑玄注："树棘以为立者，取其赤心而外刺，象以赤心三刺也。"即以"三槐九棘"代指三公九卿；《楚辞》："甘棠枯于丰草兮，藜棘树于中庭，"以甘棠寓意君子，藜棘（藜即蒺藜，棘即酸枣）寓意小人。《齐民要术·园篱篇》记录酸枣树可以编成树篱，种植在园的围墙下或四周 配置、布局：丛植或绿篱式种植以展示历史环境	
23	中文学名：芦苇 拉丁名：*Phragmites communis (Cav.) Trin. ex Steud* 古用名：芦、苇、蒹葭、芦荻 科级所属：禾本科芦苇属 展示方式：写意恢复展示 建议应用对象：先秦遗址、城址类遗址、古人类聚落类遗址	文化象征：《诗经·蒹葭》一篇奠定了国人对芦苇的审美意象的基调，同时也将先秦秦风秦地的生态美景描绘得细腻生动，因此芦苇与水成了不可分割的景观组成，芦苇花成了秋的代名词，芦苇荡成为湿地、河滩生态景象的标志物，同时芦苇也成为悲秋、离别、美德、隐逸情怀的象征 配置、布局：①成片种植于池岸、河边、浅滩地等水系遗址上或附近。②丛状随机散布点缀于水系相关的遗址上或附近	
24	中文学名：荻 拉丁名：*Triarrhena sacchariflora (Maxim.) Nakai* 古用名：荻竹、芦荻、蒹葭 科级所属：禾本科荻属 展示方式：写意恢复展示 建议应用对象：先秦遗址、城址类遗址、古人类聚落类遗址	文化象征：与芦苇的景观意境和审美意象类似，不同点在于荻比芦的植株低矮一些，且荻花比芦花的观赏价值更高，"枫叶荻花秋瑟瑟"便描绘出了秋风吹动枫叶和荻花的情景，雪白而柔软的荻花成为无数诗人、画家及摄影师、自然爱好者的赞美对象。此外，荻比芦苇更加耐旱，可以生长在水边也可以生长在荒坡之上 配置、布局：①成片种植于池岸、河边、浅滩地等水系遗址上或附近。②丛状随机散布点缀于水系相关的遗址上或附近。③片植或丛植于陵寝遗址历史环境风貌区及沟渠遗址附近	

专篇：关中大遗址
第六章　关中地区大遗址绿化选种建议　137

续表

序号	植物名称及相关信息		文化象征与配置、布局	图像参考
25	中文学名：白茅		文化象征：茅的分布很广，与古人的生活息息相关。古代用茅覆盖屋顶，在祭祀中衬垫祭品，分封立社时用其包裹五色土，茅的秆用来占卜等	
	拉丁名：*Imperata cylindrica* (L.) Beauv			
	古用名：菅、茅			
	科级所属：禾本科白茅属		配置、布局：①成片种植于池岸、河边、浅滩地等水系遗址上或附近。②成片种植于坡地、林下、陵寝四周等以展示历史风貌	
	展示方式：写意恢复展示			
	建议应用对象：先秦遗址、城址类遗址、古人类聚落类遗址			
26	名称：蒿类植物		文化象征：蒿是《诗经》中出现频率较高的植物，象征女性、爱情等，具有食用、药用价值。《广群芳谱》："悲秋风之一败，与蒿草而为刍。"蒿草在中国传统文化中也象征着悲凉、漂泊的游子形象	
	拉丁名：*Artemisia Linn. Sensu stricto，excl. Sect. Seriphidium Bess*			
	古用名：蒿、艾、萎、蘩			
	科级所属：菊科蒿属			
	展示方式：写意恢复展示			
	建议应用对象：先秦遗址、城址类遗址、古人类聚落类遗址		配置、布局：成片种植于坡地、林下、遗址本体四周等以展示历史风貌	
27	中文学名：菊		文化象征：中国十二花神之一（九月花神），宋代黄菊位居第一，地位尊贵，皇后之服谓之"菊衣"。菊花有着傲世独立的风骨，有着忠贞不屈的气节。唐代关中一带的寺庙庭园及园林别业中普遍种竹、荷、菊、松等植物	
	拉丁名：*Dendranthema morifolium (Ramat.) Tzvelev*			
	古用名：菊华、黄花、九华等			
	科级所属：菊科菊属			
	展示方式：写意恢复展示			
	建议应用对象：宫殿类、园林类、城址类遗址		配置、布局：丛植于建筑、园林遗址本体四周等以展示历史风貌	

续表

序号	植物名称及相关信息	文化象征与配置、布局	图像参考
28	名称：竹类植物（关中适生毛竹、刚竹） 拉丁名：*Bambusoideae* 古用名：竹 科级所属：禾本科竹属 展示方式：写意恢复展示 建议应用对象：宫殿类、园林类、城址类遗址	文化象征：古代文人园林、山居别业中出现频率最高的植物，"四君子"之一。《广群芳谱·竹谱》："竹本固，固树德君子见其本，则思善建不拔者。"竹在传统文化中象征着坚韧不拔、虚怀若谷、挺拔正直的君子 配置、布局：丛植或片植于建筑、园林遗址本体四周等以展示历史风貌	

注：本表中的植物图片绝大多数来源于中国植物志（http://www.iplant.cn）、鸟网（https://www.birdnet.cn）、百度图片（https://image.baidu.com）及其他平台，网站中的植物图片由摄影师、专业人士、自然爱好者及广大网友提供，因数量众多，不能与作者逐一联系，在此一并感谢。因排版需要，本书作者对原图片进行了局部剪裁，仅保留与植物相关的信息，仅作为科普植物形态使用，不代表作者研究成果，特此说明，再次向图片作者以及相关网站平台致谢！

第四节　遗址环境风貌营造型种植

一、遗址环境的界定

狭义的理解，遗址环境是指在大遗址保护范围内，除却遗址本体以外，其他没有遗迹、遗存的区域内的一切环境要素，包括植被、河流、地形地貌等信息。广义上理解，遗址环境在空间上应该扩展到大遗址保护范围以外的建设控制地带和环境协调区的一切环境要素，包括植被、河流、地形地貌、构筑物、建筑房屋、农田村舍等；在时间上还应从现状环境延伸到历史环境；在内容上，应该由有形的生态环境扩展到无形的人文环境。本节讨论的内容仅涉及狭义的遗址环境，即除却遗址本体，在大遗址保护范围内如何通过种植的手段营造遗址的环境风貌，这种营造手段区别于之前讨论的历史展示型种植，它并不以历史事实或考古发掘为依据，也不作为主景，风貌营造型种植是作为大遗址的背景或肌理而用于烘托、衬托遗址本体或遗址范围内的其他环境要素（如山形地貌、展示型种植等）。

二、遗址环境风貌营造的方法

一处大遗址环境风貌的营造取决于遗址的属性（即遗址的年代、性质、功能等信息），通过种植手段营造出与遗址的性质和属性相协调或不冲突的环境风貌，即"遗址环境风貌与遗址属性协调"是通过种植手段实现或呈现的基本目标。例如，先秦时期的城址类遗址的环境应该有古老、朴素且荒野的基本风貌特征，以芦苇、荻、薇、桑、梓、桐等古老的植物种类为基调；汉唐时期的城址类遗址的环境应该有大气、沧桑且有情怀的基本风貌特征，以蒿、茅、松、槐、柳、竹等传统的植物种类为基调。

以植物种植为手段的遗址环境风貌营造应该通过地被式、疏林式、点状丛植式三种主要景观形式。低矮的地被式景观构成了遗址底界面（肌理），所形成的开敞空间能够很好地烘托或强调遗址本体及其他环境要素。高大的疏林景观构成了遗址侧界面（背景衬托），所形成的连续林冠线能够很好地屏蔽外界复杂或不良要素对遗址本体在视觉上的干扰。随机散布呈点状布局的丛植式种植是对遗址肌理和背景的点缀或点景，随机点状分布在遗址环境之中，可以分布在游览路径的交叉处或转弯处、遗址本体外围的一隅或者重要景观节点之旁，起到点缀、对比、打破单调、丰富景观立面的作用。

种植选种方面，首先从影响景观风貌的植物形态上考虑，地被式种植以低矮的草本植物为主，其中以禾本科和菊科植物为佳；疏林式种植以中大型乔木为主，以树形高耸挺拔或季节性色叶乔木为佳；点状丛植式种植在数量上不需要多，体量上不强求大，植物形态上以开花繁茂或枝叶茂密的花灌木和高大多年生观赏草为主，还要与所选的地被植物在质感或高度上区别显著。其次从遗址历史文化属性和本土生态角度考虑，可以优先考虑古老而有历史传承的树种，再考虑关中地区的乡土树种及野生植物种群，最后可以考虑选择适合关中气候的新优品种。强调一点，切勿使用具有城市景观风貌特征或异域特征明显且需要精细型养护的植物种类，诸如悬铃木、雪松、月季、牡丹、黄杨、郁金香、薰衣草、三色堇、万寿菊、四季海棠、花毛茛、芍药等，不宜在遗址环境中大面积使用。另外，环境风貌营造型种植选种与历史风貌展示型选种可以有交集，前者可以延续后者的种植选种，将遗址环境风貌与遗址环境写意式展示合二为一，也不失为很好的环境营造方式。

三、适合遗址环境氛围营造型种植的建议

根据上述环境风貌营造型种植的选种建议及种植形式,本书推荐一些适合关中地区遗址环境风貌营造的植被种类,以期为今后大遗址整治及景观绿化提供参照(表6.4)。

关中地区大遗址环境风貌营造型植被选种建议表　　表6.4

序号	植物名称及相关信息	植物形态或景观风貌效果参考
1	名称:野豌豆类;古称:薇 关中代表种:广布野豌豆、大巢菜 拉丁名:Vicia Linn. 科级所属:豆科野豌豆属 种植形式:地被式 建议类型:先秦城址类、秦汉陵寝类、史前人类聚落遗址	
2	名称:白茅;古称:菅、茅 拉丁名:Imperata cylindrica (L.) Beauv. 科级所属:禾本科白茅属 种植形式:地被式 建议类型:先秦和秦汉城址类、陵寝类	
3	名称:荻;古称:荻竹、芦荻、蒹葭 拉丁名:Triarrhena sacchariflora (Maxim.) Nakai 科级所属:禾本科荻属 种植形式:地被式 建议类型:先秦和秦汉城址类、史前人类聚落遗址	
4	名称:芦苇;古称:芦、苇、蒹葭、芦荻 拉丁名:Phragmites communis (Cav.) Trin. ex Steud 科级所属:禾本科芦苇属 种植形式:地被式 建议类型:先秦和秦汉城址类、史前人类聚落遗址	

续表

序号	植物名称及相关信息	植物形态或景观风貌效果参考
5	名称：蒿；古称：蒿、艾蒿、萋蒿 拉丁名：*Artemisia L.* 科级所属：菊科蒿属 种植形式：地被式 建议类型：先秦和秦汉城址类、陵寝类、史前聚落遗址	
6	名称：拂子茅 拉丁名：*Calamagrostis epigeios (L.) Roth.* 科级所属：禾本科拂子茅属 种植形式：地被式 建议类型：先秦和秦汉城址类、陵寝类、史前聚落遗址	
7	名称：狼尾草 拉丁名：*Pennisetum alopecuroides (L.) Spreng* 科级所属：禾本科狼尾草属 种植形式：地被式 建议类型：先秦和秦汉城址类、陵寝类、史前聚落遗址	
8	名称：小蓟（刺儿菜） 拉丁名：*Cirsium arvense var. integrifolium* 科级所属：菊科蓟属 种植形式：地被式（本土多野生） 建议类型：先秦和秦汉城址类、陵寝类、史前聚落遗址	
9	名称：一年蓬 拉丁名：*Erigeron annuus (L.) Pers.* 科级所属：菊科飞蓬属 种植形式：地被式（本土多野生） 建议类型：先秦和秦汉城址类、陵寝类、史前聚落遗址	

续表

序号	植物名称及相关信息		植物形态或景观风貌效果参考
10	名称：野胡萝卜		
	拉丁名：*Daucus carota L.*		
	科级所属：伞形科胡萝卜属		
	种植形式：地被式（本土多野生）		
	建议类型：先秦和秦汉城址类、陵寝类、史前聚落遗址		
11	名称：二月兰（诸葛菜）		
	拉丁名：*Orychophragmus violaceus (L.) O. E. Schulz*		
	科级所属：十字花科诸葛菜属		
	种植形式：地被式		
	建议类型：先秦和秦汉城址类、陵寝类、史前聚落遗址		
12	名称：金鸡菊		
	拉丁名：*Coreopsis basalis*		
	科级所属：菊科金鸡菊属		
	种植形式：地被式		
	建议类型：汉、唐代宫殿建筑类遗址、城市型遗址		
13	名称：山桃草		
	拉丁名：*Gaura lindheimeri Engelm. et Gray*		
	科级所属：柳叶菜科山桃草属		
	种植形式：地被式		
	建议类型：城市型遗址		
14	名称：柳叶马鞭草		
	拉丁名：*Verbena bonariensis L.*		
	科级所属：马鞭草科马鞭草属		
	种植形式：地被式		
	建议类型：城市型遗址		

专篇：关中大遗址
第六章　关中地区大遗址绿化选种建议

续表

序号	植物名称及相关信息		植物形态或景观风貌效果参考
15	名称：矢车菊		
	拉丁名：*Centaurea cyanus L.*		
	科级所属：菊科矢车菊属		
	种植形式：地被式		
	建议类型：城市型遗址		
16	名称：美丽月见草		
	拉丁名：*Oenothera speciosa*		
	科级所属：柳叶菜科月见草属		
	种植形式：地被式		
	建议类型：城市型遗址		
17	名称：大滨菊		
	拉丁名：*Leucanthemum maximum (Ramood) DC.*		
	科级所属：菊科滨菊属		
	种植形式：地被式		
	建议类型：城市型遗址		
18	名称：粉黛乱子草		
	拉丁名：*Muhlenbergia capillaris (Lam.) Trin.*		
	科级所属：禾本科乱子草属		
	种植形式：地被式		
	建议类型：城市型遗址		
19	名称：蒲公英		
	拉丁名：*Taraxacum mongolicumHand.-Mazz.*		
	科级所属：菊科蒲公英属		
	种植形式：地被式（本土多野生）		
	建议类型：先秦和秦汉城址类、史前人类聚落遗址		

续表

序号	植物名称及相关信息	植物形态或景观风貌效果参考
20	名称：细叶芒 拉丁名：*Miscanthus sinensis cv.* 科级所属：禾本科芒属 种植形式：地被式 / 点状丛植式 建议类型：先秦和秦汉城址类、史前人类聚落遗址	
21	名称：高羊茅 拉丁名：*Festuca elata Keng ex E. Alexeev* 科级所属：禾本科羊茅属 种植形式：地被式 建议类型：先秦和秦汉城址类、陵寝类	
22	名称：千里光 拉丁名：*Senecio scandens Buch–Ham.exD.Don* 科级所属：菊科千里光属 种植形式：地被式（本土多野生）/ 点状丛植式 建议类型：先秦和秦汉城址类、史前人类聚落遗址	
23	名称：矮蒲苇 拉丁名：*Cortaderia selloana* 科级所属：禾本科蒲苇属 种植形式：点状丛植式 建议类型：先秦和秦汉城址类、史前人类聚落遗址	
24	名称：地肤 拉丁名：*Kochia scoparia (L.) Schrad.* 科级所属：藜科地肤属 种植形式：点状丛植式 建议类型：先秦和秦汉城址类、史前人类聚落遗址	

续表

序号	植物名称及相关信息	植物形态或景观风貌效果参考
25	名称：柳枝稷 拉丁名：*Panicum virgatum L.* 科级所属：禾本科黍属 种植形式：点状丛植式 建议类型：先秦和秦汉城址类、史前人类聚落遗址	
26	名称：太平花 拉丁名：*Philadelphus pekinensis Rupr.* 科级所属：虎耳草科山梅花属 种植形式：点状丛植式 建议类型：先秦和秦汉城址类、史前人类聚落遗址	
27	名称：多花胡枝子 拉丁名：*Lespedeza floribunda Bunge* 科级所属：豆科胡枝子肤属 种植形式：点状丛植式 建议类型：先秦和秦汉城址类、史前人类聚落遗址	
28	名称：锦鸡儿 拉丁名：*Caragana sinica (Buc'hoz) Rehder* 科级所属：豆科锦鸡儿属 种植形式：点状丛植式 建议类型：先秦和秦汉城址类、史前人类聚落遗址	
29	名称：木槿 拉丁名：*Hibiscus syriacus Linn.* 科级所属：锦葵科木槿属 种植形式：点状丛植式 建议类型：先秦和秦汉城址类、史前人类聚落遗址	

续表

序号	植物名称及相关信息		植物形态或景观风貌效果参考
30	名称：穗花牡荆		
	拉丁名：*Vitex agnus-castus Linn.*		
	科级所属：马鞭草科牡荆属		
	种植形式：点状丛植式		
	建议类型：先秦和秦汉城址类、史前人类聚落遗址		
31	名称：荆条		
	拉丁名：*Vitex negundo L. var. heterophylla (Franch.) Rehd.*		
	科级所属：马鞭草科牡荆属		
	种植形式：点状丛植式		
	建议类型：先秦和秦汉城址类、史前人类聚落遗址		
32	名称：泡桐		
	拉丁名：*Paulownia fortunei*		
	科级所属：玄参科泡桐属		
	种植形式：疏林式		
	建议类型：先秦和秦汉城址类、史前人类聚落遗址		
33	名称：楸树		
	拉丁名：*Catalpa bungei C. A. Mey.*		
	科级所属：紫葳科梓属		
	种植形式：疏林式		
	建议类型：先秦和秦汉城址类、史前人类聚落遗址		
34	名称：刺槐		
	拉丁名：*Robinia pseudoacacia L.*		
	科级所属：豆科刺槐属		
	种植形式：疏林式		
	建议类型：先秦和秦汉城址类、史前人类聚落遗址		

续表

序号	植物名称及相关信息		植物形态或景观风貌效果参考
35	名称：旱柳		
	拉丁名：*Salix matsudana Koidz*		
	科级所属：杨柳科柳属		
	种植形式：疏林式		
	建议类型：先秦和秦汉城址类、史前人类聚落遗址		
36	名称：五角枫		
	拉丁名：*Acer mono Maxim*		
	科级所属：槭树科槭属		
	种植形式：疏林式		
	建议类型：先秦和秦汉城址类、史前人类聚落遗址		
37	名称：水杉		
	拉丁名：*Metasequoia glyptostroboides Hu & W. C. Cheng*		
	科级所属：杉科水杉属		
	种植形式：疏林式		
	建议类型：先秦和秦汉城址类、史前人类聚落遗址		
38	名称：银杏		
	拉丁名：*Ginkgo biloba L.*		
	科级所属：银杏科银杏属		
	种植形式：疏林式		
	建议类型：先秦和秦汉城址类、史前人类聚落遗址		
39	名称：新疆杨		
	拉丁名：*Populus alba var. pyramidalis Bge*		
	科级所属：杨柳科杨属		
	种植形式：疏林式		
	建议类型：先秦和秦汉城址类、史前人类聚落遗址		

注：本表中的植物图片绝大多数来源于中国植物志（http://www.iplant.cn）、鸟网（https://www.birdnet.cn）、百度图片（https://image.baidu.com）及其他平台，网站中的植物图片由摄影师、专业人士、自然爱好者及广大网友提供，因数量众多，不能与作者逐一联系，在此一并感谢。因排版需要，本书作者对原图片进行了局部剪裁，仅保留与植物相关的信息，仅作为科普植物形态使用，不代表作者研究成果，特此说明，再次向图片作者以及相关网站平台致谢！

第五节　遗址公共游憩空间功能型种植

一、什么是功能型种植？

近几年来陕西省大遗址保护与利用展示比较普遍且取得一定成绩的是建设考古遗址公园，很好地协调了大遗址保护与城市发展及市民利益之间的矛盾或需求。考古遗址公园模式不仅很好地协调了大遗址的保护、考古、科研与城市建设、经济发展及市民利益的关系，还对大遗址及其环境与周边区域环境的改善和优化带来积极的影响。本节以考古遗址公园模式为例，探讨大遗址在发挥城市公共绿地游憩功能方面，怎样考虑其功能型种植。所谓"功能型种植"是相对于植物在公共空间环境中所发挥的生态效益和视觉审美等持久性、潜在性作用而言，具备某种实时性、参与型、获得感等实惠型或实用型功能，诸如为游人充当"遮阳伞"、为健身者充当"器材"、为休息者充当"房间"、为孩子们充当"游乐设施"等，本书将这些利用植物为游人发挥其不同作用的一类种植称为"功能型种植"。考古遗址公园公共游憩空间的功能型种植往往是为游人提供更好的服务和体验，类似于将植物看作建造材料之一，是利用植物材料进行的空间营造和游憩功能的赋予。有条件的考古遗址公园建议考虑一定的功能型种植，但这绝不是所有遗址公园或大遗址公共游憩空间必不可少的功能。

二、功能型种植的类型和选种、配置要点

功能种植的类型主要依据活动空间的功能而定，正如前段所述，可以从不同人群在公共空间中的活动行为和需求出发，设计营造与其需求相适应的活动空间，不同功能空间配置与其功能匹配的植物种类和种植形式。本书针对关中地区城市绿地游人行为活动常见类型的研究和总结，再综合考虑遗址公园的属性及环境特征，预设几类适用于游人或市民在遗址公园公共游憩空间的一些引导型、限定性活动。需要解释的是，"引导型"是指通过活动空间的环境设计，引导或暗示游人可以进入其中活动，比如种植一些多分枝且低矮的灌木并设置标识牌，引导并允许少年儿童进行攀爬、引体向上等活动；"限定性"是指在活动空间中通过植物种植或环境标识，提示该场地允许做什么、允许如何做、不允许做什么等，比如上述的儿童攀爬性矮灌木的种植，应该设立警示牌提示潜在

的危险和被禁止的活动，诸如"禁止攀折树枝""禁止采食果实""3岁以下应有监护人看护玩耍"等。

（一）树木健身场

位于或靠近居民区的遗址公园是市民晨练健身的首选目的地，此时大遗址在城市中发挥的就是城市绿地的作用。然而，遗址公园与一般的城市公园又不相同，不适合引入大量的健身器材及设施来迎合市民需求，这样做不仅与遗址环境不协调，而且会使遗址公共游憩空间与普通公园无异，难以突出特色、深入人心地向市民或游人阐释遗址的价值、彰显遗址地的文化。因此，本书认为"环境协调""特色突出""文化彰显"三个特征是遗址公园公共游憩空间环境营造的目标，而利用树木发挥其在公共游憩空间中的健身娱乐"器材"的功能不失为完美的方案。

选择大规格的乔木三三两两地散置在一处开阔场地，切记要避免树阵式或林带式种植，树下区域铺设软质材料，如草皮、细沙、素土（夯实）、松木皮、木屑等材料，场地内可以设立一些高高低低、间距不等的木桩。这样简单的种植和地面处理就形成了一处树木健身广场，居民可以在此练习打木桩、踩梅花桩、"抱树"、"撞树"（图6.1）等居民喜爱的民间健身活动。

图6.1 树木健身场树木布局与游人行为示意图1

（二）儿童攀爬树

爬树、悬吊身体、玩弄树枝是儿童的天性，也是每位有过乡村生活经验的人的童年回忆和乡愁，而现代的城市生活很难有机会和场地让城市的孩子去研究、探索关于树木的好奇心。因此，选择一些适合的树种去设计和营造此类功能区域，引导儿童去爬树、玩树（图6.2），在这里没有城市绿地里关于"爱护树木""禁止攀爬"等道德审判。解放天性、增加趣味是此类功能空间所赋予遗址公园公共游憩活动区域的灵魂和价值所在。

（a）树干歪斜或倾倒伏地的，适合低幼儿童爬玩　　（b）分支点低且树干舒展的，适合7岁以上儿童攀爬

（c）树干笔直且密植的，适合青少年攀爬　　（d）树干笔直且粗壮的，适合青少年牵引式攀爬

图6.2　树木健身场树木布局与游人行为示意图2

儿童攀爬树应选择大规格、分支点低的多干型灌木或小乔木，细节上要求树皮光滑或不要过于粗糙、枝干无刺且韧性强的树种，随机分散式布局为佳，场地同样以软质材料进行铺装。有条件的遗址公园，可以根据不同年龄层次的青少年及儿童，种植不同规格和分支点要求的灌木及乔木，分区域进行引导型活动。根据身高发育规律，本书建议，分支点小于 60cm 的低矮型灌木，适合 6 岁以下儿童独立攀爬或协助攀爬；分支点在 60～100cm 之间的，适合 7～12 岁的儿童独立攀爬；分支点在 100cm 以上的灌木或小乔木，比较适合 13 岁以上青少年攀爬，但需要设立警示标语牌。

（三）野花采撷园

与爬树类同，人们看到美丽的花朵就有采摘、把玩的冲动，不少中年以上城市生活的人至今都有童年在路边、城市荒废地或郊野、乡下采摘野花野草编成花环或绑成花束的美好回忆，而当前城市各类绿地里的花花草草几乎都是受保护的，因此采花、插花、玩花、斗草等有趣的活动越来越远离生活，越来越多的孩子也因为学习压力失去了这份天真和快乐的机会，也正因为如此，笔者发现现在的孩子对自然的热爱或者说花草树木对他们的吸引力越来越少，究其原因大概可以暂且推责于教育的压力和缺失动植物的陪伴乐趣。试想，遗址公园公共游憩空间如果开辟一处长满野花、可以进入游赏、可以适当采撷把玩的区域，该会有多少市民来这里寻找童趣、发朋友圈和抖音？会有多少市民或游客带孩子来接触自然、捉虫捕蝶？想必答案应该是很多很多。

其实当代公园里，尤其是郊野公园里已经流行用野花混播来营造景观，但很少会提倡或官方引导游人进去游玩和采摘等被认为是"破坏""不道德"的活动。遗址公园应该做到不一样，应该有那么一处可以采摘的花园，种植设计师和公园管理运营方可以根据游览路径和活动场所的设计、野花的生长周期、种子的传播方式、采摘数量的宣传与控制、及时补种等设计和管理养护手段，实现可持续性、可参与型的野花地被景观，让遗址地的花草不仅仅是视觉上可以观赏的景观，更成为一种行为上可以参与、体验的野花采撷园（图 6.3）。

（四）林间休息厅

在遗址公园公共游憩区域，尤其是远郊型或郊野型遗址公园中，营造一处疏林草地为游人提供午后休息、野餐的场所是十分必要的，尽管在很多郊野公园或风景区里已经出现了这种可以为游人提供席地而坐进行野餐、聚会、交谈、休息的疏林草地

图6.3 可进入参与型野花地被

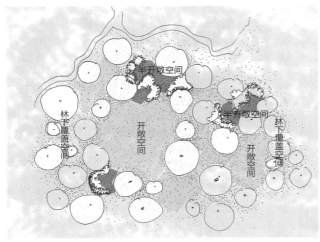

图6.4 林间休息厅的树木布局与空间类型示意图

或开敞的草坪,但是目前这种开放的林地或草坪仍处于稀缺状态或被动开放状态,远远不能满足市民或游人在周末或节假日到远郊城市公园里休闲、度假的需求。因此,位于远郊或郊野的考古遗址公园有必要设立这样一处或几处开放型疏林场地或疏林草地,满足将考古遗址公园作为节假日旅游目的地人群的实际需求,本书将这类林下休息空间称为"林间休息厅"。林间休息厅的布局在空间上可以是林下覆盖空间,也可以是林间的一处开敞空间,甚至可以利用绿篱在林间围合一些半开敞空间(图6.4),

专篇：关中大遗址
第六章　关中地区大遗址绿化选种建议 153

类似于饭店的"隔间""隔墙"的作用。无论哪一种都离不开"林"作为必要的遮阴和围合，林的形式一定是"疏林"，游人在林间既能有树荫可乘凉，也要能见得到阳光和感受到明亮。建议选用高大的落叶乔木，可以是纯林，也可以是杂木林。树与树的种植间距要有宽有窄，最宽处的树木之间要能够形成一处小的开敞空间供游人享受阳光浴或搭建帐篷，最窄处的树木之间要能够方便游人安置吊床等。林下场地建议用耐踩踏的草坪或缀花草地，也可在局部场地铺设砂石、木屑等生态材料。

三、适合公共游憩空间功能型种植的建议

根据上述对功能型种植在遗址公园公共游憩空间中的四种主要类型的分析，依据每种类型植物种植布局及选种要求的分析，本书推荐一些适合关中地区遗址公园公共游憩空间的功能型种植的种类，以期为今后该类型空间的赋能和种植配置提供参照（表6.5）。

关中地区考古遗址公园公共游憩空间的功能型种植选种建议表　　表6.5

序号	植物名称及相关信息	植物景观风貌效果参考
1	名称：七叶树 拉丁名：*Aesculus chinensis Bunge* 科级所属：七叶树科七叶树属 种植形式：疏林式 选用优势：叶、花、果、树形均可观赏、深根性、寿命长 规格建议：$\phi>15cm$，$H>700cm$ 适用类型：植物健身场、林间休息厅	
2	名称：水杉 拉丁名：*Metasequoia glyptostroboides Hu & W. C. Cheng* 科级所属：杉科水杉属 种植形式：疏林式 选用优势：树干笔直、树形优美、深根性、寿命长 规格建议：$\phi>15cm$，$H>700cm$ 适用类型：植物健身场、林间休息厅	

续表

序号	植物名称及相关信息	植物景观风貌效果参考
3	名称：柿 拉丁名：*Diospyros kaki Thunb.* 科级所属：柿科柿属 种植形式：疏林式 选用优势：冬季观果、果实吸引鸟类、深根性、寿命长 规格建议：$\phi>20cm$，分支点$<70cm$ 适用类型：儿童攀爬树、林间休息厅	
4	名称：金叶复叶槭 拉丁名：*Acer negundo* 'Aurea' 科级所属：槭树科槭属 种植形式：疏林式 选用优势：叶色美丽、生长速度快 规格建议：$\phi>15cm$，$H>700cm$ 适用类型：树木健身场、林间休息厅	
5	名称：白蜡 拉丁名：*Fraxinus chinensis Roxb* 科级所属：木犀科白蜡属 种植形式：疏林式 选用优势：枝干坚韧 规格建议：$\phi>15cm$，$H>900cm$ 适用类型：树木健身场、林间休息厅	
6	名称：光皮梾木 拉丁名：*Swida wilsoniana (Wanger.) Sojak* 科级所属：山茱萸科梾木属 种植形式：疏林式 选用优势：夏季开花、深根性、树皮较光滑 规格建议：$\phi>15cm$，$H>900cm$ 适用类型：树木健身场、林间休息厅	

续表

序号	植物名称及相关信息	植物景观风貌效果参考
7	名称：鹅掌楸 拉丁名：*Liriodendron chinense (Hemsl.) Sargent.* 科级所属：木兰科鹅掌楸属 种植形式：疏林式 选用优势：树干端直、秋色叶秀丽 规格建议：$\phi>15cm$，$H>900cm$ 适用类型：树木健身场、林间休息厅	
8	名称：元宝枫 拉丁名：*Shantung Maple* 科级所属：槭树科槭树属 种植形式：疏林式 选用优势：深根性、寿命长、秋色叶 规格建议：$\phi>12cm$，$H>700cm$ 适用类型：树木健身场、林间休息厅	
9	名称：玉兰 拉丁名：*Yulania denudata (Desrousseaux) D. L. Fu* 科级所属：木兰科木兰属 种植形式：疏林式 选用优势：开花繁茂、树干直、深根性、寿命长 规格建议：$\phi>15cm$，$H>800cm$ 适用类型：树木健身场、林间休息厅	
10	名称：楸树 拉丁名：*Catalpa bungei C. A. Mey.* 科级所属：紫葳科梓属 种植形式：疏林式 选用优势：开花繁茂、树干挺拔、生长迅速 规格建议：$\phi>15cm$，$H>700cm$ 适用类型：树木健身场、林间休息厅	

续表

序号	植物名称及相关信息	植物景观风貌效果参考
11	名称：白榆 拉丁名：*Ulmus pumila L.* 科级所属：榆科榆属 种植形式：疏林式 选用优势：耐修剪、生长快、寿命长、果实可采 规格建议：$\phi>15cm$，$H>700cm$ 适用类型：树木健身场、林间休息厅	
12	名称：栓皮栎 拉丁名：*Quercus variabilis Bl.* 科级所属：壳斗科栎属 种植形式：疏林式 选用优势：深根性、秋色叶 规格建议：$\phi>15cm$，$H>600cm$ 适用类型：树木健身场、林间休息厅	
13	名称：栾树 拉丁名：*Koelreuteria paniculata* 科级所属：无患子科栾树属 种植形式：疏林式 选用优势：深根性、抗风雪能力强、花果均可观赏 规格建议：$\phi>15cm$，$H>600cm$ 适用类型：树木健身场、林间休息厅	
14	名称：核桃树 拉丁名：*Juqlans regia L.* 科级所属：胡桃科胡桃属 种植形式：点状散置 选用优势：分支点低、可采摘果实 规格建议：$D>20cm$，$H<500cm$，3～4分枝 适用类型：儿童攀爬树	

续表

序号	植物名称及相关信息	植物景观风貌效果参考
15	名称：梨树 拉丁名：*Pyrus, i, f.* 科级所属：蔷薇科梨属 种植形式：点状散置 选用优势：分支点低、春季观花、可采摘果实 规格建议：D>20cm，H<500cm，3～4分枝，分支点<60cm 适用类型：儿童攀爬树	
16	名称：多杆紫薇 拉丁名：*Lagerstroemia indica L.* 科级所属：千屈菜科紫薇属 种植形式：点状散置 选用优势：皮干光滑、夏季观花 规格建议：D>10cm，H<400cm，6～10杆 适用类型：儿童攀爬树	
17	名称：石榴 拉丁名：*Punica granatum L.* 科级所属：石榴科石榴属 种植形式：点状散置 选用优势：分支点低、夏季观花、可采摘果实 规格建议：D>20cm，H<400cm，分支点<60cm 适用类型：儿童攀爬树	

续表

序号	植物名称及相关信息		植物景观风貌效果参考
18	名称	樱桃树	
	拉丁名	*Cerasus sp.*	
	科级所属	蔷薇科樱属	
	种植形式	点状散置	
	选用优势	分支点低、春季观花、可采摘果实	
	规格建议	*D*>20cm, *H*<400cm, 分支点<60cm	
	适用类型	儿童攀爬树	
19	名称	紫叶李	
	拉丁名	*Prunus cerasifera f. atropurpurea*	
	科级所属	蔷薇科李属	
	种植形式	点状散置	
	选用优势	分支点低、春季观花	
	规格建议	*D*>20cm, *H*<400cm, 分支点<60cm	
	适用类型	儿童攀爬树	
20	名称	山楂树	
	拉丁名	*Crataegus pinnatifida*	
	科级所属	蔷薇科山楂属	
	种植形式	点状散置	
	选用优势	分支点低、春季观花、可采摘果实	
	规格建议	*D*>20cm, *H*<500cm, 分支点<80cm	
	适用类型	儿童攀爬树	
21	名称	桃	
	拉丁名	*Amygdalus persica L*	
	科级所属	蔷薇科桃属	
	种植形式	点状散置	
	选用优势	分支点低、春季观花	
	规格建议	*D*>20cm, *H*<400cm, 分支点<60cm	
	适用类型	儿童攀爬树	

续表

序号	植物名称及相关信息	植物景观风貌效果参考
22	名称：杏 拉丁名：*Armeniaca vulgaris Lam.* 科级所属：蔷薇科杏属 种植形式：点状散置 选用优势：分支点低、春季观花 规格建议：$D>20cm$，高 $H<400cm$，分支点 $<60cm$ 适用类型：儿童攀爬树	
23	名称：金银木（金银忍冬） 拉丁名：*Lonicera maackii (Rupr.) Maxim.* 科级所属：忍冬科忍冬属 种植形式：点状散置 选用优势：分支点低、花果均可赏、可摘 规格建议：$D>10cm$，$H<300cm$，分支点 $<60cm$ 适用类型：儿童攀爬树	
24	名称：丛生白桦 拉丁名：*Betula platyphylla Suk.* 科级所属：壳斗科栎属 种植形式：点状散置 选用优势：深根性、生长快 规格建议：$D>15cm$，$H>600cm$，3～4 分枝 适用类型：儿童攀爬树	
25	名称：板栗 拉丁名：*Castanea mollissima BL.* 科级所属：壳斗科栎属 种植形式：点状散置 选用优势：分支点低、春季观花 规格建议：$D>25cm$，$H<400cm$，分支点 $<60cm$ 适用类型：儿童攀爬树	

续表

序号	植物名称及相关信息		植物景观风貌效果参考
26	名称：野豌豆		
	拉丁名：*Vicia sepium L.*		
	科级所属：豆科野豌豆属		
	种植形式：地被，播种		
	花期与花色：5～6月，紫色		
	适用类型：野花采撷园		
	备注说明：关中多野生，可以与其他豆科植物混播		
27	名称：紫花苜蓿		
	拉丁名：*Medicago sativa L.*		
	科级所属：豆科苜蓿属		
	种植形式：地被，播种		
	花期与花色：5～7月，紫色、蓝紫色		
	适用类型：野花采撷园		
	备注说明：可以与其他豆科植物混播		
28	名称：小冠花		
	拉丁名：*Securigera varia (L.) Lassen*		
	科级所属：豆科野豌豆属		
	种植形式：地被，播种		
	花期与花色：6～7月，紫色、粉紫色、白色		
	适用类型：野花采撷园		
	备注说明：可以与其他豆科植物混播		
29	名称：直立黄芪（沙打旺）		
	拉丁名：*Astragalus adsurgens Pall.*		
	科级所属：豆科黄芪属		
	种植形式：地被，播种		
	花期与花色：6～8月，紫红色、蓝紫色		
	适用类型：野花采撷园		
	备注说明：可以与其他豆科植物混播		

续表

序号	植物名称及相关信息	植物景观风貌效果参考
30	名称：百脉根 拉丁名：*Lotus corniculatus Linn.* 科级所属：豆科百脉根属 种植形式：地被，播种 花期与花色：5～9月，黄色、金黄色 适用类型：野花采撷园 备注说明：可以与其他豆科植物混播	
31	名称：千里光 拉丁名：*Senecio scandens Buch.–Ham. ex D. Don* 科级所属：菊科千里光属 种植形式：丛植或片植，播种 花期与花色：秋至春，黄色 适用类型：野花采撷园 备注说明：关中多野生，可以与其他菊科植物混播	
32	名称：甘野菊 拉丁名：*Chrysanthemum eticuspe* 科级所属：菊科菊属 种植形式：丛植或片植，播种 花期与花色：8～9月，黄色 适用类型：野花采撷园 备注说明：关中多野生，可以与其他菊科植物混播	
33	名称：野菊花 拉丁名：*Chrysanthemum indicum L.* 科级所属：菊科菊属 种植形式：丛植或片植，播种 花期与花色：6～11月，黄色 适用类型：野花采撷园 备注说明：可以与其他菊科植物混播	

续表

序号	植物名称及相关信息	植物景观风貌效果参考
34	名称：飞蓬 拉丁名：*Erigeron acer Linn.* 科级所属：菊科飞蓬属 种植形式：丛植或片植，播种 花期与花色：7~9月，淡紫色 适用类型：野花采撷园 备注说明：关中多野生，可以与其他菊科植物混播	
35	名称：一年蓬 拉丁名：*Erigeron annuus (L.) Pers.* 科级所属：菊科飞蓬属 种植形式：丛植或片植，播种 花期与花色：6~9月，白色 适用类型：野花采撷园 备注说明：关中多野生，可以与其他菊科植物混播	
36	名称：小蓟（刺儿菜） 拉丁名：*Cirsium arvense var. integrifolium* 科级所属：菊科蓟属 种植形式：丛植或片植，播种 花期与花色：5~9月，紫红色、白色 适用类型：野花采撷园 备注说明：关中多野生，可以与其他菊科植物混播	
37	名称：金鸡菊 拉丁名：*Coreopsis basalis* 科级所属：菊科金鸡菊属 种植形式：丛植或片植，播种 花期与花色：7~9月，黄色 适用类型：野花采撷园 备注说明：可以与大滨菊等直立性菊科植物混播	

续表

序号	植物名称及相关信息	植物景观风貌效果参考
38	名称：大滨菊 拉丁名：*Leucanthemum maximum (Ramood) DC.* 科级所属：菊科滨菊属 种植形式：丛植或片植，播种 花期与花色：7～9月，白色 适用类型：野花采撷园 备注说明：可以与金鸡菊等直立性菊科植物混播	
39	名称：秋英（波斯菊） 拉丁名：*Cosmos bipinnata Cav.* 科级所属：菊科秋英属 种植形式：丛植或片植，播种 花期与花色：6～8月，紫红色、粉色、白色 适用类型：野花采撷园 备注说明：可多色混播	
40	名称：矢车菊 拉丁名：*Centaurea cyanus L.* 科级所属：菊科矢车菊属 种植形式：丛植或片植，播种 花期与花色：4～7月，白色、蓝色、紫色、红色 适用类型：野花采撷园 备注说明：可多色混播	
41	名称：欧蓍草 拉丁名：*Achillea millefolium L.* 科级所属：菊科蓍属 种植形式：丛植或片植，播种 花期与花色：6～9月，白色、粉红色、淡紫色 适用类型：野花采撷园 备注说明：可多色混播	

续表

序号	植物名称及相关信息	植物景观风貌效果参考
42	名称：蜀葵 拉丁名：*Althaea rosea (Linn.) Cavan.* 科级所属：锦葵科蜀葵属 种植形式：丛植或片植，播种 花期与花色：6～8月，粉色、紫色、紫粉色、白色 适用类型：野花采撷园 备注说明：可多色混播	
43	名称：宿根亚麻（蓝亚麻） 拉丁名：*Linum perenne L.* 科级所属：亚麻科亚麻属 种植形式：地被种植，播种 花期与花色：6～7月，蓝色、淡蓝色、蓝紫色 适用类型：野花采撷园 备注说明：可与美丽月见草等低矮草花混播	
44	名称：美丽月见草 拉丁名：*Oenothera speciosa* 科级所属：柳叶菜科月见草属 种植形式：地被种植，播种 花期与花色：4～11月，粉红色、紫红色、淡粉色 适用类型：野花采撷园 备注说明：可与宿根亚麻等低矮草花混播	
45	名称：马蔺 拉丁名：*Iris lactea Pall. var.chinensis (Fisch.) Koidz.* 科级所属：鸢尾科鸢尾属 种植形式：地被种植，播种 花期与花色：5～6月，浅蓝色、蓝色、蓝紫色 适用类型：野花采撷园	

续表

序号	植物名称及相关信息	植物景观风貌效果参考
46	名称：红蓼 拉丁名：*Polygonum orientale Linn.* 科级所属：蓼科蓼属 种植形式：丛植或片植，播种 花期与花色：6～9月，红色、紫红色 适用类型：野花采撷园 备注说明：关中多野生	
47	名称：麦蓝菜 拉丁名：*Vaccaria hispanica (Mill.) Rauschert* 科级所属：石竹科麦蓝菜属 种植形式：地被种植，播种 花期与花色：5～7月，粉红色 适用类型：野花采撷园 备注说明：关中多野生	
48	名称：桔梗花 拉丁名：*Platycodon grandiflorus (Jacq.) A. DC.* 科级所属：桔梗科桔梗属 种植形式：地被种植，播种 花期与花色：7～9月，蓝色、紫色 适用类型：野花采撷园	
49	名称：虾夷葱（细香葱） 拉丁名：*Allium schoenoprasum* 科级所属：百合科葱属 种植形式：地被种植，播种 花期与花色：6～8月，紫色 适用类型：野花采撷园	

注：本表中的植物图片绝大多数来源于中国植物志（http://www.iplant.cn）、鸟网（https://www.birdnet.cn）、百度图片（https://image.baidu.com）及其他平台，网站中的植物图片由摄影师、专业人士、自然爱好者及广大网友提供，因数量众多，不能与作者逐一联系，在此一并感谢。因排版需要，本书作者对原图片进行了局部剪裁，仅保留与植物相关的信息，仅作为科普植物形态使用，不代表作者研究成果，特此说明，再次向图片作者以及相关网站平台致谢！

本表中，ϕ——苗木的胸径；D——苗木的地径；H——苗木的高度；G——苗木的冠幅

第六节　遗址边界标识型与过渡型种植

一、边界标识型与过渡型种植的解释

本书所讨论的遗址边界是指大遗址整体保护范围与非遗址保护范围的分界区域，即包含遗址建控地带和遗址环境协调区在内的整个保护区域与其周边区域的分界处。根据遗址保护需要与实践积累，遗址的边界需要通过某种手段强化、限定，以使遗址保护范围的用地与其他用地在空间上、视觉上很容易被辨识出来，从而达到提醒、标识或者过渡的作用。而取得这种效果，景观种植成为目前最可行、有效的普遍做法。

边界标识型种植与过渡型种植在本质上无明显区别，均是利用植物对遗址边界进行绿化，不同点是种植所承当的角色和种植方式不同。标识型种植往往用于遗址环境与周边环境无明显区别或者说它们之间的景观异质性不明显的遗址（比如郊野型、荒野型遗址），需要用标识性强的树种或种植形式来将两者隔开，主要是为了强调遗址边界的轮廓，使其醒目。过渡型种植主要用于遗址环境与周边环境差异大的遗址（比如城市型遗址），需要通过边界的种植起到一个过渡、衔接的作用，使得差异明显的环境得到缓冲，不显得突兀。

二、边界标识型与过渡型种植的设计与选种要点

遗址边界标识型种植在形式上适合用密植林带或绿墙式，目的是在遗址边界形成一圈或几道屏障作用的带状绿带，绿带不用过宽，一般情况下能够容纳 2~4 排乔木形成林带或绿墙即可，建议 4~8m 即可。林带在质感上和高度上要与遗址边界内外环境有明显区别。选种上，绿墙式种植以常绿乔木为佳，密植林带以树形高大挺拔、枝叶密集且生长速度快的树种为佳。

遗址边界过渡型种植在形式上适合疏林式或地被式或两者结合，目的是在遗址边界形成一圈或几道缓冲作用的带状绿地，过渡性种植需要一定的宽度，较之标识型种植要宽很多，最好能将带状绿地与停车场、健身广场、休闲活动、服务设施等结合起来，建议宽度至少在 12m 以上，具体应根据每一处遗址边界用地面积和场地现场来确定。过渡型种植在质感上要与边界内外环境在有所呼应中逐渐变化、过渡，

诸如临近城市建设区的一边可以是城市型的绿化树种、形式与风格，临近遗址保护区的一边可以是符合遗址风貌的选种、形式与风格，两边之间的种植选种、形式与风格可以渐变式过渡，鼓励使用城市绿地不常用的乡土树种及外来驯化树种，以增加城市绿化物种多样性。

三、适合边界标识型与过渡型种植的建议

根据上述对遗址边界标识型种植和过渡型种植的功能、风格及选种要点的分析，结合关中地区遗址公园或大遗址保护区环境整治与景观营造的实践，本书推荐一些适合关中地区大遗址边界空间绿化种植的植物种类，以期为今后该类型空间的赋能和种植配置提供参照（表6.6）。

关中地区大遗址边界标识型及过渡型种植选种建议表　　表6.6

序号	植物名称及相关信息	植物形态或景观风貌效果参考
1	名称：云杉 拉丁名：*Picea asperata* Mast 科级所属：松科云杉属 种植形式：绿墙、密林式 规格建议：ϕ>15cm，H>700cm 适用类型：遗址边界标识型种植	
2	名称：青扦 拉丁名：*Picea wilsonii* Mast 科级所属：松科云杉属 种植形式：绿墙、密林式 规格建议：ϕ>15cm，H>700cm 适用类型：遗址边界标识型种植	

续表

序号	植物名称及相关信息	植物形态或景观风貌效果参考
3	名称：圆柏（桧柏） 拉丁名：*Sabina chinensis (L.) Ant* 科级所属：柏科圆柏属 种植形式：绿墙、密林式 规格建议：$H>500cm$，$G>100cm$ 适用类型：遗址边界标识型种植	
4	名称：龙柏 拉丁名：*Sabina chinensis (L.) Ant. cv. Kaizuca* 科级所属：柏科圆柏属 种植形式：绿墙、密林式 规格建议：$H>500cm$，$G>100cm$ 适用类型：遗址边界标识型种植	
5	名称：刺柏 拉丁名：*Juniperus formosana Hayata* 科级所属：柏科刺柏属 种植形式：绿墙、密林式 规格建议：$H>500cm$，$G>100cm$ 适用类型：遗址边界标识型种植	
6	名称：侧柏 拉丁名：*Platycladus orientalis（L.）Franco* 科级所属：柏科侧柏属 种植形式：绿墙、密林式 规格建议：$H>500cm$，$G>100cm$ 适用类型：遗址边界标识型种植	

续表

序号	植物名称及相关信息		植物形态或景观风貌效果参考
7	名称：铅笔柏（北美圆柏）		
	拉丁名：*Juniperus virginiana L.*		
	科级所属：柏科圆柏属		
	种植形式：绿墙、密林式		
	规格建议：$H>500cm$, $G>100cm$		
	适用类型：遗址边界标识型种植		
8	名称：油松		
	拉丁名：*Pinus tabuliformis Carr.*		
	科级所属：松科松属		
	种植形式：密林式		
	规格建议：$\phi>15cm$, $H>700m$		
	适用类型：遗址边界标识型种植		
9	名称：华山松		
	拉丁名：*Pinus armandii Franch.*		
	科级所属：松科松属		
	种植形式：密林式		
	规格建议：$\phi>15cm$, $H>700cm$		
	适用类型：遗址边界标识型种植		
10	名称：白皮松		
	拉丁名：*Pinus bungeana Zucc.*		
	科级所属：松科松属		
	种植形式：密林式		
	规格建议：$\phi>15cm$, $H>700cm$		
	适用类型：遗址边界标识型种植		

续表

序号	植物名称及相关信息	植物形态或景观风貌效果参考
11	名称：速生无絮杨类 代表品种：中华红叶杨 科级所属：杨柳科杨属 种植形式：密林式 规格建议：$\phi>10cm$, $H>800cm$ 适用类型：遗址边界标识型种植	
12	名称：速生槐类 代表品种：泓森槐 科级所属：豆科槐树、刺槐属 种植形式：密林式 规格建议：$\phi>10cm$, $H>800cm$ 适用类型：遗址边界标识型种植	
13	名称：中华金叶榆 拉丁名：*Ulmus pumila* 'jinye' 科级所属：榆科榆属 种植形式：密林式 规格建议：$\phi>20cm$, $H>600cm$ 适用类型：遗址边界标识型种植	
14	名称：梧桐（青桐） 拉丁名：*Firmiana simplex (Linnaeus) W. Wight* 科级所属：梧桐科梧桐属 种植形式：绿墙、密林式 规格建议：$\phi>16cm$, $H>800cm$ 适用类型：遗址边界标识型种植	
15	名称：银杏 拉丁名：*Ginkgo biloba L.* 科级所属：银杏科银杏属 种植形式：密林式、疏林式 规格建议：$\phi>18cm$, $H>900cm$ 适用类型：遗址边界标识型种植、过渡型种植	

专篇：关中大遗址
第六章 关中地区大遗址绿化选种建议

续表

序号	植物名称及相关信息	植物形态或景观风貌效果参考
16	名称：千头椿 拉丁名：*Ailanthus altissima* 'Qiantou'. 科级所属：苦木科臭椿属 种植形式：密林式、疏林式 规格建议：$\phi>12cm$，$H>700cm$ 适用类型：遗址边界标识型种植、过渡型种植	
17	名称：香椿 拉丁名：*Toona sinensis*. 科级所属：松科云杉属 种植形式：疏林式 规格建议：$\phi>15cm$，$H>700cm$ 适用类型：遗址边界过渡型种植	
18	名称：七叶树 拉丁名：*Aesculus chinensis Bunge* 科级所属：七叶树科七叶树属 种植形式：疏林式、草坪孤植 规格建议：$\phi>20cm$，$H>800cm$ 适用类型：遗址边界过渡型种植	
19	名称：板栗 拉丁名：*Castanea mollissima BL.* 科级所属：壳斗科栎属 种植形式：疏林式、草坪孤植 规格建议：$D>20cm$，$H>500cm$ 适用类型：遗址边界过渡型种植	
20	名称：枳椇（拐枣） 拉丁名：*Hovenia acerba Lindl.* 科级所属：壳斗科栎属 种植形式：疏林式、草坪孤植 规格建议：$D>20cm$，$H>500cm$ 适用类型：遗址边界过渡型种植	

续表

序号	植物名称及相关信息	植物形态或景观风貌效果参考
21	名称：山荆子（山丁子） 拉丁名：*Malus baccata (L.) Borkh.* 科级所属：蔷薇科苹果属 种植形式：草坪孤植、群植 规格建议：$D>15cm$，$H>500cm$ 适用类型：遗址边界过渡型种植	
22	名称：蜡梅 拉丁名：*Chimonanthus praecox (Linn.) Link* 科级所属：蜡梅科腊梅属 种植形式：草坪孤植、群植 规格建议：$H>400cm$，$G>350cm$ 适用类型：遗址边界过渡型种植	
23	名称：合欢 拉丁名：*Albizia julibrissin Durazz.* 科级所属：豆科合欢属 种植形式：草坪孤植、群植 规格建议：$\phi>20cm$，$H>600cm$ 适用类型：遗址边界过渡型种植	
24	名称：杜仲 拉丁名：*Eucommia ulmoides* 科级所属：杜仲科杜仲属 种植形式：草坪孤植、群植 规格建议：$D>18cm$，$H>700cm$ 适用类型：遗址边界过渡型种植	
25	名称：君迁子 拉丁名：*Diospyros lotus L.* 科级所属：柿科柿属 种植形式：草坪孤植、群植 规格建议：$D>15cm$，$H>500cm$ 适用类型：遗址边界过渡型种植	

续表

序号	植物名称及相关信息	植物形态或景观风貌效果参考
26	名称：皂荚 拉丁名：*Gleditsia sinensis Lam.* 科级所属：豆科皂荚属 种植形式：草坪孤植、群植 规格建议：$D>25$cm，$H>700$cm 适用类型：遗址边界过渡型种植	
27	名称：郁李 拉丁名：*Cerasus japonica*（Thunb.）Lois. 科级所属：蔷薇科樱属 种植形式：草坪边缘丛植 规格建议：$H>150$cm，$G>150$cm 适用类型：遗址边界过渡型种植	
28	名称：欧李 拉丁名：*Cerasus humilis* 科级所属：蔷薇科樱属 种植形式：草坪边缘丛植 规格建议：$H>150$cm，$G>150$cm 适用类型：遗址边界过渡型种植	
29	名称：麦李 拉丁名：*Cerasus glandulosa* (Thunb.) Lois. 科级所属：蔷薇科樱属 种植形式：草坪边缘丛植 规格建议：$H>150$cm，$G>150$cm 适用类型：遗址边界过渡型种植	
30	名称：陕西卫矛（金丝吊蝴蝶） 拉丁名：*Euonymus schensianus Maxim.* 科级所属：卫矛科卫矛属 种植形式：草坪边缘孤植 规格建议：$D>10$cm，$H>250$cm 适用类型：遗址边界过渡型种植	

续表

序号	植物名称及相关信息	植物形态或景观风貌效果参考
31	名称：丝棉木（白杜） 拉丁名：*Euonymus maackii* 科级所属：卫矛科卫矛属 种植形式：草坪边缘孤植 规格建议：D>10cm，H>350cm 适用类型：遗址边界过渡型种植	
32	名称：文冠果 拉丁名：*Xanthoceras sorbifolium Bunge* 科级所属：无患子科文冠果属 种植形式：草坪孤赏、群植 规格建议：H>350cm，G>200cm 适用类型：遗址边界过渡型种植	
33	名称：山梅花 拉丁名：*Philadelphus incanus* 科级所属：虎耳草科山梅花属 种植形式：草坪边缘丛植 规格建议：H>300cm，G>200cm 适用类型：遗址边界过渡型种植	
34	名称：黄刺玫 拉丁名：*Rosa xanthina Lindl.* 科级所属：蔷薇科蔷薇属 种植形式：草坪边缘丛植 规格建议：H>200cm，G>150cm 适用类型：遗址边界过渡型种植	

注：本表中的植物图片绝大多数来源于中国植物志（http://www.iplant.cn）、鸟网（https://www.birdnet.cn）、百度图片（https://image.baidu.com）及其他平台，网站中的植物图片由摄影师、专业人士、自然爱好者及广大网友提供，因数量众多，不能与作者逐一联系，在此一并感谢。因排版需要，本书作者对原图片进行了局部剪裁，仅保留与植物相关的信息，仅作为科普植物形态使用，不代表作者研究成果，特此说明，再次向图片作者以及相关网站平台致谢！

本表中相符号含义如下：ϕ——苗木的胸径；D——苗木的地径；H——苗木的高度；G——苗木的冠幅

第七章 相关辅助技术与干预方法

大遗址绿化与一般的城市绿化有两点重要的不同,其一,要考虑植物根系生长对遗址本体的安全,这一点与城市屋顶绿化时需要考虑的阻根问题类同;其二,要考虑植物文化属性及外形风貌与遗址属性的协调性问题。本章节就针对这两点谈一谈大遗址绿化相关的辅助技术与干预方法。需要指出的是,不同的辅助技术或干预方法适应不同的遗址绿化区域或功能(表7.1)。

不同辅助技术或干预方法的应用对象 表7.1

序号	辅助技术或干预方法	适用对象
1	阻根技术	新增绿化适用;用于重点遗址的展示与标识
2	灭根技术	现状绿化适用;用于对遗址产生破坏或有破坏趋势的树木
3	边坡喷播技术	新增绿化适用;用于遗址地边坡地或遗址地上本体保护
4	草花混播与自然演替	新增绿化适用;用于一般遗址区或非遗址区环境营造
5	植被诱导与生态修复	生态修复或重建;用于环境协调区或建控地带中周边植被环境较差的区域

第一节 阻根技术

一、阻根技术概述

阻根技术目前较为普遍地应用于屋面种植或屋顶绿化领域,这里所说的屋面或屋顶,不仅仅指房屋的顶面,还包括桥梁、地下室及其他构筑物的顶面。对其绿化时或有种植需求时,植物的根系生长会对屋顶的结构造成一定的伤害,因此需要在屋顶铺设阻根层、防水层等措施,以防止根系生长给建筑物顶面带来的穿透破坏。此外,即使在建筑物的结构层铺设了阻根层、防水层等,还是有必要再采取其他措施,诸如选种方面、水肥管理方面去引导和限制植物根系的生长。否则,不合适的植物种类或不恰当的养护管理还是会存在植物根系穿透结构层而造成破坏的风险。

以屋顶绿化为例，普通结构的屋面阻根层铺设于排、蓄水层之下，防水层之上。阻根层一般可分为物理阻根（如隔根膜）和化学阻根（SBS耐根性防水卷材）两类。物理阻根是使用材料本身所携带的物理特性（如紧凑性、高强度、高耐腐蚀性等），对植物根系生长进行阻断；一般来讲，物理阻根层由多层结构组成，即最上层、最下层及中间基体三部分。中间基体可以用铜胎基处理或直接由金属箔（铜箔或铝箔）制成，胎基自身具有阻根功能，而胎基中的铜离子（Cu^{2+}）可控制根系顶端的分生组织，当整个植物的根系碰到铜离子的时候，就会改变植物生长的方向，最后能够防止植物根系向防水层的生长。最下层是无纺布，可直接复合于树脂防水层的上面，如在水泥基座上，则可以使用水泥进行黏结，实现材料和结构基座一体化，这样就能够更加有效地阻挡强硬植物根系的各种穿刺。最上层是根据植物不同生长的特性，以及工程实际的情况和厚度不同无纺布的毛毡相互复合。常见的物理根阻材料有铅锡锑合金防水卷材、复合铜胎基防水卷材、铜箔胎防水卷材、聚乙烯胎高聚物防水卷材、HDPE土工膜、聚乙烯丙纶防水卷材、PVC\TPO防水卷材。

普通的物理阻根有效材质不在同一个平面，植物根系能从薄弱环节传入，而化学阻根是均匀地分布在合成沥青层中，植物根系在任何一个节点遇到的都是同一种介质，避免隐患。化学阻根材料的作用机理，就是在弹性沥青涂层（SBS）之中，再加入一些能够用来抑止植物根系生长的某些生物类添加剂。因为沥青是一种比较柔软的有机类材料，因此非常容易与添加剂相互融合。当植物根尖生长到被覆层时，根在添加剂的作用下会角化，并且不会继续生长，从而破坏下面的基质。在不影响植物正常生长的情况下，化学根抑制剂可以阻止植物根在防水材料内生长或改变根的生长方向，当少量的植物毛细根系接触到卷材表面后，大量的植物根系在距卷材15～20cm改变植物根系的生长方向，阻止植物根系向下生长。竹子和茅草等类植物的根系有非常强的穿渗透力，某些卷材则需要结合一些物理或化学阻根的方法，才能够使屋面的防水性能更完善。

二、若干阻根材料简介

（一）APP改性沥青抗根卷材

聚合物改性沥青卷材，是通过加入一种高质量的根系抑制物质来实现根阻功能的。这种物质可以保持数十年的活性，即数十年都可以起到抑制根系生长的作用。当植物根穿入沥青涂层时，根系会因产生化学反应而停止发展。APP 改性沥青抗根卷材是以聚酯毡或玻纤毡为胎基，无规聚丙烯（APP）或聚烯烃类聚合物（APAO、APO）作改性沥青为浸涂层，两面覆以隔离材料制成的防水卷材，聚酯胎卷材厚度分为 3mm 和 4mm。与 SBS 改性沥青防水卷材相比，APP 改性沥青抗根卷材具有更好的耐高温性能，更适宜用于炎热地区。APP 改性沥青抗根卷材不仅具有优良的防水性能，而且具有阻止植物根须长入和穿透卷材的特性，但不会影响植物根系的生长[43]。

（二）阻根型 PPE 卷材

阻根型 PPE 卷材是一种将化学阻根与机械阻根集于一身的防水材料，即在胶质中加入化学阻根剂，胎基又采用具有高密实度和机械强度的聚烯烃材料，使卷材具有双重耐根穿刺特性。化学阻根是 PPE 卷材的胶质中添加了德国生产的一种 B2 型进口阻根剂，该阻根剂是一种油状液体，与沥青具有良好的相容性，可提供长效阻根效果，将植物根尖木质化的同时又不破坏植株生长。机械阻根是 PPE 卷材的胎基由 EVA、ECB 等高聚物及各种添加剂制成的高分子聚塑胎，具有优良的致密性及超强的韧性，当植物的根系到达聚塑胎基表面时，聚塑胎能有效地阻止植物根系的穿透，迫使根系的生长方向发生变化，向四周蔓延[44]。

（三）HDPE 土工膜

HDPE 土工膜全称为"高密度聚乙烯膜"，是以（中）高密度聚乙烯树脂为原料生产的一种防水阻隔型材料（密度为 $0.94g/cm^3$ 或以上的土工膜），具有防水和阻止植物根穿透双重功能，能够承受植物根须穿刺，长久保持防水功能；既防根穿刺，又不影响植物正常生长，表现出优异的耐高低温性能，冷热地区均适用，还具有耐腐蚀、耐霉菌、耐候性等特点，近几年，HDPE 土工膜较多用于车库顶板绿化阻根[45]。

（四）阻根型 SBS 改性沥青防水卷材

阻根型 SBS 改性沥青防水卷材是以聚酯纤维毡为胎基，以添加进口化学阻根剂的 SBS 改性沥青胶为涂盖材料，以聚乙烯膜、细砂或矿物粒料为隔离材料制成的具有优异阻根性能的防水卷材（简称阻根型 SBS 卷材）。同样，也具有阻止植物根穿透和防水双重功能，能够承受植物根须穿刺，长久保持防水功能，抗拉强度高，延伸率大，对基层收缩变形和开裂的适应能力强。耐硌破、耐撕裂、耐疲劳、耐腐蚀、耐霉菌、耐候性好，冷热地区均适用。热熔法施工，施工方便且热接缝可靠耐久。主要适用于种植屋面及地下建筑物顶板的绿化阻根与防水[46]。

（五）PPE 聚塑胎耐根穿刺防水卷材

PPE 聚塑胎耐根穿刺防水卷材是以聚烯烃高分子为胎基，以添加化学阻根剂的改性沥青为上下两面涂盖层，以反光膜为上表面材料所制成的防水卷材。此材料既有聚酯胎卷材的高强度，又有聚乙烯胎卷材的大延伸，集聚酯胎和聚乙烯胎的优点于一身。在以化学阻根为主的同时，因胎体的致密性又可产生机械强度阻根的辅助作用，是一种具有双重阻根功能的防水材料。材料耐渗性能好、抗结构变形能力强及柔韧性好。耐腐蚀性强，即使长期浸泡在酸碱性水中，防水性能和耐久性也不受影响。造价适中，是性价比优异的阻根防水材料，适用于各种种植防水工程。

（六）JCuB-F 复合铜胎耐根穿刺防水卷材

JCuB-F 复合铜胎耐根穿刺防水卷材是以金属铜与聚酯毡复合材料为胎基，上下两层涂以添加化学阻根剂的 SBS 高聚物改性沥青胶，两面覆以隔离材料所制成的耐根穿刺型防水卷材。材料具有化学阻根和金属机械强度阻根的双重耐根刺特性，具有耐穿刺性强、耐压抗渗、耐腐耐候及高强度、大延伸等特点，可满足建筑种植工程和水系景观顶级的阻根防水需求，是目前国内外高档的阻根型防水材料之一。该材料既保持了金属铜高强度、耐穿刺、耐水压的优点，又具有聚酯毡大延伸、耐撕裂的特性。耐腐蚀、耐霉菌、耐老化、耐高低温性能优异，适用范围广，主要应用于种植工程的屋面、地下室顶板及水系景观等防水工程。

（七）JCuB-D 金属铜胎改性沥青防水卷材

JCuB-D 金属铜胎改性沥青防水卷材是以金属铜箔（Cu）为胎基，上下两层涂以添加化学阻根剂的高聚物改性胶，两面覆以隔离材料所制成的阻根型防水卷材（简称 JCuB-D 卷材），是化学阻根与金属阻根相结合的产品。采用化学阻根剂与铜机械强度相结合的双重阻根方式，耐根穿刺性能更优异。金属铜胎基能有效地阻止水蒸气的侵入，耐腐蚀、耐霉菌、耐老化、耐高低温性能优异，适用范围广，主要应用于种植工程的屋面、地下室顶板及水系景观等防水工程。

三、阻根技术在遗址绿化中适用对象

阻根技术是针对遗址新增植被所采取的特殊绿化处理措施，该技术可以引入到遗址本体保护性植被和遗址本体标识性植被以及未探明但可能存在遗址遗迹区域的临时性、保守型、可逆型绿化。对遗址本体进行绿化是十分必要的，尤其是在已经完成勘探并回填的考古遗址明确的遗迹区域，采用绿化植物作为标识材料或覆盖材料是比较可行、流行的做法，除了植物种类上要选择根系较浅的草本及低矮的灌木外，还要利用阻根技术对未来可能发生的根系破坏作用采取预防性保护。以勘探完成的探坑为例，首先要进行填埋恢复，然后依次铺设防水层、阻根层，也可以采用防水阻根二合一的防水卷材，铺设防水、阻根材料的宽度应大于探坑填埋的范围，建议向外扩展100cm以上，然后覆上种植土，其高度建议20~50cm，以满足草本和矮灌木生长最低需求，探坑填埋范围之上建议种植草本植物进行标识，探坑填埋外扩铺设防水、阻根层的区域可种植低矮灌木，用以限定和标识址的轮廓（图7.1）。

为限制和引导植物根系发育以防止对遗址本体的化学及物理损伤，除了利用阻根技术外，还可以利用水肥控制和化学控制诱导植物根系侧向生长，例如利用滴灌系统施加水分和肥料诱导植物根系向滴灌系统侧向生长。陈曦等人在针对遗址区标识种植所设计的遗址区植物种植做法中提到，长期看来，仅利用物理方法阻扰根系生长，由于隔离材料的损坏、植物根系的向地性生长习惯，仍不能避免其继续生长，甚至触及遗址本体，为解决这一问题，在配合物理阻根（具体做法参见该项发明专利说明[47]）的同时，利

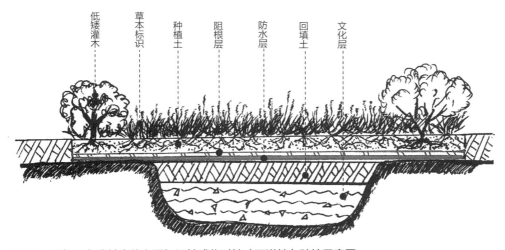

图7.1 阻根层在遗址本体上层标识性或临时性（可逆性）种植示意图

用根系生长的向水性、向肥性及向下性，引入滴灌系统施加水分和肥料以诱导植物根系向预埋的滴灌系统方向生长，从而使得遗址本体免受根系向下生长所造成的潜在危害。其引入的滴灌系统包括地表滴灌系统和地下滴灌系统，地表滴灌系统设置于植物根系生长层上，地下滴灌系统设置于植物根系生长层中。

第二节　灭根技术

一、灭根技术概述

所谓灭根，就是消灭植物的根，使其不再具备供养、支持植株的能力。灭根有两种途径，一种可以称之为"斩草除根"，即将根系及植株一同从土壤中拔出，该方法比较适合农业作物及根系较浅的草本植物；另一种是"去干杀根"，即仅去除植株地上部分，保留地下根系，对根系进行化学杀死的方法，该方法适合木本植物尤其是大树。主要用于农业除草，其次用于工程建设（影响建筑安全或路基安全的树木）。

二、灭根技术在遗址绿化中的适用对象

灭根技术主要针对的是遗址现状植被。如前所述，现状植被对土遗址具有双重作用，尤其是植物根系对遗址本体的影响最为重要。Signorni 根据不同植物的特点[48]，提出了植物根系对建筑物和遗址危险水平的分级表（表7.2）。这一分级体系对于不同植物入侵性的预判定和遗址影响程度的预评估具有指导作用[49]。当遗址本体安全受到植物生长威胁时，就得采用机械移除或化学杀灭等措施。对于遗址地，化学杀灭的方法比机械移除更稳妥、更安全、更利于遗址完整性的保护。例如三嗪类的环嗪酮（林草净）可通过叶面接触和根系吸收，对于草本和灌木都有良好效果，并且毒性较低[50]；草甘膦的低毒性和在土壤中的易降解性[51]，可被广泛用于草本植物的清除；氨水常被注射到有害树木中，可以引起植物不同部位缓慢坏死[52]。当然，杀草剂的使用应当遵循"保护生物多样性和遗产安全"的原则，根据不同的影响等级设计相应的植被防治方案，在遗

根据植物对遗址潜在的影响水平对植物类型进行分级

表 7.2

植物类型	入侵性与生长活力	根系
0 一年生植物	0.0 非攀爬类，正常生长	0.0.0 无主根
		0.0.1 主根弱
		0.0.2 主根壮
	0.1 攀爬类，正常生长	0.1.0 无主根
		0.1.1 主根弱
		0.1.2 主根壮
	0.2 生长旺盛	0.2.0 无主根
		0.2.1 主根弱
		0.2.2 主根壮
1 两年生植物	1.0 攀爬类和非攀爬类	1.0.0 无主根
		1.0.1 主根弱
		1.0.2 主根壮
2 多年生植物	2.0 苔藓和地衣	2.0.0 无主根
	2.1 非入侵性草本，生长弱	2.1.0 无主根
		2.1.1 主根弱
		2.1.2 主根壮
	2.2 入侵性草本，生长旺盛	2.2.0 无主根
		2.2.1 主根弱
		2.2.2 主根壮
3-4 灌木	3.0 根木质茎叶草本	3.0.0 入侵性小
		3.0.1 入侵性一般
		3.0.2 入侵性强
3-4 灌木	4.0 形成吸芽，个体小	4.0.0 入侵性小
		4.0.1 入侵性一般
		4.0.2 入侵性强
	4.1 有吸芽灌木	4.1.0 入侵性小
		4.1.1 入侵性一般
		4.1.2 入侵性强
	4.2 有根蘖灌木	4.2.0 入侵性小
		4.2.1 入侵性一般
		4.2.2 入侵性强
5.0 藤本植物	5.0 无吸芽	5.0.0 入侵性小
		5.0.1 入侵性一般
		5.0.2 入侵性强
	5.1 有吸芽	5.1.0 入侵性小
		5.1.1 入侵性一般
		5.1.2 入侵性强
6.0 树木	6.0 无吸芽	6.0.0 入侵性小
		6.0.1 入侵性一般
		6.0.2 入侵性强
	6.1 有吸芽	6.1.0 入侵性小
		6.1.1 入侵性一般
		6.1.2 入侵性强

注：由上至下，每一个参数的影响水平和破坏等级递增；Signorini 危险指数（DI, 或 IP）是通过在最后一列添加数字而获得，在 0-10 之间变化。DI 0-3，为不太危险；DI 4-6，为一般危险；DI 7 以上，为极其危险。

址修复和保护施工中加以应用[49]。

　　灭根的目的是在清除那些已经对遗址本体产生破坏，或因植物根系的不断生长未来可能存在潜在破坏力，或与遗址环境风貌严重不协调的植被时，因清除或移栽会对遗址本体造成二次破坏或因需要清除的植被面积和数量过大时，就应该采用最小干预措施，避免二次破坏和减低投入成本，因此引入灭根技术是现阶段比较可行的办法。灭根的具体做法是，对于树形高大、树龄较长的乔木，截断树干或树冠部分，移走树干或树冠，保留树桩或树干部分，然后在树干基部注射杀根药剂，使地下根系部分枯死，枯死后的根系及树干基部不再挖出，保持根系在土壤中自然腐烂、降解（图7.2）。对于地上树干的处理，应该因地制宜、区别对待。如果是遗址本体上的乔木，树基部分建议截干时尽可能靠近地面截断（距离地面10～20cm），在确定根系死亡以后进行掩埋覆盖处理，使其不影响遗址本体的外观。对于遗址本体附近或邻近的树木，可以仅截掉树冠，杀死根系（避免继续生长），尽可能保留树干，并设立标识牌，使其作为遗址历史植被的一部分"遗迹"，见证和伴随遗址保护与环境变迁，利用这些遗存的树桩进行环境阐释和反思教育（图7.3）；对于非遗址本体区域的对遗址环境产生严重不协调的树木，处于青壮年生长期的树木可以移栽至别处，对于树龄较大且移植成活率低下的树种可以进行原地杀根处理，先截去主干，保留树干基部30～60cm不等，合理利用这些残存的树桩使其成为遗址环境中的设施或景致，诸如成为休息用椅凳、踩踏玩耍的树桩、众多树桩遗迹组成的景致等（图7.4）。

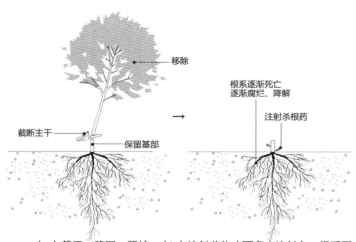

（a）截干、移冠、留桩　（b）注射药物（可多次注射）、根系死亡

图7.2　遗址树木灭根措施实施方法示意图

图 7.3　杀根去冠留主干——树桩遗迹展示　　　图 7.4　杀根去主干留基部——树桩游憩景观

三、若干灭根药物简介

（一）三氯吡氧乙酸

　　三氯吡氧乙酸是一种内吸传导型选择性除草剂（属于激素类除草剂），由植物的叶面和根系吸收，并在植物体内传导到全株，造成其根、茎、叶畸形，储藏物质耗尽，维管束被栓塞或破裂，植株逐渐死亡。其主要特点是药效强劲，除草彻底，亦能用于部分树木的灭根，与草甘膦混配使用性能更好，耐低温性也更强。可以应用于关中地区遗址常见的树种，如构树、杨树、柳树、槐树、核桃、榆、胡枝子、槭、山丁子、稠李、山梨等。

（二）草甘膦异丙胺盐水剂

　　草甘膦异丙胺盐水剂是一种广谱性内吸灭生性除草剂，传导性极强，通过枝叶吸收，传到至全株，阻碍植株的光合作用导致其死亡，具有低温速效性，特别适合温度在22℃以下使用。对多年生深根性草本的地下组织破坏力极强，能够达到一般机械无法达到的深度。亦可用于树木的灭根，适合构树，采取直接注射的方法。

（三）环嗪酮

　　环嗪酮是一种内吸选择性、芽后触杀性三氮苯类除草剂，能杀灭竹子、藤本、灌木及大树。通过植物的根、叶吸收，通过木质部运输到植株的各个部位，抑制植物的光合作用，使植物代谢紊乱，不能制造养分，"饥饿"而死。环嗪酮在土壤中能被微生物降解，不会长时间存留，对土壤和水源不会造成污染。针对树木的灭根处理，具体方法是在树根周围点射，每株10cm胸径的树木，可用75%水分散粒剂160～200g，兑水30kg，点射8～10ml。适宜在多雨多雾天气，药剂要靠水分溶解才能渗入地下，也才能让根吸收。小雨、中雨、大雨前用药都行，避免暴雨前使用，以防止药剂被冲走。如果不下雨，土地湿润也可以用药，但是用量要适当加大。可应用于关中地区遗址常见树种，如杨树、柳树、构树、槐树、核桃、柞树以及各类灌木、藤类等。

第三节　边坡喷播技术

关中地区的大遗址大多是土遗址，且受遗址规模和地形地势的影响，遗址区内会产生高差，形成高台、沟壑及遗址夯土堆或封土等坡地，这些特殊的地势在面积较大或坡度较大时，就需要利用喷播技术实现裸土复绿以美化环境或形成植被保护层。

众所周知，在边坡地，水土容易流失，植物不容易生长，尤其对于陡坡或是岩石边坡而言，自然植被群落的形成十分困难，因此需要人工干预技术来实现边坡的植被修复或人工构建植物生育基础来诱导入侵植物生长。常见的做法有将陡峭的坡面处理成台阶状、在边坡上开挖种植沟或种植穴、利用植被基质喷播附着在边坡上等手段[53]。将边坡处理成台阶状，可以形成不同高度的平面，在其上可以直接种植苗乔木、灌木等苗木，台面较宽时，除了种植还可以考虑人的活动，比较适合营造公路或公园道路两旁的坡地景观，但缺点是边坡形态改变严重，不适合遗址保护区或遗址公园的边坡处理。在边坡上开挖种植沟或种植穴的绿化方法，工程量相对小，但是种植的植物种类比较有限，适合低矮的藤蔓类、小灌木，且边坡容易有裸土或发生滑坡的潜在危险。对边坡进行挂网加固处理后利用植被基质喷播技术能够实现较好的覆盖率，绿化效果美观，但造价相对较贵，且喷播种子主要以草本、藤蔓类为主，并不适合乔灌木生长（图7.5）。然而，对于大遗址需要整治或修复的边坡来说，本着最小干预和保持遗址本体及其环境的真实性原则，喷播技术最合适，它不需要改变边坡的形态，后期植被成景效果也比较连续、能够形成整体。

植被基质喷播技术（简称喷播技术）是将种子、土壤、肥料、有机物、土壤改良剂、防腐蚀剂、土壤活性剂等与水混合后所形成的混合材料，通过植被基质喷播机喷播出去并使之附着在目标物体上的技术。喷播方式分液压式和气压式，两者各有优劣。液压式喷播比气压式喷播的施工效率高，所构建的生育基础更适宜植物的生长发育，但其耐腐蚀性比气压式喷播工程要差。气压式喷射施工效率虽然较之液压式低下，但耐侵蚀性提高很多，更适合于构建较厚的生育基础。对于陡坡或岩壁，为防止喷播工程所构建的生育基础滑落，还需要对其先进行特殊处理才能喷播，常见的做法是挂网。先把锚钉按一定的间距固定在边坡或岩壁上，然后挂网，网子一般选用镀锌铁丝网（又叫勾花网、格栅网、机编网）。

喷播技术基质是保证喷播成功的关键因素，通常用泥炭土和木纤维（或纸浆）按一定的配比混合使用，比单用纯木纤维具有更优良的附着和保水性能，可在土壤层较薄且非常瘠瘦的地方应用，一般喷播厚度在10cm左右。其次是草种选择也是比较重要的因素，所选草种应是根系发达、生长成坪快、抗旱、耐贫瘠的多年生草本或藤蔓类植物，将深根性和浅根性、豆科和禾本科、外地与本地、发育早与发育晚等品种混合喷播效果最佳。在寒冷的北方、西北地区，还应考虑草种的抗冻性。

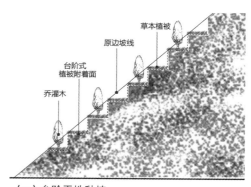

（a）台阶平地种植

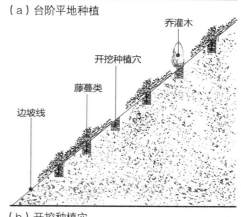

（b）开挖种植穴

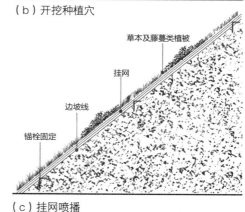

（c）挂网喷播

图7.5 边坡绿化三种常见处理方法

第四节　草花混播与自然演替

草花混播是近几年比较受欢迎的绿化方式，所形成的地被景观效果比较具有吸引力和视觉震撼效果，成景迅速、养护粗放、成本相对较低的优势，使其成为郊野公园、湿地公园、农业观光园、遗址公园以及河道环境治理、公路边坡、城市绿道等绿化新宠。

草花混播重要的是考虑草种的组合，然而草种选择的依据有三：其一，应首先考虑场地的气候、土壤、光照、水分等生态因子条件，诸如草花在耐旱、耐涝、耐寒、耐高温、耐贫瘠、耐盐碱、耐阴等方面的表现。其次，应考虑不同草花生长高度的匹配，一般来说选择高度相当的几种草花组合成景效果比高度相差过大的效果要好很多。再次，应考虑不同草花组合中的花期均衡性，最好能有一个季节的盛花期和三个季节有花可赏。如果考虑到烘托空间氛围的需要，还应该在花色组合上有所考虑。

对于面积较大、遗址观赏价值不高、遗址可读性不强的一类大遗址，诸如城址类遗址、聚落遗址、古人类文化遗址等，其背景环境的烘托和景观营造采用草花混播形成连续的地被景观不失是一种管理粗放、参与性强且景观效果好的绿化方式。需要指出的是，遗址公园的草花混播在选种上应优先从本土野生植物或驯化表现良好的引种植物中选取，以自播繁殖能力强的一二年生草花为主，多年生为辅，避免过于异域化、园艺化风格的品种。根据关中地区气候条件及遗址环境条件，推荐几种适合遗址公园的草花混播组合（表7.3）。

此外，遗址公园的草花混播第一年播种成活以后，随后二三年可以让该人工植物群落自然演替，粗放型管理，三年以后根据群落物种的特点和景观风貌要求，找出自播繁殖优势强的种类再进行人工增种和养护以维持特定的景观风貌，不需要恢复原有设计的植物种群。对于因各种原因使原有种群退化或消失严重的植物群落，应鼓励让"自然做工""适者生存"的植物"竞争上岗"，也就是说利用进入或替代原有植物群落的现有逸生或入侵物种进行地被景观的营造。无需顾虑植物之间的营养竞争或物种多样性的考虑，因为遗址环境的绿化与农业观光种植或生态保育等以生产、生态、防护为目的绿化不同，遗址环境的地被式绿化主要为了营造氛围、美化土地肌理，因此适当的野态化或某一类优势种群占主导，不会影响遗址环境的生态安全，反而通过引入植物与本土植物的竞争，形成一种稳定的群落关系或优势主导种群，更能反映遗址环境的真实性，体现自然教育的目的。

适合关中大遗址环境烘托与景观营造的草花组合建议　　　　表 7.3

组合类型与景观示意图	组合种类搭配	适合场地	色系与花期	播种量建议
缀花草坪	①冷季型草坪草+蒲公英+婆婆纳	阳光充足、干旱环境、坡地	蓝色与黄色组合，3~8月	8~10g/m²
	②冷季型草坪草+早开堇菜+紫花地丁	阳光充足或半阴环境、坡地	紫色系，4~6月	8~10g/m²
	③冷季型草坪草+紫菀+涩荠	阳光充足或半阴环境、坡地、贫瘠地	紫色与粉色组合，5~9月	8~10g/m²
耐阴组合	①二月兰+小窃衣+肥皂草	林下、阴坡	混色，4~9月	3~4g/m²
	②紫堇+耧斗菜+鼠尾草	林下、阴坡	混色，5~9月	3~4g/m²
	③蛇莓+黄堇+委陵菜	林下、阴坡	黄白混合，3~8月	3~4g/m²
豆科植物组合	紫花苜蓿+野豌豆+小冠花+红豆草+百脉根	阳光充足环境、坡地、贫瘠地	混色，5~9月	4~6g/m²
菊科植物组合	①大滨菊+金鸡菊+春白菊	阳光充足环境、坡地、贫瘠地	黄色与白色组合，4~9月	3~5g/m²
	②波斯菊+硫华菊	阳光充足环境、坡地、贫瘠地	混色，6~10月	3~5g/m²
	③黑种草+菊苣+矢车菊	阳光充足环境、坡地、贫瘠地	蓝色系，4~9月	3~5g/m²
	④野菊+菊芋+宿根天人菊+芳香堆心菊	阳光充足环境、坡地、贫瘠地	黄色系，6~11月	3~5g/m²

续表

组合类型与景观示意图	组合种类搭配	适合场地	色系与花期	播种量建议
低矮组合	①蓝亚麻+高山紫菀+桔梗花	阳光充足环境、坡地	蓝紫色系，6~9月	2~3g/m²
	②美丽月见草+常夏石竹	阳光充足环境、坡地	粉色组合，4~10月	2~3g/m²
	③大花马齿苋+佛甲草	阳光充足环境、坡地、土层薄、贫瘠之地	混色，4~9月	2~3g/m²

第五节 植被诱导与生态恢复

植被诱导是指构建植被引种、生存的理想生育基础，利用本土表层土（通常含有种子的表土）或通过周边既有植物群落的自然侵入，以完成植物引种[53]。适用于自然公园、郊野公园、公路沿线的荒坡绿化等自然性较高地区的植被恢复。植被诱导的优势在于有利于构建多样性丰富的植物群落，促进与群落形成、维持、发展有关的土壤微生物活动，加速生态系统的恢复，但是缺点是很难预料将要形成何种群落结构，施工养护也比较频繁。植被诱导适合遗址背景环境的营造及遗址保护风貌协调区及建设控制地带的生境恢复。

对于周边植被环境较差的遗址，尤其是城市型遗址，为了加快植被诱导进程及实现预期种群的可控性，可对植被诱导采取一些适当的干预措施。首先，对需要进行植被恢复的区域进行垃圾及其杂物、杂草的清理，其次对不良土壤进行改良或换土，覆盖一层含有预期目标种群的植物种子的表土，然后栽种一些能够吸引昆虫、鸟类及其他小动物的花灌木及乔木，2~3年后乔灌木也能够开花结果，吸引小动物们来采蜜、觅食、

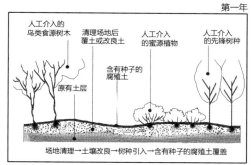 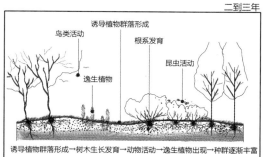

图 7.6　适合植被环境较差的遗址背景环境生态修复法：植被诱导示意图

栖息等，通过粪便、身体携带等多种方式将其他地方的种植引入场地，丰富植物种群，吸引更多的小动物来此活动，以此带动微生物的繁殖与分解，如此良性循环，形成稳定的植物群落及生态链，该场地的生态就会得到恢复（图 7.6）。

根据对关中地区大遗址周边环境及区域环境中自然植物群落及人工建植的群落中优势种或易侵入种的观察，参考他人对关中地区常见的野生鸟类（参见附录四）及昆虫的食物源及栖息地树种的研究成果[54-58]，本节推荐一些适合遗址背景环境生态修复且能够代表本土特色的先锋树种及草种等（表 7.4）。

适合关中大遗址生态修复区域的先锋树种及草种组合建议　　表 7.4

人工引入乔灌木		
编号	种名（拉丁名）	作用
1	刺槐（Robinia pseudoacacia L.）、油松（Pinus tabuliformis Carr.）、侧柏（Platycladus orientalis (L.) Franco）、臭椿（Ailanthus altissima）、杜梨（Pyrus betulifolia Bunge）、沙棘（Hippophae rhamnoides Linn）、酸枣（Ziziphus jujuba Mill. var. spinosa (Bunge) Hu ex H. F. Chow）、山桃（Amygdalus davidiana (Carrière) de Vos ex Henry）、山杏（Armeniaca sibirica (L.) Lam）、桑树（Morus alba L.）、柿树（Diospyros kaki Thunb.）、胡枝子（Lespedeza bicolor Turcz.）、火炬树（Rhus Typhina）	先锋树种、蜜源植物、鸟类食源树种
2	构树（Broussonetia papyrifera）、榆树（Ulmus pumila L.）	先锋树种、鸟类食源树种
3	火炬树（Rhus Typhina）、柽柳（Tamarix chinensis Lour.）、柳树（Salix）	先锋树种、蜜源植物
4	山杨（Populus davidiana Dode）、绒毛白蜡（Fraxinus velutina Torr）	先锋树种
5	火棘（Pyracantha fortuneana (Maxim.) Li）、金银木（Lonicera maackii (Rupr.) Maxim）、山楂（Crataegus pinnatifida Bunge）	蜜源植物、鸟类食源树种

续表

	草种播种组合		
编号	草种（拉丁名）	种子获取方式说明	播种量及管理养护
1	斑种草（*Bothriospermum chinense* Bunge）、盾果草（*Thyrocarpus sampsonii* Hance）、点地梅（*Androsace umbellata*）、老鹳草（*Geranium wilfordii* Maxim.）、紫堇（*Corydalis edulis* Maxim）	本表中的草种大多为关中地区常见逸生、野生种，少数因药用、牧草等价值需要已经有人工栽培育种（蒲公英、车前、百脉根等），其余种，建议人工就近采集野生种子或植株	3~5g/m²，播种后需要多次浇水并采取防晒措施，出苗后无需人工干预，让各种群之间自然竞争；以后自播繁殖
2	蒲公英（*Taraxacum mongolicum* Hand.-Mazz.）、车前草（*Plantago depressa* Willd）、婆婆纳（*Veronica didyma* Tenore）、荠菜（*Capsella bursa-pastoris* (Linn.) Medic.）、刺儿菜（*Cirsium arvense* var. *integrifolium*）、麻花头（*Klasea centauroides* (L.) Cass.）		
3	广布野豌豆（*Vicia cracca* L.）、百脉根（*Lotus corniculatus* Linn.）、草木犀（*Melilotus officinalis* (L.) Pall）、翠雀（*Delphinium grandiflorum* L.）		
4	燕麦（*Avena sativa*）、雀麦（*Bromus japonicus* Thunb. ex Murr.）、看麦娘（*Alopecurus aequalis* Sobol.）、狗尾草（*Setaria viridis* (L.) Beauv）		

附录

附录一：名词、术语解释

大遗址： 指列入国家大遗址保护项目库，反映中国古代历史各个发展阶段，涉及政治、宗教、军事、科技、工业、农业、建筑、交通、水利等方面历史文化信息，具有规模宏大、价值重大、影响深远的大型聚落、城址、宫室、陵寝、墓葬等遗址、遗址群。——《大遗址利用导则（试行）》（国家文物局，2020年）

国家考古遗址公园： 是指以重要考古遗址及其背景环境为主体，具有科研、教育、游憩等功能，在考古遗址保护和展示方面具有全国性示范意义的特定公共空间。——《国家考古遗址公园管理办法（试行）》（国家文物局，2009年12月）

乡愁： 源于诗人余光中、文化学者席慕蓉的同名诗作《乡愁》。2013年12月在北京召开的中央城镇化工作会议中提出"要依托现有山水脉络等独特风光，让城市融入大自然，让居民望得见山、看得见水、记得住乡愁"，首次在官方会议中引用"乡愁"一词。2015年1月由中宣部、住房和城乡建设部、国家新闻出版广电总局联合组织实施，中央电视台百集大型纪录片《记住乡愁》播出，更是把乡愁以人物、故事、风俗、记忆、景观等视听形式向人们展示其内涵和魅力，使得乡愁一词广泛传播到中华大地的街头巷尾、成为热议的名词。2018年1月中央一号文件——《中共中央国务院关于实施乡村振兴战略的意见》中提出"以乡情乡愁为纽带，吸引支持企业家、党政干部、专家学者、医生教师、规划师、建筑师、律师、技能人才等……" "乡愁"一词出现在最高级别的官方文件中，迅速在全国学术界、传媒界等广泛引用和讨论。关于乡愁，至今官方或学术上还没有一个具体的定义，不同人有不同的理解。本书作者认为，对于个人来说，"乡愁"是人们内心深处对儿时或过去故乡的生产生活、景观风貌、风俗文化、人情世故的美好记忆或回忆，并且对当前所处的生活或人居环境有着强烈的希望改变使之有故乡"味道"的愿望、理想或追求，抑或是在当前所处的生活或人居环境中发现类似于故乡"味道"的某些片段或场景从而引发强烈的共鸣、思乡的情怀。对于一座城市或城镇来说，"乡愁"是对曾经拥有或正在消失的一切美好的事物，大到山川河流、小到楼阁庙宇，有形的街巷房屋、无形的故事传说等的发现与记录、修复与营造、保护与传承……以期唤醒整座城市或城镇的生态与活力，实现留住人、留住生活、留住文化、适宜人居、适宜发展的美好愿景。——作者概括

环境整治： 是保证文物古迹安全、展示文物古迹环境原状、保障合理利用的综合

措施，包括：对保护区划中有损景观的建筑进行调整、拆除或置换，清除可能引起灾害的杂物堆积，制止可能影响文物古迹安全的生产及社会活动，防止环境污染对文物造成的损伤。绿化应尊重文物古迹及周围环境的历史风貌，如采用乡土物种，避免因绿化而损害文物古迹和景观环境。——国际古迹遗址理事会中国国家委员会《中国文物古迹保护准则》（2015年）

遗址环境：指遗址现状的环境要素，即遗址保护范围内除遗址本体以外的一切存在的环境要素，包括地形、地貌、气候、植被、水系以及人工的构筑物、标识物、基础设施，还有噪声、空气污染等。——作者概括

历史园林：历史园林指从历史或艺术角度而言民众感兴趣的建筑和园艺构造，它应被看作是一古迹。历史园林是一主要由植物组成的建筑构造，因此它是具有生命力的，即指有死有生。因此，其面貌反映着季节循环、自然变迁与园林艺术，希望将其保持永恒的愿望之间的永久平衡。——国际古迹遗址理事会国际历史园林委员会《佛罗伦萨宪章》（1982-12-15）

真实性：指文物古迹本身的材料、工艺、设计及其环境和它所反映的历史、文化、社会等相关信息的真实性。对文物古迹的保护就是保护这些信息及其来源的真实性。——国际古迹遗址理事会中国国家委员会《中国文物古迹保护准则》（2015年）

历史（自然）环境：即与遗址价值具有直接关联的各历史时期的自然环境要素，包括地形、地貌、气候、植被等。——《大遗址保护规划规范》WW/Z0072—2015（国家文物局，2015-11-26）

完整性：文物古迹的保护是对其价值、价值载体及其环境等体现文物古迹价值的各个要素的完整保护，文物古迹在历史演化过程中形成的包括各个时代特征、具有价值的物质遗存都应得到尊重。——国际古迹遗址理事会中国国家委员会《中国文物古迹保护准则》（2015年）

整体保护：对承载大遗址价值的各类要素及其关联实施完整保护理念。——《大遗址保护规划规范》WW/Z0072-2015（国家文物局，2015-11-26）

绿化标识：是遗址本体的覆盖性保护与标识的方式之一，绿化标识即利用绿色植物对勘探回填后的遗址本体进行保护和标识，或对未发掘勘探的地下遗存或遗址本体的外观、遗址的部分建筑及格局等进行标识性展示。——作者概括

遗址本体：遗址分布范围内承载大遗址价值的各类文化遗存。——《大遗址保护规划规范》WW/Z0072-2015（国家文物局，2015-11-26）

重点保护区：保护范围内按照遗存集中分布区或重要遗存分布区划定的重点保护区域。——《大遗址保护规划规范》WW/Z0072-2015（国家文物局，2015-11-26）

一般保护区：保护范围内除重点保护区之外的其他区域。——《大遗址保护规划规范》WW/Z0072-2015（国家文物局，2015-11-26）

建设控制地带：依照《中华人民共和国文物保护法》要求的、在保护范围外根据历史环境保护要求和现代空间环境的景观协调要求划定的区域。控制内容包括禁建与否、适建项目要求以及建（构）筑物的使用功能、高度与体量、色彩与形式等。——《大遗址保护规划规范》WW/Z0072-2015（国家文物局，2015-11-26）

环境协调区（环境控制区）：在建设控制地带之外，根据大遗址空间环境景观的完整性与协调性要求划定的、以保护自然地形地貌或周边视觉环境协调程度为主要控制内容的区域。——《大遗址保护规划规范》WW/Z0072-2015（国家文物局，2015-11-26）

背景环境：可影响遗产价值或重要性的遗址周边环境要素。除了实体和视觉方面的含义外，背景环境还包括遗产与自然景观之间的相互关系；包括所有周边环境空间的其他形式的文化遗产，以及当前活跃发展的文化、社会、经济关联因素。——《大遗址保护规划规范》WW/Z0072-2015（国家文物局，2015-11-26）

城市风貌：字面意思指城市所呈现出来的面貌、格调。具体说来，城市风貌是关于城市的、可以被人们所感知的具有可识别性的事物，同时它还应带有一定的美学特征，体现一定的审美感知。"风"指具有一定社会认可度的社会意识，包括文化意识、民风民俗、生活方式以及社交习惯等；"貌"指普遍存在的，能够给人留下印象深刻的物质条件，包括可视的有形实体和无形的可为人认知的物质或空间。——齐新明《城市风貌规划理论与实证研究》（兰州：甘肃人民出版社，2014）

根劈作用：源于岩土工程学，指树根沿岩石裂隙生长，楔入岩隙扩张裂隙，把岩石挤开，这种作用属于生物对母岩的破坏方式之一，又称为生物的机械风化作用。在遗址保护领域引入这一概念，用来描述由于植物根系生长发育对考古遗址（尤其是土遗址类）本体产生的破坏影响，诸如土层断裂、坍塌，根劈作用严重影响考古遗址的完整性。——作者概括

封土为陵/平地起陵：中国古代墓葬形式之一，即墓葬上方建筑以封土为中心，封土的外观形制有"坊"形、"覆斗"型、"圆丘"形和"山"形。"覆斗"型封土的陵在古代延续时间较长，秦、汉、唐的帝陵均有"覆斗"型封土。因多建于平坦开阔之地，

也叫作"平地起陵"。——李毓芳《西汉陵墓封土渊源与形制》[文博，1987（6）：39-41]

生境： 指动植物赖以生活的环境（栖息地），包括自然资源（水、食源、隐蔽物）、环境条件（温度、降雨、竞争者）以及满足物种生存、繁衍所需的空间。——刘勇（西南大学）《生物多样性》[EB/OL][科普中国（http://www.kepuchina.cn），2018.04.25]

郁闭度： 林木树冠枝条彼此锁闭程度，也就是树冠垂直投影面积与林地总面积之比。当郁闭度为1.0时，表示林冠下没有透光的地方；当林木郁闭度在0.8以上为高郁闭度，即称为密林；0.4～0.6为低郁闭度，即称为疏林。郁闭度0.6～0.8为中郁闭度。——中华人民共和国教育部编《林业知识（上）》[1981（1）：53]

林冠线： 树木成林或成带状布置时，当生长至一定的高度（林冠高于其他环境物体或以人的正常视角能够观察到以天空为背景的林冠时），树冠轮廓在其纯净背景（天空）衬托下形成一条或起伏有致或参差错落或波浪形的轮廓线，类似于城市天际线。——作者概括

因山为陵（依山为陵/以山为陵）： 中国古代一种葬制，将墓葬埋在自然山体中，形成背依大山的恢宏气势。始于西汉王陵、帝陵，后世见于东汉帝陵、魏晋帝陵、隋唐帝陵等。——周学鹰《"因山为陵"葬制探源》[中原文物，2005（1）：62～68]

附录二：关中地区大遗址名录

（并非全面统计）

序号	大遗址名称	遗址简介	遗址地理位置	遗址类型
1	周原遗址	周人遗迹	宝鸡市扶风、岐山一带	大型古代城市遗址
2	阿房宫遗址	秦宫殿	西咸新区阿房村	大型古代建筑群和园林遗址
3	汉长安城遗址	汉都城；其中未央宫遗址获第二批建成的国家考古遗址公园	西安市西北二环外三环内	大型古代城市遗址（都城遗址）
4	秦始皇陵	始皇帝嬴政之墓，封土为陵；第一批获批建成的国家考古遗址公园	西安市临潼区	古代帝王陵寝与各类大型墓葬群
5	秦雍城遗址	先秦秦国古都	宝鸡市凤翔县南郊	大型古代城市遗址（都城遗址）
6	西汉霸陵	汉文帝刘恒之墓，因山为陵	西安东郊白鹿原东北角毛窑院村	古代帝王陵寝与各类大型墓葬群
7	西汉杜陵	汉宣帝刘询之墓，封土为陵	西安市东北少陵塬三兆村南	古代帝王陵寝与各类大型墓葬群
8	西汉阳陵	汉景帝刘启之墓，封土为陵；第一批获批建成的国家考古遗址公园	咸阳渭城区正阳镇张家湾、后沟村北的咸阳原上，五陵原之一	古代帝王陵寝与各类大型墓葬群
9	西汉长陵	汉高祖刘邦之墓，封土为陵	咸阳市渭城区窑店镇三义村北，五陵原之一	古代帝王陵寝与各类大型墓葬群
10	西汉安陵	汉惠帝刘盈之墓，封土为陵	咸阳市渭城区韩家湾乡白庙村，五陵原之一	古代帝王陵寝与各类大型墓葬群
11	西汉义陵	汉哀帝刘欣之墓，封土为陵	咸阳市渭城区周陵乡南贺村	古代帝王陵寝与各类大型墓葬群
12	西汉渭陵	汉元帝刘奭之墓，封土为陵	咸阳市渭城区周陵镇新庄村东南	古代帝王陵寝与各类大型墓葬群
13	西汉康陵	汉平帝刘衎之墓，封土为陵	咸阳渭城区周陵乡大寨村	古代帝王陵寝与各类大型墓葬群
14	西汉延陵	汉成帝刘骜之墓，封土为陵	咸阳渭城区周陵乡马家窑村	古代帝王陵寝与各类大型墓葬群
15	西汉平陵	汉昭帝刘弗陵之墓，封土为陵	咸阳秦都区平陵乡大王村，五陵原之一	古代帝王陵寝与各类大型墓葬群
16	西汉茂陵	汉武帝刘彻之墓，封土为陵	兴平东北，五陵原之一	古代帝王陵寝与各类大型墓葬群
17	西汉南陵	汉文帝之母薄太后之墓，封土为陵	西安东南白鹿原上	古代帝王陵寝与各类大型墓葬群

续表

序号	大遗址名称	遗址简介	遗址地理位置	遗址类型
18	唐献陵	唐高祖李渊之墓，平底积土为冢	咸阳市三原县徐木乡永合村	古代帝王陵寝与各类大型墓葬群
19	唐昭陵	唐太宗李世民之墓，因山为陵	礼泉县东北九嵕山	古代帝王陵寝与各类大型墓葬群
20	唐乾陵	唐高宗李治与武则天合葬墓，因山为陵	咸阳市乾县城北梁山	古代帝王陵寝与各类大型墓葬群
21	唐定陵	唐中宗李显之墓，因山为陵	富平县西北凤凰山	古代帝王陵寝与各类大型墓葬群
22	唐桥陵	唐睿宗李旦之墓，因山为陵	渭南市蒲城县西北丰山	古代帝王陵寝与各类大型墓葬群
23	唐泰陵	唐玄宗李隆基之墓，因山为陵	蒲城县东北金粟山南	古代帝王陵寝与各类大型墓葬群
24	唐建陵	唐肃宗李亨之墓，因山为陵	咸阳礼泉东北武将山南麓	古代帝王陵寝与各类大型墓葬群
25	唐元陵	唐代宗李豫之墓，因山为陵	富平县西北檀山	古代帝王陵寝与各类大型墓葬群
26	唐崇陵	唐德宗李适之墓，因山为陵	泾阳西北嵯峨山	古代帝王陵寝与各类大型墓葬群
27	唐丰陵	唐顺宗李诵之墓，因山为陵	富平东北金瓮山之南曹村乡陵村	古代帝王陵寝与各类大型墓葬群
28	唐景陵	唐宪宗李纯之墓，因山为陵	蒲城西北金帜山	古代帝王陵寝与各类大型墓葬群
29	唐光陵	唐穆宗李恒之墓，因山为陵	蒲城县北辛子坡村北尧山	古代帝王陵寝与各类大型墓葬群
30	唐庄陵	唐敬宗李湛之墓，平底积土为冢	三原县东北陵前乡柴家窑村东	古代帝王陵寝与各类大型墓葬群
31	唐章陵	唐文宗李昂之墓，因山为陵	富平西北雷村乡与齐村乡交界天乳山之南（因山为陵）	古代帝王陵寝与各类大型墓葬群
32	唐端陵	唐武宗李炎之墓，平底积土为冢	三原县徐木原西	古代帝王陵寝与各类大型墓葬群
33	唐贞陵	唐宣宗李忱之墓，因山为陵	泾阳县白王乡崔黄村	古代帝王陵寝与各类大型墓葬群
34	唐简陵	唐懿宗李漼之墓，因山为陵	富平西北长春乡紫金山	古代帝王陵寝与各类大型墓葬群
35	唐靖陵	唐僖宗李儇之墓，平底积土为冢	乾县铁佛乡南陵村境乾县铁佛乡南陵村	古代帝王陵寝与各类大型墓葬群
36	唐顺陵	武则天之母杨氏之墓，平底积土为冢	咸阳渭城区底张镇韩家村	古代帝王陵寝与各类大型墓葬群

续表

序号	大遗址名称	遗址简介	遗址地理位置	遗址类型
37	丰镐遗址	西周都城	西安市长安区马王镇、斗门镇一带的沣河两岸	大型古代城市遗址（都城遗址）
38	杨官寨遗址	新石器时代遗迹	西安市高陵区姬家街道杨官寨村四组东侧泾河左岸的一级阶地上	新石器时期大型古人类聚集遗址
39	黄堡镇耀州窑遗址	手工作坊类遗迹	陕西省铜川市王益区黄堡镇	大型古代手工业遗址
40	大明宫遗址	唐宫殿，三大内之一；第一批获批建成的国家考古遗址公园	西安市未央区与新城区	大型古代建筑群和园林遗址
41	东马坊遗址	战国至西汉时期雍王章邯的都城"废丘"	东马坊遗址位于西咸新区沣西新城东马坊村	大型古代城市遗址

附录三：适合关中地区大遗址绿化植物及其特性查询表

表格查询使用说明

①关于排序：列表中植物按照中文名称汉语拼音先后顺序排列。

②关于表头中"适用区域/类型"：是指植物适合用于何种类型的遗址区域及其承担何种绿化功能类型。表格长度有限，因此用字母和数字符号表示，方便记录。字母与符号说明如下：

KS（Key Sites Area）——重点遗址保护区；

GS(General Site Area)——一般遗址保护区；

CC(Construction Control Area)——建设控制地带；

EC(Environmental Coordination Area)——环境/景观风貌协调区。

01 遗址本体保护性植被；

02 遗址本体标识性植被；

03 遗址历史环境展示型种植；

04 遗址环境氛围营造型种植；

05 遗址公共游憩空间的功能型种植；

06 遗址边界标识性种植；

07 遗址边界过渡型种植。

③特性符号说明：☆的数量表示程度，1~3颗星其程度逐渐提高，具体如下：

- 根系浅一栏中，灰色填充表示不属于浅根系植物，☆表示根系一般浅（1.5~0.8m），☆☆表示较浅（0.7~0.4m），☆☆☆表示十分浅（0.3~0.1m以内）（参考屋顶绿化覆土最小厚度要求）；

- 耐旱/寒两栏中，灰色填充表示不具备耐旱或耐旱性，☆表示一般耐旱/寒，☆☆较耐旱/寒，☆☆☆十分耐旱/寒；

- 文化内涵一栏中，灰色填充表示一般常见的适生植物；☆代表具有一定历史文化渊源的引种植物，☆☆具有较深历史渊源的乡土植物，☆☆☆具有深厚历史渊源与文化内涵的乡土植物。

序号	字母	中文名/拉丁学名	特性				适用区域/应用类型
			根系浅	耐旱	耐寒	文化内涵	
1	A	阿拉伯婆婆那 /Veronica persica Poir.	☆☆☆	☆☆☆	☆☆☆		CC/07；EC/07
2	A	矮麦冬 /Ophiopogon japonicus var.nana	☆☆☆	☆☆	☆☆		KS/01&02；GS/01&02
3	A	矮蒲苇 /Cortaderia selloana 'Pumila'	☆☆☆	☆☆	☆☆☆		GS/04；CC/04
4	B	柏 /Cupressus Linn.		☆☆☆	☆☆☆	☆☆☆	GS/06&07；CC/04&06；EC/04
5	B	白杜 /Euonymus maackii Rupr.		☆☆☆	☆☆☆		CC/05&07；EC/05&07
6	B	白蜡 /Fraxinus chinensis		☆☆	☆☆	☆☆	CC/05&07；EC/05&07
7	B	白梨 /Pyrus bretschneideri Rehd.		☆☆	☆☆☆	☆☆☆	GS/03&04；CC/05&07；EC/05&07
8	B	百脉根 /Lotus corniculatus Linn.	☆☆	☆☆☆	☆☆☆		CC/04&05；EC/04&05
9	B	白茅 /Imperata cylindrica (L.) Beauv	☆☆	☆☆☆	☆☆☆	☆☆☆	KS/04；GS/04；CC/04；EC/04
10	B	白皮松 /Pinus bungeana Zucc.		☆☆☆	☆☆☆	☆☆☆	GS/02&03&06；CC/05&07；EC/05&07
11	B	白榆 /Ulmus pumila L.		☆☆☆	☆☆☆	☆☆☆	CC/05&07；EC/05&07
12	B	板栗 /Castanea mollissima BL.		☆☆☆	☆☆☆	☆☆☆	GS/03&04；CC/05&07；EC/05&07
13	B	斑种草 /Bothriospermum chinense Bunge	☆☆☆	☆☆☆	☆☆☆	☆☆	CC/05&07；EC/05&07
14	B	北美圆柏 /Juniperus virginiana L.		☆☆☆	☆☆☆		GS/06；CC/05&06&07；EC/05&06&07
15	B	冰草 /Agropyron cristatum (L.) Gaertn.	☆☆☆	☆☆☆	☆☆☆		KS/01&02；GS/01&02
16	B	波斯菊 /Cosmos bipinnata Cav.	☆☆☆	☆☆☆	☆		CC/05&07；EC/05&07

附录三：适合关中地区大遗址绿化植物及其特性查询表

续表

序号	字母	中文名 / 拉丁学名	特性				适用区域 / 应用类型
			根系浅	耐旱	耐寒	文化内涵	
17		草地早熟禾 /*Poa pratensis L.*	☆☆☆	☆☆☆	☆		KS/01&02；GS/01&02；CC/05&07；EC/05&07
18		草木樨 /*Melilotus officinalis (L.) Pall.*	☆☆	☆☆	☆☆		CC/05&07；EC/05&07
19		侧柏 /*Platycladus orientalis(L.)Franco*	☆☆	☆☆☆	☆☆☆	☆☆	GS/02&06；CC/05&07；EC/05&07
20		常夏石竹 /*Dianthus plumarius (L.)*	☆☆☆	☆☆☆	☆☆		CC/05&07；EC/05&07
21		车前草 /*Plantago depressa Willd.*	☆☆☆	☆☆☆	☆☆☆	☆☆	CC/05&07；EC/05&07
22		柽柳 /*Tamarix chinensis Lour.*		☆☆☆	☆☆☆		CC/05&07；EC/05&07
23	C	臭椿 /*Ailanthus altissima*		☆☆☆	☆☆☆	☆☆☆	CC/05&07；EC/05&07
24		春白菊 /*Chrysanthemum leucanthemum L.*	☆☆☆	☆☆	☆☆		CC/05&07；EC/05&07
25		椿树 /*Ailanthus altissima*		☆☆	☆☆	☆☆☆	CC/05&07；EC/05&07
26		刺柏 /*Juniperus formosana Hayata*	☆	☆☆☆	☆☆☆	☆☆☆	GS/02&03&06；CC/05&07；EC/05&07
27		刺儿菜 /*Cirsium arvense var. integrifolium*	☆☆☆	☆☆☆	☆☆☆	☆☆	GS/04；CC/05&07；EC/05&07
28		刺槐 /*Robinia pseudoacacia L.*	☆	☆☆☆	☆☆☆	☆	CC/05&07；EC/05&07
29		翠雀 /*Delphinium grandiflorum L.*	☆☆☆	☆☆☆	☆☆☆		GS/04；CC/05&07；EC/05&07

续表

序号	字母	中文名/拉丁学名	特性				适用区域/应用类型
			根系浅	耐旱	耐寒	文化内涵	
30	D	大滨菊/Leucanthemum maximum (Ramood) DC.	☆☆☆	☆☆	☆☆☆		CC/05&07；EC/05&07
31		大花马齿苋/Portulaca grandiflora Hook.	☆☆☆	☆☆☆	☆☆☆		GS/04；CC/04；EC/04
32		荻/Triarrhena sacchariflora (Maxim.) Nakai	☆☆	☆☆☆	☆☆☆	☆☆☆	KS/03&04；GS/03&04
33		地肤/Kochia scoparia (L.) Schrad.	☆	☆☆☆	☆		GS/03&04；EC/04
34		杜仲/Eucommia ulmoides Oliver		☆☆☆	☆☆☆	☆☆☆	CC/05&07；EC/05&07
35		盾果草/Thyrocarpus sampsonii Hance	☆☆☆	☆☆	☆☆		GS/04；CC/05&07；EC/05&07
36		多杆紫薇/Lagerstroemia indica L.	☆☆	☆☆☆	☆☆☆	☆☆	CC/05&07；EC/05&07
37		多花胡枝子/Lespedeza floribunda Bunge	☆☆	☆☆☆	☆☆☆		KS/01&02&04；CC/04&07；EC/04&07
38		点地梅/Androsace umbellata	☆☆☆	☆☆☆	☆☆☆		GS/04；CC/05&07；EC/05&07
39		鹅肠菜/Myosoton aquaticum (L.) Moench	☆☆☆		☆☆		GS/04；CC/05&07；EC/05&07
40	E	鹅观草/Roegneria kamoji Ohwi	☆☆☆	☆	☆☆☆		KS/01；
41		鹅绒藤/Cynanchum chinense R.Br.	☆☆☆	☆☆☆	☆☆☆		GS/04；CC/05；EC/05；
42		鹅掌楸/Liriodendron chinense (Hemsl.) Sargent.		☆	☆☆☆		CC/05&07；EC/05&07
43		二月兰/Orychophragmus violaceus (L.) O. E. Schulz	☆☆☆	☆☆☆	☆☆☆	☆☆	GS/04；CC/05&07；EC/05&07

附录三：适合关中地区大遗址绿化植物及其特性查询表

续表

序号	字母	中文名/拉丁学名	特性				适用区域/应用类型
			根系浅	耐旱	耐寒	文化内涵	
44	F	芳香堆心菊 /Heleniun aromaticum (Hook.) L.H.Bailey	☆☆☆	☆☆☆	☆☆☆		CC/05&07；EC/05&07
45		飞蓬 /Erigeron acer Linn.	☆☆	☆☆☆	☆☆☆	☆☆	GS/04；CC/05&07；EC/05&07
46		肥皂草 /Saponaria officinals Linn.	☆☆	☆☆	☆☆☆		CC/05&07；EC/05&07
47		粉黛乱子草 /Muhlenbergia capillaris (Lam.) Trin.	☆☆	☆☆	☆☆☆		CC/04&05；EC/04&05
48		佛甲草 /Sedum lineare Thunb.	☆☆☆	☆☆☆	☆☆		KS/01&02；GS/01&02
49		拂子茅 /Calamagrostis epigeios (L.) Roth	☆☆☆	☆☆	☆☆☆		KS/02；GS/02&04；CC/04；EC/04
50	G	甘野菊 /Chrysanthemum eticuspe	☆☆☆	☆☆☆	☆☆☆		CC/05；EC/05
51		高山紫菀 /Aster alpinus L.	☆☆☆	☆☆☆	☆☆☆		CC/05；EC/05
52		高羊茅 /Festuca elata Keng ex E. Alexeev	☆☆☆	☆☆☆	☆☆☆		GS/04
53		枸橘 /Poncirus trifoliata (L.) Raf	☆☆	☆☆☆	☆☆☆	☆☆☆	KS/01；
54		枸杞 /Lycium chinense Mill.		☆☆	☆☆☆	☆☆	KS/01；
55		构树 /Broussonetia papyrifera	☆	☆☆☆	☆☆☆	☆☆	CC/05&07；EC/05&07
56		狗尾草 /Setaria viridis (L.) Beauv.	☆☆☆	☆☆☆	☆☆☆	☆☆	KS/01&04；GS/01&04；CC/05；EC/05
57		狗牙根 /Cynodon dactylon (L.) Pers.	☆☆☆	☆☆☆	☆		KS/01
58		拐枣 /Hovenia acerba Lindl.		☆☆☆	☆☆☆	☆☆	CC/05；EC/05
59		广布野豌豆 /Vicia cracca L.	☆☆☆	☆☆	☆☆	☆☆	CC/05；EC/05
60		光皮梾木 /Swida wilsoniana (Wanger.) Sojak		☆☆☆	☆☆☆	☆☆	CC/05&07；EC/05&07
61		桧柏 /Sabina chinensis (L.) Ant.		☆☆	☆☆☆		CC/06；EC/06；
62		国槐 /Styphnolobium japonicum (L.) Schott		☆☆☆	☆☆☆	☆☆☆	KS/03；GS/04；CC/05；EC/05

续表

序号	字母	中文名 / 拉丁学名	特性				适用区域 / 应用类型
			根系浅	耐旱	耐寒	文化内涵	
63		旱柳 /Salix matsudana Koidz		☆☆☆	☆☆☆	☆☆☆	KS/03；GS/04；CC/05&07；EC/05&07
64		蒿 /Artemisia Linn. Sensu stricto, excl. Sect. Seriphidium Bess.	☆☆	☆☆☆	☆☆☆	☆☆	GS/04
65		合欢 /Albizia julibrissin Durazz.	☆	☆☆☆	☆☆☆	☆☆	CC/05&07；EC/05&07
66		核桃树 /Juglans regia L.		☆☆☆	☆☆☆	☆☆	CC/05&07；EC/05&07
67		黑种草 /Nigella damascena L.	☆☆☆	☆	☆		CC/05&07；EC/05&07
68		红豆草 /Onobrychis viciifolia Scop.	☆☆☆	☆☆☆	☆☆☆		CC/05&07；EC/05&07
69		红花檵木 /Loropetalum chinense var.rubrum	☆	☆☆	☆☆		KS/02；GS/02；
70		红蓼 /Polygonum orientale Linn.	☆☆	☆☆☆	☆☆☆	☆☆	CC/05&07；EC/05&07
71	H	泓森槐 /Robinia pseudoacacia	☆	☆☆☆	☆☆☆		CC/05&07；EC/05&07
72		虎尾草 /Chloris virgata Sw.	☆☆☆	☆☆☆	☆☆☆		KS/01；GS/01
73		胡枝子 /Lespedeza bicolor Turcz.	☆☆	☆☆	☆☆	☆☆	GS/01；CC/04&05；EC/04&05
74		花椒 /Zanthoxylum bungeanum Maxim.	☆☆	☆☆	☆☆	☆☆☆	KS/01；GS/01；
75		华山松 /Pinus armandii Franch.	☆	☆☆	☆☆	☆☆☆	GS/06；CC/04&06；EC/04&06
76		槐 /Styphnolobium japonicum (L.) Schott		☆☆☆	☆☆☆	☆☆☆	KS/03；GS/04；CC/05；EC/05
77		黄刺玫 /Rosa xanthina Lindl.	☆☆	☆☆☆	☆☆☆		CC/05；EC/05
78		黄堇 /Corydalis pallida (Thunb.) Pers.	☆☆☆	☆☆	☆☆		CC/05；EC/05
79		火棘 /Pyracantha fortuneana (Maxim.) Li	☆	☆☆	☆☆	☆☆	KS/01；GS/01；CC/05；EC/05

附录三：适合关中地区大遗址绿化植物及其特性查询表

续表

序号	字母	中文名/拉丁学名	特性				适用区域/应用类型
			根系浅	耐旱	耐寒	文化内涵	
80		荠菜 /Capsella bursa-pastoris (Linn.) Medic.	☆☆☆	☆☆☆	☆☆	☆☆	CC/05; EC/05
81		芨芨草 /Achnatherum splendens (Trin.) Nevski	☆☆☆	☆☆☆	☆☆☆		KS/01; GS/01;
82		假豪猪刺 /Berberis soulieana Schneid.	☆	☆☆☆	☆☆☆		KS/01; GS/01;
83		桔梗花 /Platycodon grandiflorus (Jacq.) A. DC.	☆☆☆	☆☆☆	☆☆☆		CC/05; EC/05
84		结缕草 /Zoysia japonica Steud	☆☆☆	☆☆☆	☆		KS/01; GS/01;
85		金光绒柏 /Thuja occidentalis 'Rheingold'	☆☆	☆	☆		KS/02; GS/02;
86		锦鸡儿 /Caragana sinica (Buc'hoz) Rehder	☆	☆☆☆	☆☆☆		CC/05; EC/05
87		金鸡菊 /Coreopsis basalis	☆☆☆	☆☆☆	☆☆☆		CC/05; EC/05
88	J	金丝吊蝴蝶 /Euonymus schensianus Maxim.	☆	☆☆☆	☆☆☆	☆☆	CC/07; EC/07
89		金叶复叶槭 /Acer negundo 'Aurea'		☆☆☆	☆☆☆		CC/05; EC/05
90		金叶桧 /Sabina chinensis (L.) Ant. var. chinensis 'Aurea'	☆	☆☆☆	☆☆		KS/02; GS/02;
91		金叶莸 /Caryopteris × clandonensis. "Worcester Gold"	☆☆	☆☆☆	☆☆☆		KS/02; GS/02;
92		金银花 /Lonicera japonica Thunb.	☆☆	☆☆☆	☆☆☆	☆☆	CC/05; EC/05
93		金银木 /Lonicera maackii (Rupr.) Maxim.	☆	☆☆	☆☆☆	☆☆	CC/05; EC/05
94		金银忍冬 /Lonicera maackii (Rupr.) Maxim.	☆	☆☆	☆☆☆	☆☆	CC/05; EC/05
95		荆条 /Vitex negundo L. var. heterophylla (Franch.) Rehd.	☆☆	☆☆☆	☆☆☆		GS/04; CC/04; EC/04
96		菊 /Dendranthema morifolium (Ramat.) Tzvelev	☆☆	☆☆☆	☆☆☆	☆☆☆	KS/03; GS/03;
97		橘黄崖柏 /Thuja occidentalis 'Rheingold'	☆☆	☆	☆		KS/02; GS/02;
98		菊苣 /Cichorium intybus L.	☆☆☆	☆☆☆	☆☆☆	☆☆	CC/05; EC/05
99		君迁子 /Diospyros lotus L.		☆☆☆	☆☆☆	☆☆	CC/06&07; EC/06&07
100		看麦娘 /Alopecurus aequalis Sobol.	☆☆☆	☆☆☆	☆☆☆		GS/01&04; CC/04&05; EC/04&05
101	K	苦苣菜 /Sonchus oleraceus L.	☆☆☆	☆☆	☆☆		CC/04&05; EC/04&05
102		苦荬菜 /Ixeris polycephala Cass.	☆☆☆	☆☆☆	☆☆		CC/04&05; EC/04&05;

续表

序号	字母	中文名/拉丁学名	根系浅	耐旱	耐寒	文化内涵	适用区域/应用类型
103	L	蜡梅 /*Chimonanthus praecox* (Linn.) Link	☆☆	☆☆☆	☆☆☆	☆☆☆	CC/06&07; EC/06&07
104		蓝冰柏 /*Cupressus arizonica* var. *glabra* 'Blue Ice'	☆	☆☆☆	☆☆☆		KS/02; GS/02;
105		蓝冰麦 /*Sorghastrum nutans* 'Sioux Blue'	☆☆☆	☆☆☆	☆☆☆		KS/02; GS/02;
106		蓝亚麻 /*Linum perenne* L.	☆☆☆	☆☆☆	☆☆☆		CC/05; EC/05
107		蓝羊茅 /*Festuca glauca* Vill.	☆☆☆	☆☆☆	☆☆☆		KS/01&02; GS/01&02;
108		狼尾草 /*Pennisetum alopecuroides* (L.) Spreng.	☆☆☆	☆☆☆	☆☆☆		KS/01&04; GS/01&04; CC/05; EC/05
109		老鹳草 /*Geranium wilfordii* Maxim.	☆☆☆	☆	☆☆☆		CC/05; EC/05
110		梨 /*Pyrus spp*		☆	☆	☆☆☆	GS/03&04; CC/05&07; EC/05&07
111		李 /*Prunus salicina* Lindl.	☆☆	☆☆☆	☆☆☆	☆☆☆	GS/03&04; CC/05&07; EC/05&07
112		栎 /*Quercus acutissima*		☆☆☆	☆☆☆	☆☆☆	GS/03&04; CC/05&07; EC/05&07
113		栗 /*Castanea mollissima* BL.		☆☆☆	☆☆☆	☆☆☆	GS/03&04; CC/05&07; EC/05&07
114		楝 /*Melia azedarach* L.		☆☆☆	☆☆☆	☆☆	GS/03&04; CC/05&07; EC/05&07
115		柳树 /*Salix*		☆☆☆	☆☆☆	☆☆☆	GS/03&04; CC/05&07; EC/05&07
116		硫华菊 /*Cosmos sulphureus* Cav.	☆☆☆	☆☆☆	☆		CC/05; EC/05
117		柳叶马鞭草 /*Verbena bonariensis* L.	☆☆☆	☆☆	☆		CC/05; EC/05
118		柳枝稷 /*Panicum virgatum* L.	☆☆☆	☆☆	☆☆☆		GS/04; CC/04&05; EC/04&05
119		龙柏 /*Sabina chinensis* (L.) Ant. cv. Kaizuca	☆☆	☆☆☆	☆☆☆	☆☆	CC/06; EC/06;

附录三：适合关中地区大遗址绿化植物及其特性查询表

续表

序号	字母	中文名/拉丁学名	特性 根系浅	特性 耐旱	特性 耐寒	特性 文化内涵	适用区域/应用类型
120	L	耧斗菜 /Aquilegia viridiflora Pall.	☆☆☆	☆☆	☆☆☆		CC/04&05；EC/04&05
121	L	芦苇 /Phragmites australis (Cav.) Trin. ex Steud.	☆	☆	☆☆☆	☆☆☆	GS/03&04；CC/04；EC/04
122	L	栾树 /Koelreuteria paniculata		☆☆☆	☆☆☆	☆☆☆	CC/05&07；EC/05&07
123	L	驴食草 /Onobrychis viciifolia Scop.	☆☆☆	☆☆☆	☆☆☆		CC/05&07；EC/05&07
124	M	麻花头 /Klasea centauroides (L.) Cass.	☆☆☆	☆☆☆	☆☆☆		CC/05；EC/05
125	M	马蔺 /Iris lactea Pall. var. chinensis (Fisch.) Koidz.	☆☆	☆☆☆	☆☆☆	☆☆	CC/05；EC/05
126	M	麦蓝菜 /Vaccaria hispanica (Mill.) Rauschert	☆☆☆	☆☆☆	☆☆☆	☆☆	CC/05；EC/05
127	M	麦李 /Cerasus glandulosa (Thunb.) Lois.	☆☆	☆☆☆	☆☆		CC/07；EC/07
128	M	梅 /Armeniaca mume Sieb.	☆	☆☆☆	☆☆☆	☆☆☆	GS/03&04；CC/05；EC/05
129	M	美丽月见草 /Oenothera speciosa	☆☆☆	☆☆☆	☆☆☆		CC/05；EC/05
130	M	木槿 /Hibiscus syriacus Linn.	☆☆	☆☆	☆☆	☆☆☆	GS/04；CC/04；EC/04
131	N	牛筋草 /Eleusine indica (L.) Gaertn.	☆☆	☆☆☆	☆☆☆		KS/01；GS/01；
132	O	欧李 /Cerasus humilis		☆☆☆	☆☆☆	☆☆	CC/07；EC/07
133	O	欧蓍草 /Achillea millefolium L.	☆☆☆	☆☆	☆☆☆		CC/05；EC/05
134	P	泡桐 /Paulownia fortunei	☆	☆	☆	☆☆☆	GS/03&04；CC/04；EC/04
135	P	平枝枸子 /Cotoneaster horizontalis Decne.	☆☆	☆☆☆	☆		KS/02；GS/02；
136	P	婆婆纳 /Veronica didyma Tenore	☆☆☆	☆☆	☆☆☆		CC/05；EC/05
137	P	铺地柏 /Sabina procumbens (Endl.) Iwata et Kusaka	☆	☆☆☆	☆☆☆		KS/01&02；GS/01&02
138	P	蒲公英 /Taraxacum mongolicum Hand.–Mazz.	☆☆☆	☆☆☆	☆☆☆		KS/04；GS/04；CC/04&05；EC/04&05

续表

序号	字母	中文名 /拉丁学名	特性				适用区域 / 应用类型
			根系浅	耐旱	耐寒	文化内涵	
139	Q	七叶树 /Aesculus chinensis Bunge			☆☆☆	☆☆	CC/05&07；EC/05&07
140		铅笔柏 /Juniperus virginiana L.		☆☆☆	☆☆☆		GS/06；CC/05&06&07；EC/05&06&07
141		千里光 /Senecio scandens Buch.-Ham. ex D. Don	☆☆☆	☆☆☆	☆☆☆		CC/05；EC/05
142		千头椿 /Ailanthus altissima 'Qiantou'		☆☆☆	☆☆☆		CC/06&07；EC/06&07
143		青扦 /Picea wilsonii Mast.	☆	☆☆☆	☆☆☆		GS/06；CC/06；EC/06
144		青桐 /Firmiana simplex (Linnaeus) W. Wight		☆☆☆	☆☆☆	☆☆☆	GS/03；CC/06；EC/06
145		楸树 /Catalpa bungei C. A. Mey.		☆	☆	☆☆☆	GS/04；CC/04&05；EC/04&05
146		秋英 /Cosmos bipinnata Cav.	☆☆☆	☆☆☆	☆		CC/05；EC/05
147		雀麦 /Bromus japonicus Thunb. ex Murr.	☆☆☆	☆☆☆	☆☆☆		GS/04；CC/04；EC/04
148		雀舌黄杨 /Buxus bodinieri Levl.	☆☆	☆☆	☆☆		KS/02；GS/02；
149	R	绒毛白蜡 /Fraxinus velutina Torr		☆☆☆	☆☆☆		CC/07；EC/07
150	S	洒金柏 /Platycladus orientalis (L.) Franco cv. Aurea Nana	☆☆	☆☆☆	☆☆☆		KS/02；GS/02；
151		桑 /Morus alba L.		☆☆	☆	☆☆☆	GS/03；CC/05；EC/05
152		涩荠 /Malcolmia africana (Linn.) R. Br	☆☆☆	☆☆☆	☆☆☆		CC/05；EC/05
153		沙打旺 /Astragalus adsurgens Pall.		☆☆☆	☆☆☆		CC/05；EC/05
154		沙棘 /Hippophae rhamnoides Linn.		☆☆☆	☆☆☆	☆☆	GS/01；CC/07；EC/07

附录
附录三：适合关中地区大遗址绿化植物及其特性查询表

续表

序号	字母	中文名 / 拉丁学名	特性				适用区域 / 应用类型
			根系浅	耐旱	耐寒	文化内涵	
155		山丁子 /*Malus baccata (L.) Borkh.*		☆☆☆	☆☆☆		CC/07；EC/07
156		山荆子 /*Malus baccata (L.) Borkh.*		☆☆☆	☆☆☆		CC/07；EC/07
157		山梅花 /*Philadelphus incanus*	☆	☆☆	☆☆		CC/07；EC/07
158		山桃草 /*Gaura lindheimeri Engelm. et Gray*	☆☆☆	☆☆	☆☆		CC/05；EC/05
159		陕西卫矛 /*Euonymus schensianus Maxim.*	☆	☆☆☆	☆☆☆	☆☆	CC/07；EC/07
160		山杨 /*Populus davidiana Dode*		☆☆☆	☆☆☆	☆☆	GS/03；CC/04；EC/04
161		山楂 /*Crataegus pinnatifida Bunge*	☆☆	☆☆☆	☆☆☆	☆☆	CC/05；EC/05
162		蛇莓 /*Duchesnea indica (Andr.) Focke*	☆☆☆		☆☆☆		CC/05；EC/05
163		矢车菊 /*Centaurea cyanus L.*	☆☆☆	☆☆	☆☆		CC/05；EC/05
164	S	石榴 /*Punica granatum L.*	☆☆	☆☆	☆☆☆	☆☆☆	GS/03；CC/05；EC/05
165		柿（树）/*Diospyros kaki Thunb.*		☆☆	☆☆	☆☆	CC/05&07；EC/05&07
166		蜀葵 /*Althaea rosea (Linn.) Cavan.*	☆☆	☆☆	☆☆	☆☆	CC/05；EC/05
167		鼠尾草 /*Salvia japonica Thunb.*	☆☆☆				CC/05；EC/05
168		栓皮栎 /*Quercus variabilis Bl.*		☆☆☆	☆☆☆	☆☆☆	GS/03；CC/05；EC/05
169		水果蓝 /*Teucrium fruticans L.*	☆☆	☆☆☆	☆☆		KS/02；GS/02；
170		水杉 /*Metasequoia glyptostroboides Hu & W. C. Cheng*			☆☆	☆☆	GS/03；CC/05；EC/05
171		丝棉木 /*Euonymus maackii Rupr.*		☆☆☆	☆☆☆		CC/05&07；EC/05&07
172		松 /*Pinus*		☆☆☆	☆☆☆	☆☆☆	GS/03&06；CC/06；EC/06

续表

序号	字母	中文名 /拉丁学名	特性				适用区域 / 应用类型
			根系浅	耐旱	耐寒	文化内涵	
173	S	宿根天人菊 /Gaillardia aristata Pursh.	☆☆☆	☆☆☆	☆☆☆		CC/05; EC/05
174		宿根亚麻 /Linum perenne L.	☆☆☆	☆☆☆	☆☆☆		CC/05; EC/05
175		酸枣 /Ziziphus jujuba Mill. var. spinosa (Bunge) Hu ex H. F. Chow	☆	☆☆☆	☆☆☆	☆☆☆	KS/01; GS/01; CC/05; EC/05
176		穗花牡荆 /Vitex agnus-castus Linn.	☆	☆☆☆	☆☆☆		CC/04; EC/04
177	T	桃 /Amygdalus persica L.	☆	☆☆☆	☆☆☆	☆☆☆	KS/03; GS/03; CC/05; EC/05
178		太平花 /Philadelphus pekinensis Rupr.	☆☆	☆☆☆	☆☆	☆☆	GS/04; CC/04; EC/04
179	W	王不留行 /Vaccaria hispanica (Mill.) Rauschert	☆☆☆	☆☆☆	☆☆☆	☆☆	CC/05; EC/05
180		委陵菜 /Potentilla chinensis Ser.	☆☆☆	☆☆	☆☆		CC/05; EC/05
181		文冠果 /Xanthoceras sorbifolium Bunge		☆☆☆	☆☆☆	☆☆	CC/07; EC/07
182		五角枫 /Acer mono Maxim.		☆☆☆	☆☆☆	☆☆☆	GS/04; CC/04; EC/04
183		梧桐 /Firmiana simplex (Linnaeus) W. Wight		☆☆☆	☆☆☆	☆☆☆	GS/03; CC/06; EC/06
184	X	细柄茅 /Ptilagrostis mongholica (Turcz. ex Trin.) Griseb.	☆☆☆	☆☆☆	☆☆☆		KS/01; GS/01;
185		细茎针茅 /Stipa tenuissima	☆☆☆	☆☆☆	☆☆		KS/01; GS/01;
186		细香葱 /Allium schoenoprasum	☆☆☆	☆	☆		CC/05; EC/05
187		细叶芒 /Miscanthus sinensis cv.	☆☆☆	☆☆☆	☆☆		GS/04; CC/04; EC/04

续表

序号	字母	中文名/拉丁学名	特性				适用区域/应用类型
			根系浅	耐旱	耐寒	文化内涵	
188	X	虾夷葱 /Allium schoenoprasum	☆☆☆	☆	☆		CC/05；EC/05
189		香椿 /Toona sinensis (A Juss.) Roem.	☆	☆☆	☆☆	☆☆	CC/07；EC/07
190		小冠花 /Securigera varia (L.) Lassenn	☆☆☆	☆☆☆	☆☆☆		GS/04；CC/04&05；EC/04&05
191		小蓟 /Cirsium arvense var. integrifolium	☆☆☆	☆☆☆	☆☆☆	☆☆	GS/04；CC/04&05；EC/04&05
192		小盼草 /Chasmanthium latifolium	☆☆☆	☆☆☆	☆☆☆		KS/02；GS/02
193		小窃衣 /Torilis japonica	☆☆☆		☆☆		CC/05；EC/05
194		新疆杨 /Populus alba var. pyramidalis Bge.		☆☆☆	☆☆☆		GS/04；CC/04&05；EC/04&05
195		杏 /Armeniaca vulgaris Lam.		☆☆☆	☆☆☆	☆☆☆	CC/05；EC/05
196		须芒草 /Andropogon yunnanensis Hack.	☆☆☆	☆☆☆	☆		KS/01；GS/01
197		血草 /Imperata cylindrical 'Rubra'	☆☆☆	☆☆☆	☆☆		KS/02；GS/02
198	Y	燕麦 /Avena sativa L.	☆☆☆	☆☆☆	☆☆☆		KS/01；GS/01；CC/05；EC/05
199		杨树 /Populus L.		☆☆☆	☆☆☆	☆☆☆	KS/03；GS/03；CC/05；EC/05
200		野古草 /Arundinella anomala Steud.	☆☆☆	☆☆☆	☆☆☆		KS/01；GS/01；CC/04；EC/04
201		野胡萝卜 /Daucus carota L.	☆☆☆	☆☆☆	☆☆☆		KS/04；GS/04；CC/04&05；EC/04&05

续表

序号	字母	中文名 /拉丁学名	特性				适用区域 / 应用类型
			根系浅	耐旱	耐寒	文化内涵	
202	Y	野菊花 /*Chrysanthemum indicum* L.	☆☆☆	☆☆☆	☆☆☆	☆☆	CC/04&05；EC/04&05
203		野牛草 /*Buchloe dactyloides*	☆☆☆	☆☆☆	☆☆☆		KS/01；GS/01
204		野豌豆 /*Vicia sepium* L.	☆☆☆	☆☆☆	☆☆☆	☆☆☆	KS/04；GS/04；CC/04&05；EC/04&05
205		野燕麦 /*Avena fatua* L.	☆☆☆	☆☆☆	☆☆☆		KS/01；GS/01；CC/05；EC/05
206		银叶菊 /*Jacobaea maritima* (L.) Pelser & Meijden	☆☆☆	☆☆	☆☆		KS/02；GS/02
207		一年蓬 /*Erigeron annuus* (L.) Pers.	☆☆☆	☆☆☆	☆☆☆	☆☆	GS/04；CC/05；EC/05
208		银香科科 /*Teucrium fruticans* L.	☆☆	☆☆☆	☆☆		KS/02；GS/02
209		银杏 /*Ginkgo biloba* L.		☆☆	☆☆☆	☆☆☆	GS/04；CC/06&07；EC/06&07
210		樱桃 /*Cerasus* spp.	☆☆	☆	☆	☆☆☆	CC/05；EC/05
211		油松 /*Pinus tabuliformis* Carr.		☆☆☆	☆☆☆	☆☆☆	GS/03；CC/06；EC/06
212		玉兰 /*Yulania denudata* (Desrousseaux) D. L. Fu		☆☆☆	☆	☆☆☆	CC/05；EC/05
213		郁李 /*Cerasus japonica* (Thunb.) Lois.	☆	☆☆☆	☆☆☆		CC/05&07；EC/05&07
214		榆树 /*Ulmus pumila* L.		☆☆☆	☆☆☆	☆☆☆	CC/05&07；EC/05&07
215		圆柏 /*Juniperus chinensis* Linnaeus		☆☆☆	☆☆☆	☆☆☆	GS/03&06；CC/05&07；EC/05&07
216		元宝枫 /*Acer truncatum* Bunge		☆☆☆	☆☆☆	☆☆	CC/04；EC/04
217		云杉 /*Picea asperata* Mast.	☆	☆☆☆	☆☆☆		GS/06；CC/06；EC/06

附录三：适合关中地区大遗址绿化植物及其特性查询表

续表

序号	字母	中文名 / 拉丁学名	特性				适用区域 / 应用类型
			根系浅	耐旱	耐寒	文化内涵	
218	Z	枣 /Ziziphus jujuba Mill.	☆☆	☆☆☆	☆☆☆	☆☆	CC/05; EC/05
219		皂荚 /Gleditsia sinensis Lam.		☆☆☆	☆☆☆	☆☆☆	CC/07; EC/07
220		早开堇菜 /Viola prionantha Bunge	☆☆☆	☆☆☆	☆☆☆		CC/05; EC/05
221		知风草 /Eragrostis ferruginea (Thunb.) Beauv.	☆☆☆	☆☆☆	☆☆		KS/01; GS/01
222		枳椇 /Hovenia acerba Lindl.		☆☆☆	☆☆☆	☆☆	CC/05; EC/05
223		直立黄耆（芪）Astragalus adsurgens Pall.		☆☆☆	☆☆☆		CC/05; EC/05
224		中华红叶杨 /Populus 'Zhonghua Hongye'		☆☆☆	☆☆☆		CC/06; EC/06
225		中华金叶榆 /Ulmus pumila 'jinye'		☆☆☆	☆☆☆		CC/06; EC/06
226		竹 /Bambusoideae	☆		☆☆	☆☆☆	GS/03
227		诸葛菜 /Orychophragmus violaceus (L.) O. E. Schulz	☆☆☆	☆☆☆	☆☆☆	☆☆	GS/04; CC/05&07; EC/05&07
228		梓 /Catalpa ovata G. Don		☆	☆☆	☆☆☆	GS/03
229		紫花地丁 /Viola philippica	☆☆☆	☆☆☆	☆☆☆		CC/05; EC/05
230		紫花苜蓿 /Medicago sativa L.	☆☆☆	☆☆☆	☆☆☆		CC/05; EC/05
231		紫堇 /Corydalis edulis Maxim.	☆☆☆		☆☆☆		CC/05; EC/05
232		紫穗槐 /Amorpha fruticosa Linn.		☆☆☆	☆☆☆		KS/01; GS/01
233		紫菀 /Aster tataricus L. f.	☆☆☆		☆☆☆		CC/05; EC/05
234		紫叶狼尾草 /Pennisetum × advena 'Rubrum'	☆☆☆	☆☆☆	☆☆☆		KS/02; GS/02
235		紫叶李 /Prunus cerasifera f. atropurpurea	☆	☆	☆☆☆		CC/05; EC/05
236		紫叶小檗 /Berberis thunbergii var. atropurpurea Chenault	☆	☆☆☆	☆☆☆		KS/02; GS/02
237		棕红薹草 /Carex buchananii Berggr.	☆☆☆	☆☆☆	☆☆☆		KS/02; GS/02

注：①为便于读者查询某一种植物的特性或在遗址绿化造景中的用法，表中个别植物存在较为普遍的两种以上中文名称（叫法），因此将其根据拼音首字母不同分别列出，诸如：白杜和丝棉木为同一种植物，陕西卫矛和金丝吊蝴蝶为同一种植物，枳椇和拐枣为同一种植物，水果蓝和银香科为同一种植物等。②本表中，个别植物名是某一类植物或同属植物的统称，诸如松、柏、栎等，具体选种参考第六章选种建议。

附录四：关中地区城市区及近郊区常见鸟类名录

（不完全数据）

目	科	序号	鸟类种名	鸟类形象	食性与生境
雀形目	燕科	1	家燕 Hirundo rustica		虫食性/喜人类居住环境、田野、村庄、住宅、空旷地、枯枝干等
		2	金腰燕 Cecropis daurica		虫食性/喜人类居住环境、田野、村庄、住宅、空旷地、枯枝干等
	百灵科	3	凤头百灵 Galerida cristata		杂食性/平原、草地、农田、弃耕地、草丛、河滩地等
		4	小云雀 Alauda gulgula		杂食性/平原、草地、农田、弃耕地、草丛、河滩地等
	鹟科	5	鹊鸲 Copsychus saularis		虫食性/丛林、灌丛、果园、耕地、城市公园、庭院树木等
		6	北灰鹟 Muscicapa dauurica		虫食性/针叶林、平原林地、林灌丛和田地边小树丛等
	鸫科	7	斑鸫 Turdus naumanni		虫食性/农田、地边、果园和村镇附近疏林灌丛草地和路边树上等
		8	乌鸫 Turdus merula		杂食性/林缘疏林、田边树林、果园和村镇边缘，平原草地或园圃等
		9	北红尾鸲 Phoenicurus auroreus		杂食性/林缘和居民区的灌丛与低矮树丛、花园、田边树丛等

续表

目	科	序号	鸟类种名	鸟类形象	食性与生境
雀形目	鸦科	10	灰喜鹊 *Cyanopica cyanus*		杂食性/田边、地头、路边和村屯附近的小块林内，城市公园、道旁、山麓、住宅旁、公园和风景区的稀疏树林中等
	伯劳科	11	红尾伯劳 *Lanius cristatus*		虫食性/旷野、河谷、湖畔、路旁和田边的灌丛，草甸灌丛、山地阔叶林和针阔叶混交林林缘灌丛等
		12	虎纹伯劳 *Lanius tigrinus*		虫食性/林地灌丛、乔木上
	画眉科	13	白颊噪鹛 *Pterorhinus sannio*		杂食性/疏林、灌丛
	鹡鸰科	14	田鹨 *Anthus richardi*		杂食性/平原、草地、河滩、林缘灌丛、林间空地以及农田和沼泽地等
		15	山鹡鸰 *Dendronanthus indicus*		杂食性/低山丘陵的疏林，果园、林缘、河边、林间空地、城镇公园中的树上
		16	白鹡鸰 *Motacilla alba*		杂食性/河流、湖泊、水库、水塘等水域岸边，农田、湿草原、沼泽等湿地，水域附近的居民点和公园等
		17	灰鹡鸰 *Motacilla cinerea*		杂食性/水域附近的草地、农田、住宅和林区居民点，林中溪流和城市公园等
		18	黄鹡鸰 *Motacilla flava*		虫食性/林缘、林溪、平原河谷、村野、居民点附近等

续表

目	科	序号	鸟类种名	鸟类形象	食性与生境
雀形目	鹎科	19	黄臀鹎 *Pycnonotus xanthorrhous*		杂食性/林缘疏林灌丛、稀树草坡、竹林、果园、农田、村落附近的丛林和灌丛等
		20	白头鹎 *Pycnonotus sinensis*		杂食性/平原区灌木丛、树林、校园、公园、庭院，行道树上等
		21	领雀嘴鹎 *Spizixos semitorques*		杂食性/溪边沟谷灌丛、稀树草丘、林缘疏林，庭院、果园和村舍附近的疏林与灌丛中
	椋鸟科	22	北椋鸟 *Sturnus sturninus*		虫食性/平原地区的田野、开阔的疏林草甸、河谷阔叶林，林缘灌丛，农田、路边和居民点附近的小块丛林
		23	灰椋鸟 *Sturnus cineraceus*		虫食性/草甸、河谷、农田、水田的林缘
	莺科	24	东方大苇莺 *Acrocephalus orientalis*		虫食性/湖畔、河边、水塘、水库、河流沿岸、芦苇沼泽等水域或水域附近的灌丛和芦苇丛、沼泽和湿草地
		25	褐柳莺 *Phylloscopus fuscatus*		虫食性/溪流沿岸的疏林、灌丛，农田、果园和宅旁的小块丛林
		26	极北柳莺 *Phylloscopus borealis*		虫食性/林缘的灌丛地带，河谷和离水源不过的杨、桦针阔叶混交林和针叶林，人工林果园、庭院以及道旁和宅旁小林
		27	棕眉柳莺 *Phylloscopus armandii*		虫食性/中低山地区和山脚平原地带的森林，尤以针叶林、杨桦林以及林缘及河边灌丛、路边和农田地头
		28	黄眉柳莺 *Phylloscopus inornatus*		虫食性/针叶林、针阔混交林、柳树丛和林缘灌丛，园林、果园、田野、村落、庭院等
		29	强脚树莺 *Horornis fortipes*		虫食性/树丛、灌丛、草丛、绿篱、果园、茶园、农耕地及村舍竹丛或灌丛
		30	黄腰柳莺 *Phylloscopus proregulus*		虫食性/林缘疏林、林缘次生林、柳丛和道边疏林灌丛

附录四：关中地区城市区及近郊区常见鸟类名录

续表

目	科	序号	鸟类种名	鸟类形象	食性与生境
雀形目	山雀科	31	大山雀 Parus major		虫食性/森林，林缘疏林灌丛，果园、道旁和田边树丛、宅旁或庭院树上
		32	黄腹山雀 Parus venustulus		虫食性/山地林木中、次生林、人工林和林缘疏林灌丛地带
		33	沼泽山雀 Poecile palustris		虫食性/森林，各类人工林地，林缘疏林灌丛、果园、农田地边和庭院树上、城市公园
		34	褐头山雀 Poecile montanus		杂食性/森林，各类人工林地、林缘疏林灌丛地带
	雀科	35	燕雀 Fringilla montifringilla		植食性/林缘疏林、农田、旷野、果园和村庄附近的小树林
		36	金翅雀 Chloris sinica		植食性/低山、丘陵、山脚、平原等开阔疏林，城镇公园、果园、苗圃、农田地边和宅旁树丛或树上
		37	黑尾蜡嘴雀 Eophona migratoria		植食性/林缘疏林、河谷、果园、城市公园以及农田地边和庭院中的树上
		38	锡嘴雀 Coccothraustes coccothraustes		植食性/林缘、溪边、果园、路边和农田地带的小树林和灌丛，城市公园、宅旁树木
	长尾山雀科	39	红头长尾山雀 Aegithalos concinnus		虫食性/森林、灌木林，果园、茶园、居民区小树林
	文鸟科	40	树麻雀 Passer montanus		杂食性/山地、平原、丘陵、草原、沼泽、农田、城镇、乡村等有人类集居的地方

续表

目	科	序号	鸟类种名	鸟类形象	食性与生境
雀形目	鹀科	41	灰眉岩鹀 Emberiza cia		杂食性/开阔地带的岩石荒坡、草地和灌丛中、草丛和岩石地面，林缘、河谷、农田、路边以及村旁树上或灌丛
		42	黄眉鹀 Emberiza chrysophrys		植食性/无树或稀疏灌丛、草地，农田等
		43	黄胸鹀 Emberiza aureola		杂食性/低山丘陵和平原地带的灌丛、草甸、草地和林缘地带，溪流、湖泊和沼泽附近的灌丛、草地，分布有零星柳树、桦树、杨树的灌丛草地，田间、地头
		44	黄喉鹀 Emberiza elegans		虫食性/低山丘陵地带的林缘灌丛中，河谷与溪流沿岸疏林灌丛，稀疏树木或灌木的山边草坡以及农田、道旁和居民附近的小树林
		45	三道眉草鹀 Emberiza cioides		杂食性/开阔地带林地，灌丛和草丛，矮灌木间、岩石上，空旷无掩蔽的地面、玉米秆上、电线或电杆上等
		46	田鹀 Emberiza rustica		植食性/平原的杂木林、灌丛和沼泽草甸，山麓、开阔田野等
		47	小鹀 Emberiza pusilla		杂食性/平原、丘陵、山谷和高山灌木丛、小乔木、村边树林与草地、苗圃、麦地和稻田
	鸦科	48	大嘴乌鸦 Corvus macrorhynchos		杂食性/低山、平原各类林地林缘地带，河谷、海岸、农田、沼泽和草地上活动，农田、村庄等人类居住地附近活动，城镇公园和城区绿化树木上
	卷尾科	49	黑卷尾 Dicrurus macrocercus		虫食性/城郊村庄附近树上，山坡及平原树林

附录四：关中地区城市区及近郊区常见鸟类名录

续表

目	科	序号	鸟类种名	鸟类形象	食性与生境
雀形目	岩鹨科	50	棕眉山岩鹨 Prunella montanella		杂食性/低山丘陵和山脚平原地带的林缘、河谷、灌丛、小块丛林、农田、路边等各类生境
	莺鹛科	51	棕头鸦雀 Paradoxornis webbianus		杂食性/林缘灌丛，疏林草坡、竹丛、矮树丛和高草丛，果园、庭院、苗圃和芦苇沼泽地，城镇公园树木上
	黄鹂科	52	黑枕黄鹂 Oriolus chinensis		杂食性/山麓及平原地区的林地，农田、原野、村寨附近和城市公园的树上
鹳形目	鹭科	53	草鹭 Ardea purpurea		杂食性/开阔平原和低山丘陵地带的湖泊、河流、沼泽、水库和水塘岸边及其浅水处，芦苇水域
		54	苍鹭 Ardea cinerea		杂食性/江河、溪流、湖泊、水塘、海岸等水域岸边及其浅水处，沼泽、稻田、山地、森林和平原荒漠上的水边浅水处、沼泽地
		55	池鹭 Ardeola bacchus		杂食性/稻田、池塘、湖泊、水库和沼泽湿地，水域附近的竹林和树上等
		56	大白鹭 Ardea alba		杂食性/平原和山地丘陵地区的河流、湖泊、水田、海滨、河口及其沼泽地带，开阔的水边和附近草地上
	鹳科	57	黑鹳 Ciconia nigra		杂食性/荒原和荒山附近的湖泊、水库、水渠、溪流、水塘及其沼泽地带，农田和草地等
鸡形目	雉科	58	斑翅山鹑 Perdix dauurica		杂食性/森林草原、灌丛草地、低山丘陵和农田荒地等
		59	环颈雉 Phasianus colchicus		杂食性/低山丘陵、农田、地边、沼泽草地，林缘灌丛和公路两边的灌丛与草地

续表

目	科	序号	鸟类种名	鸟类形象	食性与生境
鸭形目	鸭科	60	花脸鸭 Anas formosa		植食性/低山丘陵、农田、地边、沼泽草地，林缘灌丛和公路两边的灌丛与草地
		61	罗纹鸭 Anas falcata		植食性/水生植物丰富的湖泊、河流、池塘、沼泽等水域及其附近的沼泽和草地
		62	绿头鸭 Anas platyrhynchos		杂食性/水生植物丰富的湖泊、河流、池塘、沼泽等水域及其附近的沼泽和草地
		63	斑嘴鸭 Anas zonorhyncha		植食性/水域及沼泽地带，农田及湿地
		64	大天鹅 Cygnus cygnus		杂食性/富有水生植物的浅水水域，多草的水域和开阔的农田地带
		65	豆雁 Anser fabalis		植食性/平原的草地、沼泽、水库、江河及其和附近农田
隼形目	鹰科	66	大鵟 Buteo hemilasius		肉食性/山地、山麓平原和草原，农田、芦苇沼泽、村庄、城市附近
		67	黑鸢 Milvus migrans		肉食性/平原、草地、荒原和低山丘陵地带，城郊、村屯、田野等上空活动
		68	雀鹰 Accipiter nisus		肉食性/森林林缘地带，低山丘陵、山脚平原、农田地边以及村庄附近的小块丛林

续表

目	科	序号	鸟类种名	鸟类形象	食性与生境
隼形目	隼科	69	红隼 Falco tinnunculus		肉食性/植物稀疏的林地、耕地、旷野灌丛、草地、林缘、林间空地、河谷和农田地区
		70	红脚隼 Falco amurensis		肉食性/沼泽、草地、河流、山谷和农田耕地等开阔地区，稀疏树木的平原、低山和丘陵
		71	燕隼 Falco subbuteo		肉食性/有稀疏树木生长的开阔平原、旷野、耕地、疏林和林缘地带，村庄附近
	鸱鸮科	72	纵纹腹小鸮 Athene noctua		肉食性/低山丘陵，林缘灌丛和平原森林，农田、荒漠和村庄附近的丛林
		73	长耳鸮 Asio otus		杂食性/各类森林，林缘疏林、农田防护林和城市公园
鸻形目	鸻科	74	凤头麦鸡 Vanellus vanellus		杂食性/低山丘陵、山脚平原和草原地带的湖泊、水塘、沼泽、溪流和农田
		75	长嘴剑鸻 Charadrius placidus		杂食性/水域附近的沼泽、河滩、田埂上
		76	金眶鸻 Charadrius dubius		虫食性/湖泊、河流岸边及附近的沼泽、草地和农田
鸽形目	鸠鸽科	77	山斑鸠 Streptopelia orientalis		植食性/各类林地、果园、农田耕地以及宅旁竹林和树上
		78	珠颈斑鸠 Streptopelia chinensis		植食性/有稀疏树木生长的平原、草地、低山丘陵和农田，村庄附近的杂木林、竹林及地边宅旁的树上
		79	灰斑鸠 Streptopelia decaocto		植食性/平原、山麓和低山丘陵地带树林，也农田、耕地、果园、灌丛、城镇和村屯附近树木及灌丛
		80	岩鸽 Columba rupestris		植食性/平原地区在古塔顶部和高的建筑物上，有废弃房屋的墙洞里和屋檐下筑巢

续表

目	科	序号	鸟类种名	鸟类形象	食性与生境
鹃形目	杜鹃科	81	四声杜鹃 Cuculus micropterus		虫食性/山地及山麓、平原地带的森林林缘疏林，农田地边树上
		82	大杜鹃 Cuculus canorus bakeri		虫食性/山地、丘陵和平原地带的森林，农田和居民点附近树上
䴕形目	啄木鸟科	83	灰头绿啄木鸟 Picus canus		虫食性/低山林地及林缘，路旁、农田地边疏林，村庄附近小树林
		84	大斑啄木鸟 Dendrocopos major		虫食性/山地和平原各类森林，林缘次生林和农田地边疏林及灌丛
鹤形目	秧鸡科	85	普通秧鸡 Rallus aquaticus		杂食性/水域岸边及其附近灌丛、草地、沼泽地带、林缘和及水稻田，农田水沟、湿地、碎石坑、垃圾堆、花园、草丛或灌丛、芦苇沼泽地和半水生的环境
鸥形目	鸥科	86	普通燕鸥 Sterna hirundo		杂食性/普平原、草地、荒漠中的湖泊、河流、水塘和沼泽地带

注：本表中的鸟类图片绝大多数来源于"鸟网"官网（https://www.birdnet.cn/）及其他网络平台，网站中的鸟类图片由爱好鸟类的摄影师、专业人士及自然爱好者提供，因数量众多，不能与作者逐一联系，在此一并感谢。因排版需要，本书作者对原图片进行了局部剪裁，仅保留与鸟类相关的信息，仅作为科普鸟类形态使用，不代表作者研究成果，特此说明，再次向图片作者和鸟网等致谢！

参考文献

[1] 何流，詹长法.《威尼斯宪章》的指导思想和现实意义[J]. 中国文化遗产，2015（1）：82–89.

[2] 徐桐.《奈良真实性文件》20年的保护实践回顾与总结：《奈良+20》声明性文件译介[J]. 世界建筑，2014（12）：106–107.

[3] 袁菲. 在亚洲背景下重新审视真实性，2018 ICCROM[J]. 城市规划学刊，2019（4）：123.

[4] 杨箐丛. 历史性城市景观保护规划与控制引导：《维也纳备忘录》对我国历史城市的启示[D]. 上海：同济大学，2008.

[5] 龚德才，于晨，龚钰轩. 论最小干预原则的发展历程及内涵：兼议其在中国的应用与发展[J]. 东南文化，2020（5）：6–12.

[6] 王璐艳. 中国大遗址绿化若干问题研究[M]. 北京：中国文史出版社，2016.

[7] 张超. 当代西方环境审美模式研究[D]. 济南：山东师范大学，2015.

[8] 薛富兴. 环境美学的必由之路：卡里科特对"大地审美"之阐释[J]. 学术研究，2019（2）：150–155.

[9] 陈望衡，谢梦云. 试论生态文明审美观[J]，郑州大学报（哲学社会科学版），2016，49（1）：5–9.

[10] 陈望衡，郝娉婷，齐君. 荒野与园林："生态园林主义"建构的思考[J]. 中国园林，2016（10）：50–53.

[11] 陈露阳. 生态文明与环境审美：陈望衡环境美学的新拓展[J]. 关东学刊，2017（9）：62–69.

[12] 陈国雄，易融. 环境审美模式的当代建构[J]. 郑州大学学报（哲学社会科学版），2019，52（3）：5–9.

[13] 张曦萍. 废墟：毁坏与再生间的言说[D]. 兰州：西北民族大学，2019：05.

[14] 李溪. 18世纪英国废墟景观之美学探究[J]. 风景园林，2017（12）：36–43.

[15]（美）巫鸿著. 废墟的故事：中国美术和视觉文化中的"在场"与"缺席"[M]. 肖铁译. 上海：上海人民出版社，2017.07.

[16] 李光涵. 考古遗址的保护设计与视觉叙述[J]. 中国文化遗产，2016（1）：74–79.

[17] 胡飞龙，房静，于丹丹等. 公众环境权与城市审美走向研究 [J]. 环境保护科学，2014（8）：86-90.

[18] 曾繁仁，阿诺德·柏林特（美）. 全球视野中的生态美学与环境美学 [M]. 长春：长春出版社，2011.

[19] 曾繁仁. 建设性后现代语境下的中国古代生态审美智慧 [J]. 学术研究，2012（8）：120-126.

[20] 喻学才. 遗址论 [J]. 东南大学学报（哲学社会科学版），2001（5）：45-49.

[21] 孟宪民. 关于中国大遗址保护思路的探讨 [N]. 中国文物报，2005-9-30（8）.

[22] 金田鸣子，权东计. 论遗址价值与遗址保护规划的关系 [J]. 西北工业大学学报（社会科学版），2008（6）：40-44.

[23]（英）埃米莉·布雷迪著. 走向真正的环境审美：化解景观审美经验中的边界和对立 [J]. 程相占译. 江苏大学学报（社会科学版），2008（7）：11-18.

[24] 童明康. 以国家考古遗址公园积极保护大遗址 [J]. 世界遗产，2014（10）：20.

[25] 程相占. 审美欣赏理论：环境美学的独特美学观及其对于美学原理的推进 [J]. 学术月刊，2021，53（2）：151-159.

[26] 霍尔姆斯·罗尔斯顿著. 哲学走向荒野 [M]. 刘耳等译. 长春：吉林人民出版社，2000.

[27] 王惠. 论荒野的审美价值 [J]. 江苏大学学报（社会科学版），2006（7）：18-24.

[28] 裴胜兴. 基于环境保护观念的遗址博物馆建筑整体设计 [J]. 华中建筑，2014（4）：27-31.

[29] Allen Carlson. On Aesthetically Appreciating Human Environments[J]. Philosophy & Geography，2001（4）：9-24.

[30] 余伟，周建军，陈桂秋等. 可辨、可塑、可感：城市景观风貌规划的创新探索与实践 [J]. 城市规划，2020，44（增）：91-99.

[31] 余百椿. 解读概念：景观·风貌·特色 [J]. 规划师，2008，24（11）：94-96.

[32] 王瑞朱. 外国历史环境的保护与规划 [M]. 台北：淑馨出版社，1993.

[33] 单霁翔. 关于大型古代城市遗址整体保护的思考 [J]. 考古，2006（5）：3-14.

[34] 陈同滨. 城市化高速发展进程下的中国大遗址背景环境保护主要规划策略 [N]. 中国文物报，2005-10-14（5）.

[35] 冉淑青，裴成荣. 城市空间发展与大遗址保护协调性研究：以西安为例 [J]. 现代城

市研究，2014（11）：92-96.

[36] 赵荣. 有效保护、科学展示、传承文化、服务社会：陕西省大遗址保护新理念的探索与实践 [J]. 中国文化遗产，2009（4）：22-25.

[37] 唐剑波，周文生. 大遗址分类及其地理数据编码研究 [J]. 文物保护与考古科学，2012.24（3）：1-6.

[38] 赵中枢，胡敏. 西安帝陵群文物本体与环境的保护 [J]. 城市规划通讯，2007（11）：14-15.

[39] 张明皓，张艳锋，李海健."西汉帝陵"大遗址的保护与规划构想 [J]. 规划师，2004，20（4）：64-65.

[40] 刘利华. 唐代帝陵保护区划分析研究 [D]. 西安：西北大学，2017.

[41] 王晓敏. 生态博物馆视角下的汉长安城遗址空间环境保护研究 [D]. 西安：西安建筑科技大学，2016.

[42] 朱晓明，王洪辉. 风暴之后："英国遗产"应对气候变化的历史环境保护策略分析 [J]. 中国名城，2010（8）：16-22.

[43] 蒋勤逸，孙飞跃. APP改性沥青耐根穿刺防水卷材研发与应用 [J]. 上海建材，2013（1）：18-20.

[44] 孙雪钊. PPE双重阻根型卷材在种植顶板工程中的应用 [J]. 中国建筑防水，2011（19）：37-40.

[45] 尤昌懋，常燕，陈荣等. HDPE土工膜在种植屋面工程中的应用 [J]. 中国建筑防水，2011（5）：42-44.

[46] 张陆阳，于孟琦，陈磊等. 种植屋面用耐根穿刺SBS改性沥青防水卷材耐霉菌腐蚀性试验探讨 [J]. 中国建筑防水，2019（7）：1-4.

[47] 陈曦，张明明. 用于遗址区的植物种植方法及遗址区种植层：中国，201310452725.X[P].2014.01.15.

[48] Signorini M A. L'indice di pericolosià：Uncontributo del botanico al controllo della vegetazione infestante nelle aree monumentali [J]. Inf Bot Ital, 1996, 28：7-14.

[49] 汪万福，武发思，陈拓等. 遗产地植物与遗产保护间关系研究进展 [J]. 敦煌研究，2011（6）：101-108.

[50] Mambelli R, Racagni B, Donati F, Fiori C.Influenza del trattamento con alcuni biocidi sutessere provenienti da mosaici della villa di Casignana（RC）[J]. Quaderni IRTEC,

Mosaico erestauro musivo, 1989, 2: 31–48.

[51] Mouga T M, Almeda M T. Neutralisation of herbicides. Effects on wall vegetation [J]. International Biodeterioration & Biodegradation, 1997, 40: 141–149.

[52] Almeida M T, Mouga T, Barracosa P. The weathering ability of higher plants. The case of Ailathus altissima（Miller）Swingle[J]. International Biodeterioration & Biodegradation, 1994, 33: 333–343.

[53]（日）山寺喜成著. 自然生态环境修复的理念与实践技术 [M]. 魏天兴，杨喜田译. 北京：中国建筑工业出版社，2014.

[54] 武宝花. 西安市鸟类群落结构及影响因素研究 [D]. 西安：陕西师范大学，2011.

[55] 孙晓东，陆茜，李爱玲等. 西安兴庆宫公园冬季鸟类群落特征与生境关系研究 [J]. 辽宁农业科学，2016（6）：13-17.

[56] 汪青雄，肖红，杨超等. 西安市越冬水鸟种类及其种群动态变化 [J]. 野生动物学报，2020，41（1）：100-107.

[57] 毕骄. 城市公园绿地植被结构与鸟类多样性关系研究 [D]. 陕西杨凌：西北农林科技大学，2019.

[58] 彭子嘉，高天，师超众等. 校园绿地植被结构、生境特征与鸟类多样性关系 [J]. 生态学杂志，2020，39（9）：3032-3042.

致 谢

本书的出版受国家自然科学基金"关中地区大遗址环境'植物与遗址协调共生'的生态设计理论研究"项目（编号51808427）和教育部人文社会科学研究项目"城市生态文明视野下中国古代花木种植文化及其现代传承研究"（编号17YJCZH170）的共同支持，是国家自然科学基金"关中地区大遗址环境'植物与遗址协调共生'的生态设计理论研究"研究项目的成果总结，同时也融入了教育部人文社会科学研究基金"城市生态文明视野下中国古代花木种植文化及其现代传承研究"的部分研究成果。

本书的顺利完成还离不开各个方面给我的支持和帮助，感谢西安建筑科技大学及陕西省古迹遗址保护工程技术研究中心对本课题研究提供的技术支持；感谢恩师刘克成和肖莉教授对我学术思想的启发和研究方法的指导；感谢张颖、关伟锋两位课题组主要成员付出的汗水和时间；感谢陕西文化遗产研究院张宏志和西安建筑科技大学文化遗产研究中心戴宁两位老师提供的外专业协作与指导；感谢刘伟、侯伟、宋宁、高元丰、宁洁等师兄妹给予的专业协助；感谢张蔚萍、张涛、杨建虎、王琼、龙婷、王莎、鲍璇等几位同事在我研究期间给予的帮助和建议；感谢尉艺杰、李堃、赵迪、朱茜、朱琳、王曼、旦瑶、蔡畅、王志轩、商亮、弓钰薇、宋钰莹、杜泓雪、张蕾等研究生协助调研、收集资料；感谢朱琳、朱茜、商亮在图表制作、书稿校对等后期工作中对本书的帮助。在此由衷地感谢他们！